www.ingramcontent.com/pod-product-compliance
Lightning Source LLC
Chambersburg PA
CBHW051836230426
43671CB00008B/975

HISTOIRE

DU

CANAL DE LANGUEDOC.

Riquet expose son projet aux Commissaires du Roi et des Etats.

Voyez le Procès Verbal à la fin du Volume.

HISTOIRE
DU CANAL
DE LANGUEDOC,

RÉDIGÉE

sur les Pièces authentiques conservées à la Bibliothèque Impériale et aux Archives du Canal,

PAR LES DESCENDANS DE PIERRE-PAUL RIQUET DE BONREPOS.

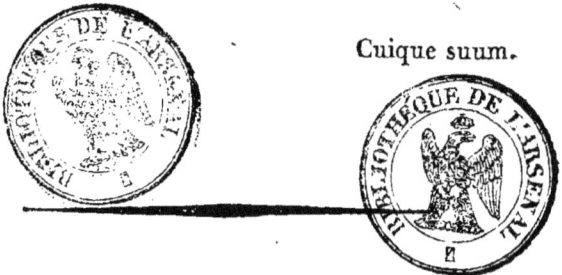

Cuique suum.

DE L'IMPRIMERIE DE CRAPELET.

A PARIS,

Chez DETERVILLE, Libraire, rue du Battoir, n° 16, quartier Saint-André-des-Arcs.

AN XIII — 1805.

AVANT-PROPOS.

Le Canal navigable, qui forme dans le midi de la France une communication entre l'Océan et la Méditerranée, est un de ces monumens célèbres qui ont illustré le siècle de Louis xiv. Ce Prince le regardoit comme un ouvrage capable de bien marquer aux siècles à venir la grandeur, l'abondance et la félicité de son règne. Colbert y voyoit un moyen de rendre le commerce florissant, et d'élever la France à ce haut degré de prospérité intérieure auquel son heureuse situation sembloit l'appeler. Riquet eut l'avantage de seconder les vues du Monarque et du Ministre : il fut l'inventeur, l'exécuteur, et le directeur de ce Canal devenu si fameux, et il fonda une administration dont les

membres, pris dans sa famille, devoient entretenir et perfectionner ce grand ouvrage. Ils ont rempli, pendant plus de cent trente ans, les devoirs qui leur avoient été tracés par l'inventeur du Canal; et s'ils n'ont pas mérité les mêmes éloges que lui, ils ont du moins imité fidèlement son dévouement au bien public.

C'est à retracer ce double mérite de Riquet, que cet écrit est destiné. Sa mémoire a été vivement attaquée dans un Livre que le nom de son auteur ne nous permet pas de laisser sans réponse. M. Andréossy, Général d'artillerie, grand Officier de la Légion d'honneur et membre de l'Institut d'Egypte, en publiant une Histoire du Canal du Midi, s'est proposé de démontrer que Riquet n'en étoit point l'inventeur; et qu'il avoit, par son crédit, usurpé une gloire qui appartenoit

à un autre. Le seul moyen d'éclaircir une semblable question, est de constater les faits. Nous allons donc composer une Histoire du Canal de Languedoc, non avec des conjectures et des probabilités, mais avec les pièces originales conservées soit à la Bibliothèque impériale, soit aux archives du Canal.

Lorsque Tacite écrivoit la vie de son beau-père, il espéroit trouver dans (1) sa piété filiale, ou sa recommandation, ou son excuse. Pour nous, n'ayant ni ses talens, ni un sujet égal au sien, nous ne chercherons dans le même sentiment que l'excuse de notre entreprise; et lorsqu'une agression que nous étions loin de prévoir, nous oblige d'entretenir le public d'un simple particulier, la mémoire de ce qu'il

---

(1) Aut laudatus, aut excusatus erit.

a fait pour son pays doit nous obtenir, sinon de la faveur, au moins de l'indulgence.

HISTOIRE
DU
CANAL DE LANGUEDOC.

CHAPITRE PREMIER.

A quelle époque a pu être formé un plan de jonction des deux mers dans le midi de la France. — Projets antérieurs à celui de Pierre-Paul Riquet. — Projet de Riquet présenté à Colbert en 1662. — Commissaires nommés par le Roi et les États de Languedoc pour l'examen de ce projet. — Procès-verbal des Commissaires. — Offre de Riquet de faire à ses dépens une rigole d'essai. — Succès de cet essai.

La France est resserrée au pied des Pyrénées entre la Méditerranée et l'Océan : son extrémité méridionale forme un isthme entre ces deux mers. Cet isthme est coupé dans sa longueur par un grand fleuve, qui descend

des Pyrénées et coule vers l'Océan. Une rivière moins considérable, l'*Aude*, sortant des mêmes montagnes, se jette dans la Méditerranée, et ces deux rivières se rapprochent dans leurs cours, assez pour ne laisser entre elles qu'une distance de quatorze lieues. Il eût suffi de former entre elles un Canal de communication pour joindre les deux mers. Cette idée est si simple, qu'elle a dû se présenter à tous les Gouvernemens qui ont régi l'isthme entier.

C'est sous l'empire d'Auguste que toutes les parties de l'isthme furent, pour la première fois, unies sous une même domination. Agrippa s'occupa de tracer des routes, de creuser des ports, et de vivifier le commerce dans ce côté de l'isthme, qui depuis a été désigné sous le nom de Languedoc. S'il n'entreprit point d'opérer la jonction des deux mers, c'est que l'Océan n'offroit encore aucun commerce : ses bords n'étoient fréquentés que par des pêcheurs ; un Canal entre la Garonne et l'Aude, n'eût été que d'une utilité médiocre, et le foible produit d'un commerce d'échange entre deux provinces limitrophes n'eût point couvert les frais de l'entreprise.

Dans le cinquième siècle, l'invasion des barbares divisa la possession de l'isthme entre deux peuples différens. Ensuite le partage usité entre les princes de la première race, donna des souverains particuliers à l'Aquitaine, tandis que la Septimanie demeura sous la puissance des rois de France. Lorsque enfin toutes les parties de ce grand Etat furent réunies sous l'empire de Charlemagne, ce prince auroit pu sans doute concevoir l'idée de joindre les deux mers. Mais malgré les conjectures de quelques historiens modernes, deux circonstances durent l'empêcher de songer à l'exécution de ce projet. D'un côté, l'Aquitaine, dernier patrimoine des Mérovingiens, ne fut jamais paisiblement soumise au chef de la nouvelle dynastie ; de l'autre, les Normands infestoient déjà les bords de l'Océan, et cherchoient à pénétrer, par les rivières, dans l'intérieur des Etats. C'eût été leur ouvrir une route dans le centre de l'Europe, que de tracer un Canal de l'Océan à la Méditerranée : maîtres de passer d'une mer dans l'autre, ils eussent subjugué le Midi.

Sous la troisième race de nos rois, l'Aquitaine et le Languedoc formèrent encore deux

Etats séparés : c'étoient des fiefs relevant de la même couronne ; mais la foible juridiction du souverain ne s'étendoit pas jusqu'à faire exécuter des ouvrages communs à deux provinces gouvernées chacune par un grand vassal. Bientôt l'Aquitaine elle-même passa sous la domination des rois d'Angleterre : elle ne rentra dans la possession des rois de France que sous Charles VII. Les agitations du règne de Louis XI, les guerres d'Italie qui absorbèrent l'attention et les finances de Charles VIII et de Louis XII, ne permirent pas à ces souverains de fixer leurs regards sur les plans utiles à la prospérité intérieure de leurs Etats.

Ce n'est que sous le règne de François premier que fut formé, pour la première fois, le dessein de *joindre l'Océan aquitanique avec la mer de Narbonne*. Deux commissaires du roi se transportèrent à Toulouse en 1539, où ils firent dresser, par des hommes expérimentés, le plan d'un Canal qui devoit communiquer de l'Aude à la Garonne. On en voit le devis dans les registres de la ville de Toulouse. Ce projet resta sans exécution, soit à cause de la mort de François premier, soit par les difficultés que le terrain pré-

sentoit et que l'on crut insurmontables. Il fut proposé de nouveau dans le conseil de Charles ix ; mais les guerres civiles empêchèrent d'entreprendre un aussi grand ouvrage.

Enfin, Henri iv, après avoir pacifié le France, s'occupa de l'élever au plus haut degré de prospérité. Un des projets qu'il jugea les plus utiles, fut celui de la jonction des deux mers. Il chargea le cardinal de Joyeuse, archevêque de Narbonne, de faire examiner sur les lieux la possibilité de cette entreprise : voici le rapport que lui fit ce prélat, dans une lettre (1) datée de Narbonne le 2 octobre 1598. « Sire, quand j'eus l'hon-
» neur de prendre congé de Votre Majesté,
» elle me dit et me recommanda expressé-
» ment de lui donner avis de ce que je pour-
» rois apprendre sur le sujet du Canal d'eau,
» qu'il lui a été proposé de faire pour join-
» dre les deux mers. Aussi ne faillis-je point
» d'envoyer incontinent, par un homme
» exprès, la dépêche de Votre Majesté que
» M. Dufresne me fit tenir, pour le sieur

---

(1) Des Canaux de Navigation, par M. de La Lande, page 112.

» Louis de Foix que je priai instamment de
» venir vers moi, afin que nous pussions
» donner quelque éclaircissement sur un
» ouvrage aussi important que celui-là : il
» me manda qu'il étoit en chemin pour vous
» aller trouver ; et qu'il feroit entendre à
» Votre Majesté ce qu'il savoit et avoit jugé
» de pouvoir faire là-dessus. M'étant aussi
» souvenu qu'un nommé Pierre Reneau,
» maître niveleur, m'avoit dit que son maître
» appelé Grappone, avoit fait le dessein de
» ce Canal et l'avoit proposé à la reine-mère,
» je l'envoyai querir.... Tous ceux avec qui
» j'ai conféré de ce Canal, jugent qu'il faut
» que les bateaux qui viendront de Bordeaux
» aillent de la rivière de Garonne dans celle
» de l'Aude. Pour ce faire, il se présente une
» difficulté, qui est, que de quatorze lieues
» du pays dont il faudroit que le Canal fût,
» il y en a six ou sept jusqu'à un lieu appelé
» *les Pierres de Naurouse* qui vont en mon-
» tant : et tous les ruisseaux qui sont en cet
» espace descendent dedans la Garonne. Par
» ainsi, il seroit impossible de faire remon-
» ter ladite rivière jusques-là : mais ledit
» maître Reneau répond qu'il peut remédier
» à cela, en prenant le Canal, non de la Ga-

» ronne, mais de l'Ariège, qui est une belle
» et grande rivière, qui entre dans la Ga-
» ronne à deux lieues au-dessus de Toulouse ;
» et vient de plus haut et tellement haut,
» qu'il croit qu'on pourra aisément conduire
» *un Canal jusqu'aux Pierres de Naurouse ;*
» *et étant là, il n'y a plus de difficulté*. Mais
» il restoit encore de faire aller les bateaux
» de la Garonne dans le Canal de l'Ariège
» qui seroit plus haut ; il répond, qu'il se
» peut aisément faire par le moyen d'un
» autre Canal qui ne durera qu'une lieue, et
» prendra depuis le château de Saint-Michel,
» où étant arrivé tout auprès de l'autre, il
» assure de faire monter les bateaux par le
» moyen d'une écluse ; ce qui est assez
» croyable à ceux qui ont été sur le Canal
» qui va de Venise à Padoue, qui vous diront
» que les bateaux montent bien plus haut
» par le moyen d'une tour qu'on ferme, que
» ceux qui auront ici à monter. Par ainsi,
» Sire, ledit maître et les autres à qui j'ai
» parlé, jugent l'œuvre fort faisable ».

Il est vraisemblable que l'avis du célèbre ingénieur Louis de Foix ne fut pas favorable à ce projet de maître Reneau : car on voit, en 1604, le connétable de Montmorency,

gouverneur de Languedoc, ordonner de nouveau l'examen des lieux et des moyens d'y construire un Canal. Cette inspection du local fut encore infructueuse. En 1614, les députés du Languedoc aux Etats-généraux de Paris, exposèrent que le projet de rendre les deux mers navigables par le moyen d'un Canal fait dans le pays de Lauraguais, avoit été chose souvent agitée, et toujours trouvée faisable et très-utile. Ils demandèrent au roi Louis XIII d'envoyer des commissaires pour faire exécuter cet ouvrage. Mais cette démarche, une proposition faite en 1617 par Bernard Aribal d'entreprendre ce Canal, et un projet formé en 1632 par le cardinal de Richelieu, ne furent encore suivis d'aucun effet.

Cependant l'émulation des ingénieurs n'en fut point ralentie; et l'on vit les plans succéder aux plans. En 1633, Tichot, ingénieur du roi, et Bauvau, maître des ouvrages royaux en Languedoc, présentèrent au cardinal de Richelieu un mémoire pour la construction d'un Canal depuis la Garonne jusqu'à l'Aude, auprès de Narbonne; et de l'Aude jusqu'à la Méditerranée, en rendant navigables la rivière d'Aude et les étangs de

Peyrine, de Figean et de la Nouvelle. On alla plus loin en 1636; le Conseil d'Etat passa un bail avec Jean Le Maire pour la construction de ce Canal; mais cet entrepreneur se trouva dans l'impuissance de l'exécuter. En 1650, un autre ingénieur proposoit de prendre les eaux de l'Ariège à Sainte-Gabelle, éloignée de sept lieues de Toulouse, et de les conduire par un Canal non navigable, jusqu'au-dessous de la côte de Pech-David, près le faubourg Saint-Michel de Toulouse; de creuser ensuite un Canal navigable depuis ce dernier endroit jusqu'au-dessous de Naurouse, en passant par Castanet, Donneville et Geniet; et de continuer ce Canal jusqu'à Trèbes, où il se joindroit à l'Aude qu'on rendroit navigable jusqu'à la mer de la Nouvelle.

La nature du sol, la disette apparente des eaux, et sur-tout la difficulté de les conduire aux Pierres de Naurouse, élevées de plus de cent toises au-dessus du niveau de l'une et l'autre mer, avoient fait regarder ces différens projets comme inexécutables. Le règne de Louis XIV, si fécond en hommes célèbres, produisit enfin celui qui devoit être assez hardi pour reprendre un dessein abandonné

si souvent, assez habile pour surmonter toutes les difficultés de l'entreprise, et assez heureux pour la terminer. Ce fut Pierre-Paul de Riquet, seigneur de Bonrepos, et issu d'une famille noble originaire de Provence. Tous ses contemporains s'accordent à dire qu'il avoit un génie rare, et que la nature seule l'avoit fait géomètre. La situation d'une partie de ses possessions au pied de la montagne Noire, le mit à portée d'en observer les eaux ; c'est peut-être à cette circonstance qu'il a dû la première idée de son projet. Il paroît s'en être occupé long-temps avant que de le rendre public. Il fit faire sous ses yeux plusieurs nivellemens par Pierre, fils d'un fontenier de Revel. On voit encore à Bonrepos, dans ses jardins, les essais en petit de sa grande entreprise : tels que des conduites d'eaux, des épanchoirs, et même une montagne percée.

C'est en 1662 seulement, qu'il présenta son plan au célèbre Colbert; et la manière naïve et simple avec laquelle il lui exposa son projet, n'est pas dénuée d'intérêt. « Mon » seigneur, lui disoit-il dans une lettre (1)

---

(1) Archives du Canal à Toulouse, A. B, B. n° 4.

datée du 26 novembre 1662, » je vous écris
» de ce village (de Bonrepos), sur le sujet
» d'un Canal qui pourroit se faire dans cette
» province de Languedoc pour la communi-
» cation des deux mers. Vous vous étonne-
» rez que j'entreprenne de parler d'une chose
» qu'apparemment je ne connois pas, et
» qu'un homme de gabelle se mêle de nive-
» lage. Mais vous excuserez mon entreprise,
» lorsque vous saurez que c'est de l'ordre de
» Monseigneur de Toulouse que je vous écris.
» Il y a quelque temps que ledit seigneur me
» fit l'honneur de venir en ce lieu, soit parce
» que je lui suis voisin et hommager, ou pour
» savoir de moi les moyens de faire ce Canal.
» Car il avoit ouï dire que j'en avois fait
» une étude particulière. Je lui dis ce que
» j'en savois, et lui promis de l'aller voir à
» Castres, à mon retour de Perpignan, et de
» le mener de-là sur les lieux pour lui en
» faire voir la possibilité. Je l'ai fait; et ledit
» seigneur, en compagnie de M. l'évêque de
» Saint-Papoul et de plusieurs autres per-
» sonnes de condition, a été visiter toutes
» choses, qui, s'étant trouvées comme je les
» avois dites, ledit seigneur archevêque m'a
» chargé d'en dresser une relation et de vous

» l'envoyer. Elle est ici incluse, mais en assez
» mauvais ordre; car n'entendant ni grec ni
» latin, et à peine sachant parler français, il
» n'est pas possible que je m'explique sans
» bégayer. Aussi ce que j'entreprends, c'est
» pour obéir, et non de mon propre mou-
» vement. Toutefois, s'il vous plaît de lire
» ma relation, vous jugerez que ce Canal est
» faisable; qu'il est, à la vérité, difficile à
» cause du coût; mais que, regardant le bien
» qui doit en arriver, l'on doit faire peu de
» cas de la dépense.... Jusqu'à ce jour, on
» n'avoit pas pensé aux rivières propres à
» servir, ni su trouver des routes aisées pour
» ce Canal; car celles qu'on s'étoit imaginées
» étoient avec des obstacles insurmontables
» de rétrogradations de rivières et de ma-
» chines pour élever les eaux. Aussi croyez
» que ces difficultés ont toujours causé le
» dégoût, et reculé l'exécution de l'ouvrage.
» Mais aujourd'hui, Monseigneur, qu'on
» trouve des routes aisées et des rivières qui
» peuvent être aisément détournées de leurs
» anciens lits, et conduites dans ce nouveau
» Canal par pente naturelle, et de leur propre
» inclination, toutes difficultés cessent, ex-
» cepté celle de trouver un fonds pour servir

» aux frais du travail. Vous avez pour cela
» mille moyens, Monseigneur, et je vous en
» présente encore deux dans mon mémoire
» ci-joint, afin de vous porter plus facile-
» ment à cet ouvrage, que vous jugerez très-
» avantageux au roi et à son peuple, quand
» il vous plaira de considérer que la facilité
» et l'assurance de cette navigation fera, que
» le détroit de Gibraltar cessera d'être un
» passage nécessaire : que les revenus du
» roi d'Espagne à Cadix en seront diminués;
» et que ceux de notre roi augmenteront d'au-
» tant sur les fermes des trésoriers et des
» entrées des marchandises en ce royaume,
» outre les droits qui se prendront sur ledit
» Canal, qui se monteront à des sommes
» immenses; et que les sujets de Sa Majesté
» profiteront de mille nouveaux commerces
» et tireront de grands avantages de cette
» navigation. Que si j'apprends que ce des-
» sein vous doive plaire, je vous l'enverrai
» figuré, avec le nombre des écluses qu'il
» conviendra faire, et des calculs exacts des
» toises dudit Canal, soit en longueur, soit
» en largeur. Je suis, &c. »

Dans le mémoire que cette lettre renfer-
moit, Riquet exposoit que ce qui avoit fait

échouer les projets antérieurs au sien, étoit la difficulté d'élever des eaux à la hauteur des Pierres de Naurouse. « En douze lieues » de pays, dit-il, on ne trouvoit ni ruisseau » ni rivière qui pût fournir d'eau à suffisance » pour ce Canal; et c'étoit pour cela qu'on » s'imaginoit de pouvoir faire rétrograder à » contre-mont la rivière de l'Ariège : ce qui » avoit été trouvé inexécutable ». Il ajoutoit que les moyens de donner de l'eau à ce Canal avoient été jusqu'alors cachés à tout le monde, et que néanmoins il en existoit de naturels et presque sans obstacles.... « Mais » ce qui me semble le plus important, disoit- » il, est d'avoir d'eau à suffisance pour le » remplir, et de la conduire à l'endroit même » où est le point de partage. Ce qui se peut » aussi faire avec facilité, prenant la rivière » de Sor, près la ville de Revel, qu'on con- » duira par pente naturelle, puisqu'il se » trouve neuf toises de descente depuis le- » dit Revel jusqu'au point (1) de partage,

---

(1) Dans ce premier projet de Riquet, il avoit placé le point de partage des eaux dans la paroisse de Saint-Félix de Caraman auprès de Graissens. Ce choix présentoit l'inconvénient d'une trop grande élévation : aussi

» et que le pays est uni et sans éminence ;
» il est encore aisé de conduire le ruisseau
» appelé de Lampy, dans le lit de la rivière
» de Revel, distante d'environ quinze cents
» pas l'un de l'autre. Il est pareillement fa-
» cile de mettre dans ledit Lampy un autre
» ruisseau appelé d'Alzau, distant d'environ
» cinq quarts de lieue, et par conséquent
» plusieurs autres eaux qui se rencontrent
» dans cette conduite; de sorte que, jointes
» ensemble, étant comme elles sont toutes
» sources vives et de durée, elles formeront
» une grosse rivière, qui, menée au point
» de partage, rendra le Canal suffisamment
» rempli des deux côtés pendant toute l'an-
» née, et jusqu'à six pieds de hauteur sur
» neuf toises de large : si bien que la navi-
» gation sur ce Canal seroit sans difficulté ».

Riquet présentoit ensuite trois plans pour la direction du Canal. Le premier étoit de le conduire vers la rivière d'Agout, de la rendre navigable jusqu'à son embouchure dans le Tarn, et de profiter du Tarn, navi-

---

l'année suivante Riquet se détermina-t-il à baisser son point de partage jusqu'à la fontaine de la Grave, au-dessous des Pierres de Naurouse.

gable en cet endroit, pour arriver à la Garonne auprès de Moissac. Mais Riquet observoit, qu'il se trouveroit des difficultés *au navigage contre-mont la rivière d'Agout* et du Tarn, à cause des fréquentes chaussées de moulins qui s'y rencontrent. « Dans ces pas-
» sages, les deux rivières sont très-rapides,
» leurs lits sont enfoncés, et leurs bords
» très-escarpés.... On ne sauroit, dit-il, se
» servir de chevaux, et les hommes ne pour-
» roient faire ce tirage et ce remontement
» de vaisseaux qu'avec grande peine ».

Pour éviter de pareils obstacles, il pense qu'il faut renoncer aux rivières de l'Agout et du Tarn, et il propose un second plan. Depuis le point de partage jusqu'à une rivière nommée le Girou, il y a environ trois lieues de pays plat, avec une pente douce et imperceptible vers cette rivière. Elle entre dans celle de Lers, qui se jette dans la Garonne, à sept lieues de là, et à trois lieues au-dessous de Toulouse. C'est donc par le moyen de ces deux rivières qu'il formoit le Canal.

« Mais, dit-il, s'il est de nécessité absolue
» de faire passer le Canal auprès de Tou-
» louse, cela se pourroit encore facilement
» faire ; car il est aisé de le porter dans les

» fossés de cette ville, à cause que le terrein
» est uni et nullement montueux. Aussi est-
» il vrai que cette route est la plus facile;
» car le terrein est tellement de niveau, que
» quatre écluses suffiroient pour vingt-cinq
» lieues de France; et la navigation en se-
» roit d'une aisance sans pareille, et dans un
» calme parfait. Car on ne prendroit que les
» eaux nécessaires pour l'entretien du Canal,
» laissant épancher les superflues dans leurs
» vieux lits. Et pareille chose pourroit se
» faire depuis le point de partage jusqu'à la
» Robine de Narbonne; de sorte que la na-
» vigation seroit sans peine et sans danger,
» et traverseroit deux des plus belles et abon-
» dantes provinces du monde, la Guyenne
» et le Languedoc ».

Tel est le projet que Riquet adressa, le 26 novembre 1662, à M. Colbert, alors contrôleur-général des finances. Ce Ministre s'occupoit d'ouvrir à la France de nouvelles sources de richesses. La paix lui permettoit de se livrer aux entreprises propres à rani-
mer l'industrie, et à fonder le commerce. Ainsi le plan de la jonction des mers ne pou-
voit être proposé dans un moment plus fa-
vorable. Celui de Riquet étoit judicieusement

conçu, et nettement exposé. Il excita l'admiration de Colbert (1), et ce Ministre fit aisément passer ce sentiment dans l'ame d'un Roi, qui préféroit, même dans les choses utiles, celles qui portoient le caractère de la grandeur.

La forme d'administration établie en Languedoc ne permettoit pas qu'un aussi grand projet fût exécuté sans la participation des Etats. Le Roi ordonna, par un arrêt du conseil rendu le 18 janvier 1663, que l'examen en fût fait sur les lieux par ses Commissaires auprès des Etats, et par ceux que les Etats choisirent de leur côté. Ce ne fut néanmoins qu'un an après que cette commission fut formée; et elle arrêta que ses membres se réuniroient à Toulouse le 6 octobre 1664.

Riquet s'étoit occupé, pendant le cours de l'année précédente, à préparer l'exécution de son projet. « Depuis un mois, écrivoit-il
» le 29 mai 1663, à M. d'Anglure, archevê-
» que de Toulouse, je travaille pour la véri-
» fication du projet du Canal, mais avec tant
» de soin et d'exactitude, qu'à cette heure
» j'en puis parler savamment, et vous dire,

---

(1) Archives du Canal, C. BB. n° 22.

» en vérité, que la chose est possible : je
» vous en porterai les plans et les devis dans
» la dernière perfection, avec un calcul de
» ce que ce travail pourra coûter. J'ai passé
» par-tout avec le niveau, le compas et la
» mesure ; de sorte que j'en sais parfaitement
» les passages, le nombre des toises et des
» écluses, la disposition du terrain, s'il est
» pierreux ou gras, les élévations, et le nom-
» bre de moulins qui se trouvent sur les
» routes. Dans un mot, Monseigneur, je
» n'ignore plus rien en cette affaire-là, et le
» plan que j'en porterai sera juste, étant
» fait sur les lieux et avec grande connois-
» sance. Je serai bientôt à Paris pour ce su-
» jet ». (1)

En effet, Riquet ne tarda pas à se rendre à Paris. Il fut présenté à M. de Colbert par l'archevêque de Toulouse ; et après plusieurs conférences avec ce Ministre si éclairé, il revint en Languedoc, où il s'occupa de préparer le travail des commissaires. C'est ainsi que le 11 avril 1664, il envoya MM. Roux et Pierre (2) marquer le chemin du Canal,

---

(1) Bibliothèque impér. Manuscrit Colbert, n° 202.
(2) Archives du Canal.

depuis Durfort jusqu'à Naurouse. Lui-même se rendit à Toulouse avant les commissaires. De là il écrivit à Colbert, qu'en attendant leur arrivée, et pour ne pas demeurer oisif, il s'occupoit avec M. de Bourgneuf à marquer les endroits par où le Canal devoit passer. Enfin, le travail de la commission commença le 8 novembre 1664 à Toulouse, et fut terminé à Béziers le 17 janvier 1665 (1). Le premier acte des commissaires fut de nommer des examinateurs pour le projet de M. de Riquet. « Nous ordonnons, disoient-ils,
» qu'il sera fait descente sur les lieux pour
» aviser au moyen de parvenir à la commu-
» nication des mers : et que pour cet effet
» noble Henri Boutheroue, écuyer, sieur de
» Bourgneuf, l'un des intéressés au Canal de
» Briare, et M. Etienne Jaquinot, sieur de
» Vaurose, directeur-général des gabelles de
» Provence et Dauphiné, assistés de messires
» Marc de Noé, sieur de Guitoud, de Noé,
» maréchal-de-camp, et noble Jean Aves-
» sens, sieur de Tarabel, personnes capables
» et expérimentées : les sieurs *Andreossi*,
» Perafigue, Cavalier et Bressieux, géomè-

---

(1) Biblioth. impér. Manuscrit Colbert, n° 202.

» tres, que nous avons pris pour travailler
» avec lesdits experts à la vérification desdits
» ouvrages, suivant l'*indication* qui leur en
» sera faite *par le sieur Pierre-Paul Ri-*
» *quet, Baron de Bonrepos* ».

Le procès-verbal des experts, MM. Boutheroue et Jaquinot, commence par cette observation : « Le sieur Riquet ayant exposé
» la copie du dessin *par lui remis au Conseil*
» *d'Etat*, a dit qu'encore qu'il ne soit pas
» fort régulier, il explique assez sa pensée,
» s'étant plus sérieusement appliqué à re-
» chercher les eaux de la montagne Noire,
» pour fournir ledit Canal, et les chemins
» pour les conduire au point de partage, et
» les distribuer dans Garonne et Aude qu'à
» toute autre chose : offrant de nous servir
» *d'indicateur* dans cette commission. Ce
» que les seigneurs commissaires ont ac-
» cepté ».

Ils s'occupèrent d'abord de reconnoître l'emplacement du Canal jusqu'au nouveau point de partage indiqué par Riquet, la fontaine de la Grave. « Cette fontaine, disent-
» ils, est enfoncée dans une espèce de puits
» d'environ quinze pouces de largeur, sur
» trois pieds de longueur : elle contient

» dix pieds d'eau ; derrière ce puits est un
» fossé, d'où, quand il pleut, moitié des
» eaux descend vers Toulouse, et l'autre vers
» Narbonne. Ce tertre étant élevé de vingt-
» cinq toises et demie au-dessus de la Garonne,
» il est indubitable que si l'on y peut porter
» de l'eau à suffisance pour remplir et entre-
» tenir un canal de navigation, il y aura assez
» de pente pour le construire à plaisir. L'on
» remarque encore que sur ledit tertre, il y
» a un grand terre-plein pour y creuser un
» grand canal de communication de l'un à
» l'autre penchant dudit tertre, et y faire de
» grands réservoirs, s'il est besoin, pour dis-
» tribuer l'eau de chaque côté des deux
» mers, suivant la nécessité.

» Mais parce que l'eau est la matière des
» canaux, et que hors ladite fontaine, il n'y
» en a que de pluie, qui s'écoulent en peu
» de temps, nous Experts, nous avons repré-
» senté aux commissaires, qu'à moins d'ame-
» ner d'autres eaux au lieu de partage, il n'y
» avoit pas apparence de faire un Canal de
» navigation. Alors M. de Riquet a dit, que,
» par son dessin, on a pu voir *qu'il avoit*
» *découvert* dans la montagne Noire des eaux
» qu'on pouvoit conduire à la fontaine de la

» Grave : que tous ceux qui, depuis tant de
» siècles, avoient proposé la construction du
» Canal, ne s'en étoient jamais apperçus,
» attendu qu'elles étoient fort cachées, et
» presque hors de vraisemblance de pouvoir
» être amenées à la fontaine de la Grave : que
» néanmoins il y avoit fait passer le niveau,
» et croyoit que la chose étoit possible ».

Les commissaires et les experts, les géomètres et niveleurs, se transportèrent, *guidés par M. Riquet,* jusqu'à la rivière du Sor; ils trouvèrent qu'elle pouvoit être conduite toute entière au point de partage. Mais comme un bras de cette rivière servoit à l'irrigation de la plaine de Revel, il parut convenable d'aller reconnoître les autres rivières dont Riquet faisoit mention *dans son dessin*, et de vérifier les moyens par lesquels on pourroit les réunir au Sor, et les conduire ensemble à la fontaine de la Grave. Riquet les conduisit auprès d'un ruisseau nommé le Rieutort. Il leur dit que ce ruisseau étoit un des cinq marqués dans *son dessin;* que ces cinq ruisseaux descendent naturellement vers la Méditerranée; mais qu'il falloit les forcer par diverses digues et chaussées à se regonfler, pour être jetés dans le Sor; que cela

passoit pour impossible dans l'esprit de plusieurs personnes ; mais qu'après de longues méditations pour leur trouver chemin, et y avoir par deux fois passé le niveau, il estimoit la chose faisable. Il leur exposa ainsi les détails de son projet. « Alzau, rivière qui
» prend son origine au-dessous de la mon-
» tagne Noire, dans le bois de Ramondens,
» et se précipite par des vallons affreux dans
» le Fresquel ; Vernassone, qui descend de
» la montagne, et fait séparément le même
» cours ; Lampillon, qui a la même origine,
» et se joint à Lampy, et tombe avec lui
» dans le Fresquel, et le ruisseau de Rieu-
» tort qui, à sa chute séparée, ne doivent
» faire qu'une rivière, et être portés dans le
» Sor. Pour y parvenir, il faut soutenir Al-
» zau qui est plus haut : on le conduira dans
» Vernassone ; on forcera l'un et l'autre de
» se jeter dans Lampillon, qui descend na-
» turellement dans Lampy. Le tout étant
» renfermé dans le vallon de Lampy, on cons-
» truira une digue ou chaussée à travers ledit
» vallon, au lieu appelé le pas de Lampy,
» de hauteur et longueur suffisante, afin que
» lesdites eaux étant regonflées jusqu'à la
» superficie de la terre en lieu commode,

» elles puissent être conduites dans le vallon
» de Rieutort, qu'on fermera, comme celui
» du pas de Lampy, d'une puissante digue
» pour élever toutes les eaux le plus haut que
» faire se pourra, et les conduire à un col
» ou gorge de montagne qu'il faudra creuser
» pour jeter le tout dans le Sor, descendre
» à Durfort, puis au moulin du Purgatoire,
» puis dans la rigole, jusqu'à la fontaine de
» la Grave ».

» Cela bien entendu et conçu, disent les
» experts, nous avons été reconnoître la po-
» sition des ruisseaux »; et voici leurs con-
clusions : « Nous avons vérifié qu'on peut
» conduire la rivière d'Alzaù, Vernassone
» et Lampillon dans le Lampy, et le Lampy
» dans le Rieutort, et le tout dans le Sor,
» au moyen des digues, &c. &c. Et quant à
» la quantité d'eau, nous pensons que ces
» cinq rivières ont deux fois autant et plus
» d'eau que le Sor, de sorte que hors quelque
» inconvénient que nous ne pouvons pré-
» voir, toutes ensemble en fourniront assez
» pour remplir et entretenir ce grand Canal
» de navigation ».

C'étoit-là le point important : de-là dépendoit tout le projet; et, comme l'observoient

les commissaires et les experts, toute autre recherche sur la direction du Canal étoit inutile, si l'on n'avoit pas un moyen d'amener les eaux en quantité suffisante au point de partage. Mais dès que l'on pouvoit avoir à sa disposition assez d'eau pour alimenter le Canal, sa direction ne présentoit plus que des difficultés faciles à vaincre.

Assurés ainsi de la possibilité d'établir un Canal, les commissaires s'occupèrent de marquer sa route vers la Méditerranée. La rivière d'Aude leur parut devoir être abandonnée ; ils proposèrent d'en dériver un Canal jusqu'à la Robine. M. de Bezons, l'un des commissaires du roi, et intendant de Languedoc, ouvrit alors l'idée d'unir entre eux les étangs de Vendres et de Thau. Les commissaires en vérifièrent la possibilité, ensuite ils ordonnèrent aux experts de faire le devis des ouvrages, et aux géomètres de faire le plan du Canal avec les dimensions nécessaires. Deux plans furent dressés : l'un représente le Canal suivant le projet présenté par les commissaires : il est levé et signé par Cavalier et Andreossy. Le second représente la côte de la mer aux environs de Narbonne, par où l'on vouloit alors diriger le Canal ; il

est levé et signé par Cavalier seul. Ces deux plans sont à la Bibliothèque impériale (1): ils sont reliés avec le devis des deux experts, MM. Boutheroue et Jaquinot.

A la vue de ces devis et de ces plans, les commissaires donnèrent (le 17 janvier 1665) un avis, d'où il résultoit que le Canal leur paroissoit faisable; qu'il étoit facile de le conduire dans l'étang de Thau, où l'on ouvriroit une communication avec le port de Cette, et qu'ils approuvoient le rapport des experts: « mais, » ajoutent-ils, comme il ne seroit pas juste » d'entreprendre un dessein de cette impor- » tance, soit pour la gloire du Roi, soit pour » la dépense qu'il y a à faire, sans être con- » vaincu par une démonstration plus cer- » taine que le raisonnement, celle de l'expé- » rience, nous croyons que l'on pourroit tirer » un Canal de deux pieds de large pour faire » couler un filet de la rivière de Sor jusqu'au » point de partage, à Toulouse et à Carcas- » sonne, afin qu'étant persuadés par cet » essai, dont la dépense seroit médiocre, on » pût entreprendre hardiment le plus avan- » tageux ouvrage qui ait jamais été pro- » posé ».

(1) Bibliot. imp. Manuscrit Colbert, n° 202.

Pendant le cours de ces vérifications, Riquet entretint une correspondance suivie avec M. Colbert.

Dans une lettre (1) du 27 novembre 1664, il lui dit que les commissaires et les experts croyent qu'il est aisé de faire le Canal, et qu'il y a suffisamment d'eau dans les ruisseaux indiqués : mais qu'il y a une grande dépense à les conduire au point de partage. « J'en conviens, ajoute-t-il ; mais je conçois » la chose d'autre manière que les autres, » *pour l'avoir long-temps étudiée* ; je n'y » trouve pas les obstacles qu'on peut s'ima- » giner ; et desirant de faire voir que je suis » assez juste en pensée, s'il est absolument » besoin que j'en fasse la preuve et les avan- » ces à mes dépens, je m'y engagerai volon- » tiers par un forfait. Mais en ce cas, Mon- » seigneur, mettant en risque mon bien et » mon honneur à défaut de réussite, il me » semble raisonnable, par contre-coup, que » j'acquière un peu de l'un et un peu de » l'autre, en cas que j'en sorte heureuse- » ment. J'espère d'être à Paris dans le mois » de janvier prochain, ne le pouvant plutôt,

_____

(1) Archives du Canal.

» à cause que ladite vérification m'occupera
» tout le mois prochain. Et ce sera alors,
» Monseigneur, que je me donnerai l'hon-
» neur de vous dire mieux de bouche mes
» sentimens à ce sujet. Vous les trouverez
» raisonnables assurément ; car j'affecterai
» de vous porter des propositions de justice
» et par conséquent de votre goût : et en cela
» je suivrai mon naturel franc et libre, et
» point chicanier ».

Il s'explique avec plus de détail encore dans une lettre du 20 décembre 1664, écrite de Montpellier ; et son importance nous détermine à la transcrire ici. « J'arrivai hier
» au soir en cette ville. J'ai donné mes soins
» à l'affaire du Canal six semaines durant (1),
» et MM. les commissaires-experts savent à
» cette heure mes vieilles et nouvelles pen-
» sées, et tout ce que mes rêveries m'avoient
» appris au sujet de ce grand ouvrage depuis
» le temps que j'en conçus la fantaisie ; ils
» ont vu les eaux nécessaires, le moyen de
» les conduire au point de distribution,
» comme quoi le Canal de navigation se pou-
» voit faire, la nécessité de ne se pas servir

---

(1) Archives du Canal.

» du lit de la rivière d'Aude, mais seulement
» de ses eaux, l'endroit où il faut lui faire
» un nouveau lit, la disposition de faire un
» port à la Franquy, et la manière que l'on
» peut communiquer la Robine de Narbonne
» à l'étang de Vendres, de capacité et dispo-
» sition à faire un port merveilleux, ledit
» étang à celui de Thau, et par conséquent
» ledit Canal de navigation au Rhône, lequel
» Canal peut être formé de sorte qu'il sera
» de fond suffisant pour les galères et au-
» tres pareils bâtimens; et comme je crois
» d'être obligé, Monseigneur, de vous en
» dire ce que j'en pense, j'en fais le détail.
» Le voici:

» Les eaux de la montagne Noire, ou pour
» mieux m'expliquer, du bois de Ramondens,
» ont été jugées suffisantes pour l'entretien
» du Canal de navigation proposé, et la con-
» duite au point de distribution possible,
» mais de dépense plus grande, et de diffi-
» culté que je ne l'aurois dit, d'autant que
» pour avoir toutes les eaux de ces rivières
» là, au lieu de les prendre près de leurs
» sources comme je faisois, à dessein de con-
» server leur hauteur pour les pouvoir pas-
» ser sur la superficie de la terre, l'on a jugé

» être mieux, au contraire, de les prendre
» au plus éloigné de leursdites sources ; ce
» qui oblige à faire plusieurs chaussées de
» grande dépense pour l'élévation des eaux,
» et à miner une montagne cent toises en
» travers pour les passer. Moyennant quoi,
» l'on peut mener la totalité des eaux des-
» dites rivières qui sont presque suffisantes
» pour tenir ledit Canal fourni, et le pays
» par où elles passent maintenant, arrosé
» durant huit mois de l'an; car les eaux su-
» perflues qu'on sera contraint de laisser
» échapper pendant ledit temps seront de
» force suffisante pour les moulins, et les
» arrosemens des terres situées sur leurs
» vieux lits ; et afin que semblable avantage
» se puisse rencontrer pendant les quatre
» mois de la sécheresse, il a été jugé néces-
» saire de faire en hiver quinze ou seize ma-
» gasins d'eau dans des endroits très-favo-
» rables qui se rencontrent dans ladite mon-
» tagne et sur le courant desdites rivières.
» Cela se peut faire sans difficulté, et non
» pas sans dépense ; car il faut de fortes
» chaussées : mais l'espoir des avantages qu'on
» en espère, doit rendre ces obstacles de peu
» de considération ; l'invention de ces maga-

» sins rend la navigation du Canal perpé-
» tuelle, et fait les arrosemens, et aller les
» moulins à la coutume.

» Le Canal de navigation doit être de huit
» toises à la superficie de l'eau, six au bas,
» et le terrein de deux toises de hauteur, en
» sorte qu'il y ait neuf pieds d'eau dans ledit
» Canal, et par conséquent dix-huit pieds
» dans les écluses lorsqu'elles seront pleines.
» A cela, M. de Bourgneuf faisoit quelque
» difficulté, à cause de l'extraordinaire hau-
» teur des portes desdites écluses ; mais je
» lui fournis quelques expédiens qu'il rebuta
» d'abord ; et après y avoir bien pensé, il
» conclut que cette hauteur des portes ne lui
» faisoit plus de peine : et par ainsi, Mon-
» seigneur, je ne vois point de difficulté pour
» la faction dudit Canal depuis les Pierres de
» Naurouse, point de distribution, jusqu'à
» Garonne ; et depuis ladite distribution jus-
» qu'à la rivière d'Aude, les terrains se ren-
» contrant également favorables, les pentes
» douces, et le tout très-facile. Mais il n'en
» est pas de même à la rivière d'Aude ; elle
» est inconstante, remplie de pierres, mal
» alitée, et de nature à ne se pouvoir rendre
» navigable que pour de petites barques

» plates. De sorte que nous sommes tous d'ac-
» cord qu'il vaut mieux faire un Canal neuf
» sur ses côtés, d'éloignement et d'élévation
» suffisante à ne pas craindre les inondations
» de cette rivière-là. Auquel effet j'ai fait
» voir les endroits où il falloit passer ledit
» nouveau Canal, et celui qui nous facilitoit
» les moyens de prendre de ladite rivière
» l'eau nécessaire, et non pas davantage. La
» chose a été nivelée et boussolée et trouvée
» toute telle que je l'avois dite ; et de cette
» façon, le nouveau Canal jeté dans le com-
» mencement de la Robine de Narbonne qui
» va finir à la Méditerranée, au Grau de la
» Nouvelle. MM. les commissaires et les
» experts ont été sur ces lieux-là, et ont jugé
» que faisant un Canal de ladite Robine à la
» Franquy avec quelques autres réparations,
» l'on auroit un port merveilleux, et plein
» de sûreté ; ces sortes de choses ne sont pas
» tout-à-fait de ma connoissance : ainsi,
» Monseigneur, vous le saurez d'eux, et je
» m'en tairai pour reprendre mon discours
» du Canal.

» J'ai fait remarquer qu'en traversant la
» Robine de Narbonne dans son commence-
» ment, l'on pouvoit avec facilité pousser le

3

» nouveau Canal, conduit sur les côtés de la
» rivière d'Aude, jusqu'à l'étang de Vendres,
» en laissant toujours ladite rivière d'Aude
» sur la main gauche, et qu'il étoit aussi
» facile de communiquer ledit étang de Ven-
» dres à celui de Thau, au moyen d'un Canal
» de l'un à l'autre, que la disposition du ter-
» rain qui les sépare nous souffre de faire;
» pour remplir lequel Canal, la rivière de
» Beziers et celle d'Agde fournissent les eaux,
» et sont dès-lors suffisantes pour cela.

» De tout ce discours, Monseigneur, vous
» pouvez juger de l'application, que, tous
» tant que nous sommes, nous avons eue pour
» ce grand et important dessein, et des avan-
» tages que la France et toute la chrétienté
» en retireront, si l'exécution s'en suit......

» Vous considérerez, s'il vous plaît, Mon-
» seigneur, que ce Canal communiquant la
» Garonne au Rhône, donnera sujet à toutes
» les villes de cette province de faire des dé-
» penses en leur particulier pour avoir de
» petits canaux qui communiquent à celui-
» ci. Je remarque qu'il n'y en a pas une
» d'elles à qui la nature n'en présente les
» moyens. L'Albigeois le peut faire par sa
» rivière de Tarn; le Castrois par celle

» d'Agoût ; le Foix par l'Ariège ; le Mirepois
» par le grand Lers ; Béziers par celle d'Orb ;
» Pézenas par l'Erault ; Montpellier par un
» ancien canal que le temps a ruiné, et par
» sa rivière de Lez ; Lunel par sa robine ;
» Nîmes par sa fontaine ; Castelnaudary,
» Carcassonne et Narbonne s'y rencontrent
» situés dessus, aussi bien que toutes les villes
» du long du Rhône.

» Je vous ai ci-devant écrit, Monseigneur,
» que la jonction des rivières de la montagne
» Noire, leur conduite aux Naurouses, les
» chaussées, les magasins d'eau, et la mine
» dont mention est faite ci-dessus, étoit l'em-
» barras, et ce qui faisoit le plus de peine à
» MM. les commissaires et experts. Il est
» vrai, Monseigneur, que cela n'est point
» sans difficulté ; et comme *je suis celui qui*
» *ai donné le premier branle à ce dessein,*
» je serois au désespoir, si ces difficultés en
» empêchoient la réussite ; et c'est aussi pour
» cela, Monseigneur, qu'au refus de tous les
» autres, je veux bien m'engager par un for-
» fait à cette difficile besogne, tout ainsi que
» je vous l'ai ci-devant écrit. Je la ferai,
» Monseigneur, à un prix très-raisonnable
» et modique, avec cette stipulation, que je

» ne pourrai recevoir aucun argent de mon
» forfait que je n'aie fait connoître par une
» démonstration sensible, ou, pour mieux
» m'expliquer, par une petite rigole, qu'il
» est possible de mener toutes lesdites rivières
» aux Pierres de Naurouse. Mais je ne sau-
» rois faire ladite rigole que les chaussées
» pour l'élévation des eaux, et les mines dont
» mention est faite ci-devant, ne soient en-
» tièrement construites. Or est-il, Monsei-
» gneur, que ces chaussées, cette mine et
» cette rigole coûteront plus de deux cent
» mille livres. J'offrirai pourtant d'en faire
» l'avance à mes périls ; je veux dire qu'en
» cas que je ne réussirois point, mes four-
» nitures me reviendroient à pure perte ; en
» quoi je risque honneur et bien. Car si je
» manque d'exécution, je passerai pour un
» visionnaire ; et si j'aurai perdu une grande
» somme du plus clair de mon bien. Aussi,
» Monseigneur, si j'en sors heureusement,
» j'aurai sujet de prétendre d'être bien payé
» du prix de mon forfait ; et je vous sup-
» plierai bien humblement de m'accorder
» vos suffrages, pour que cela m'acquière de
» l'honneur et quelque peu de bien. Je vous
» en présenterai les moyens, Monseigneur,

» dans le mois de février prochain, que j'es-
» père avoir l'honneur de vous voir; lesquels
» moyens ne seront point *du tout à la charge*
» *du Roi*, &c. ».

Enfin, dans une lettre du 20 janvier, il se plaignit au Ministre de ce que les commissaires lui avoient fait un mystère de leurs estimations et de leur résultat. Riquet se rendit à Paris peu de temps après; il eut une conférence avec M. Colbert, et des lettres-patentes du 27 mai 1665, lui attribuèrent la commission de faire travailler aux *rigoles nécessaires pour faire l'essai de la pente et de la conduite des eaux.*

Riquet se hâta de commencer cette entreprise sous l'inspection de MM. de Bezons et de Tubeuf, intendans de Languedoc. Il écrivit, le 31 juillet 1665, à M. de Colbert, que le travail s'avançoit; de sorte que la fin n'en seroit guère éloignée du commencement. « Bien des gens, ajoutoit-il (1), seront surpris
» du peu de temps que j'y aurai employé, et
» du peu de dépense que j'y aurai faite. Quant
» à la réussite, elle est infaillible, mais *d'une*
» *manière toute nouvelle, et où jamais per-*

---

(1) Archives du Canal.

» *sonne n'avoit pensé.* Je me compte de ce
» nombre; car je puis vous jurer, que le
» chemin par où je passe maintenant, m'avoit
» été toujours inconnu, quelque diligence
» que j'eusse faite pour le découvrir. La pen-
» sée m'en vint à Saint-Germain : j'en son-
» geai les moyens, et quoique fort éloigné,
» ma rêverie s'est trouvée juste sur les lieux :
» le niveau m'a confirmé ce que mon ima-
» gination m'avoit dit à deux cents lieues
» d'ici. Par cette nouveauté, je dispense mon
» travail de tous regonflemens, de toutes
» chaussées et de toutes mines; et je le con-
» duis par la superficie de la terre, par en-
» foncemens et vaux, et par pentes naturelles :
» en sorte que je rends la chose aisée et d'en-
» tretien facile; et je décharge la grande
» rigole de dérivation d'environ quatre cent
» mille livres de dépense, que ces regonfle-
» mens, ces chaussées et ces mines avoient
» été évaluées, avec le long temps qu'il auroit
» fallu pour l'assemblage des matériaux et
» pour la construction ».

Riquet, pour cet essai, fit faire une tranchée dirigée dans les lieux où devoit passer
la rigole de dérivation destinée à alimenter le
Canal de navigation. Cette tranchée fut très-

adroitement conduite, et très-heureusement exécutée, dans une contrée remplie de précipices et de rochers. Elle eût été terminée en septembre, si des pluies abondantes n'eussent interrompu le travail pendant quinze jours.

M. de Tubeuf se transporta sur les lieux vers le milieu de ce mois, et voici ce qu'il écrivit à M. Colbert (1):

« L'affaire de la rigole est de telle consé-
» quence pour la construction du Canal, que
» j'ai cru ne devoir rien négliger de tout ce
» qui pourroit éclairer la possibilité d'un si
» grand ouvrage. Pour cela, j'avois conseillé
» M. de Clerville et le sieur Renier-Janse de la
» venir voir, pour savoir leur sentiment, et
» de nous en pouvoir parler avec plus de
» certitude. Ils étoient partis de Montpellier
» plusieurs jours avant moi, et je les ai
» trouvés en cette ville où j'arrivai avant-
» hier. J'ai engagé aussi M. de Fleury, tré-
» sorier de France à Montpellier, l'un des
» commissaires du Roi dans la plupart des
» affaires de cette province, et qui me pa-
» roît intelligent et très-affectionné, à venir

(1) Biblioth. impér. manuscrit Colbert.

» avec moi en cette ville, et tous ensemble,
» nous visiterons le travail cette semaine. Il
» est vrai que le sieur Janse nous a déjà pré-
» venus, qu'en nous attendant, il a fait sa
» visite particulière, sur laquelle il m'a dit
» qu'il donneroit un mémoire pour vous
» envoyer, et je croyois que ce seroit par
» cet ordinaire ; mais il n'est pas encore
» achevé : cependant *j'ai reconnu qu'il ne*
» *fait pas un jugement tout-à-fait avanta-*
» *geux de cette entreprise, qui ne me per-*
» *suade pas ; car il s'entend mieux aux*
» *ports et aux ouvrages de mer, qu'à ceux*
» *de terre ferme, d'autant plus que M. de*
» *Riquet répond du succès de la chose ; et*
» *il nous promet de la faire voir toute entière*
» *dans douze ou quinze jours, ne demandant*
» *pas davantage pour conduire la rigole de*
» *dérivation jusqu'au point de partage* ».

Enfin, la rigole d'essai fut achevée vers les premiers jours d'octobre; et ce fut le triomphe de Riquet. On vit avec étonnement, qu'il avoit forcé les sources de la montagne Noire à prendre un cours différent de leur cours naturel, et qu'il avoit assuré le succès de son grand projet en les réunissant toutes dans un bassin à Naurouse, d'où il

pouvoit ensuite les distribuer à volonté. Cet événement fut célébré par des sonnets et des stances, qui se trouvent dans les recueils de ce temps. Ils durent flatter Riquet bien moins que les lettres de M. Colbert. « J'ai
» reçu, lui écrivoit ce ministre le 14 août
» 1665, vos deux lettres du dernier juillet et
» 4 août, par lesquelles je suis très-aise de
» voir l'espérance (1) où vous êtes du succès
» du grand dessein de la jonction des mers ;
» et *comme vous avez été celui qui l'avez*
» *fait renaître de notre temps, et qui y avez*
» *donné les premières dispositions,* vous ne
» devez pas douter qu'outre la gloire que
» vous en acquerrez, le Roi ne vous en sache
» beaucoup de gré, Sa Majesté ayant résolu
» de le faire exécuter par vos soins par pré-
» férence à tous autres. Ainsi, quand la rigole
» d'essai sera achevée, à quoi vous ne trou-
» vez pas autant d'obstacles qu'on avoit
» d'abord appréhendé, vous pourrez vous
» mettre en chemin pour venir ici : vous

---

(1) Les originaux des lettres de M. de Colbert sont entre les mains des héritiers de Riquet. Une partie de ces lettres a été imprimée dans le livre de M. de La Lande, page 126 et suivantes.

» priant cependant de bien discuter tous les
» moyens que vous avez en main pour faire
» trouver au Roi celui d'y fournir en partie,
» afin qu'étant digérés, nous puissions ici
» les proposer à Sa Majesté. — Je vois, lui
» écrivoit-il le 9 octobre, que, outre vos
» espérances, votre travail a encore mieux
» réussi que vous ne vous l'étiez promis : et
» qu'à présent il n'y a plus personne qui ne
» soit persuadé de la possibilité du grand
» dessein dont j'ai beaucoup de joie. Vous
» pourrez, avant que de partir, concerter
» avec MM. les intendans de Languedoc le
» projet d'affiches pour ces ouvrages, afin
» que votre sentiment étant approuvé ou
» rectifié par le leur, on voye ici avec plus
» de fondement et de sûreté les mesures qui
» seront à prendre ».

CHAPITRE II.

Secours demandé par le Roi à la province de Languedoc, pour la construction du Canal. — Devis de M. de Clerville. — Édit pour la construction du Canal. — Erreur intervenue dans cet édit, corrigée trois jours après par des lettres-patentes. — Offres de Riquet. — Acceptation de ses offres. — Ordre de ses travaux. — Sa correspondance avec Colbert. — Première pierre posée soit au magasin de Saint-Fériol, soit à l'écluse de Toulouse. — Inscriptions placées sur ces pierres. — Essai de Riquet pour étendre jusqu'à Castres la navigation du Canal de dérivation.

Messieurs de Bezons et de Tubeuf, intendans de Languedoc, allèrent, le 9 novembre 1665, examiner la rigole de dérivation que Riquet venoit de faire creuser depuis la montagne Noire jusqu'aux Pierres de Naurouse. Ils rendirent compte de leur visite à M. Colbert, et lui envoyèrent les plans des lieux

où cette rigole passoit, avec des détails sur la nature du terrain. Le succès de ce premier essai montroit la possibilité de fournir une quantité d'eau suffisante au Canal de navigation, qui devoit joindre les deux mers. Dès-lors il n'y avoit plus d'obstacle à l'exécution de ce grand ouvrage, et Louis XIV se détermina à le faire construire.

Une aussi vaste entreprise ne pouvoit réussir sans des dépenses considérables. Le Languedoc en devoit retirer la principale utilité. Le prince de Conti, gouverneur de cette province, proposa, le 2 décembre 1665, à l'assemblée des Etats, de contribuer aux frais du Canal. « Ceux, disoit-il, qui ont fait » attention à la grandeur et à l'étendue du » Languedoc, ont avoué qu'il n'y avoit pas » de province que le ciel regardât d'un œil » plus favorable, et où la terre produisît avec » plus d'abondance toutes les choses nécessaires à la vie. Si l'on avoit quelque chose » à desirer pour l'achèvement de son bonheur; l'on auroit souhaité le rétablissement » du commerce et des manufactures, un » Canal pour la communication des mers, » et un port pour débiter leurs fruits et recevoir avec facilité ce qui vient de l'étran-

» ger. Mais ces souhaits auroient paru plu-
» tôt l'effet de l'inquiétude de l'esprit, qui
» desire toujours les choses qu'il n'a pas, que
» la possibilité de vaincre en cette occasion
» les obstacles de la nature.

» L'on a discuté la possibilité de la jonc-
» tion des mers. Cette pensée hardie, qui a
» été l'objet des souhaits de quantité de Prin-
» ces depuis plusieurs siècles, se trouve une
» chose facile dans l'exécution. Il a déjà été
» dépensé cent mille livres pour en faire
» l'essai, et convaincre, par une expérience
» sensible, de la possibilité de l'ouvrage, que
» nous avions déjà reconnu faisable.

» L'on cherchoit autrefois de toutes parts
» des hommes intelligens dans la conduite
» des eaux, pour couper des montagnes et
» embellir des palais que l'on bâtissoit du
» sang du peuple; présentement, l'on dé-
» tourne le cours des rivières, l'on rassemble
» des eaux de toutes parts; on les conduit
» avec soin, artifice et dépense; mais ce n'est
» ni pour embellir le jardin de Lucullus, ni
» pour satisfaire au luxe de Séjan. Tout se
» rapporte au bien public, à la grandeur de
» l'Etat, et à l'avantage des peuples. De
» toutes les dépenses qui se font pour le Lan-

» guedoc, le Roi veut en laisser l'utilité, il
» ne s'en réserve que la gloire.

« Je sais, ajoutoit le Prince, qu'un Canal
» de communication des mers est inutile,
» s'il n'y a un port pour l'entrée et la sortie
» des marchandises. Mais c'est un effet de la
» Providence que le cap de Cette nous four-
» nisse un lieu avantageux pour la sûreté des
» vaisseaux, et que le port étant séparé de
» vos étangs par une langue de terre, et
» n'étant communicable que par un Canal
» pour les barques, vous en recevrez des
» avantages sans en craindre les incommo-
» dités. Les projets ont été communiqués aux
» plus habiles gens de l'Europe; on a déjà
» commencé d'y mettre la main. Le Roi a
» raison de croire que vous donnerez des
» secours pour l'exécution de ces entreprises;
» et Sa Majesté, de son côté, retranchera des
» dépenses nécessaires ailleurs, pour y con-
» tribuer de l'argent de son trésor royal ».

Les Etats de Languedoc, quoique convaincus de l'utilité de ce projet, ne purent
néanmoins se défendre d'une méfiance assez
justifiée par l'expérience du passé. Ils crai-
gnirent que des fonds, accordés pour un
Canal, ne fussent employés à d'autres dé-

penses imprévues ; et que leur pays, au lieu d'un nouveau port, n'eût qu'une imposition de plus. Ils déclarèrent, le 26 février 1666, qu'ils ne pouvoient, pour le présent ni pour l'avenir (1), contribuer à la dépense des ouvrages du Canal.

D'un autre côté, le trésor royal étoit épuisé; et il étoit comme impossible d'assigner sur lui une nouvelle dépense. C'étoit donc en vain que l'utilité et la possibilité de la jonction des deux mers avoit été démontrée; tout manquoit pour l'exécution ; mais Riquet, qui avoit osé en concevoir le projet, ne se manqua point à lui-même : il ne se borna pas à présenter un plan, il se chargea de son exécution; et s'il détermina le Gouvernement à se livrer à cette entreprise, ce fut uniquement en lui donnant des moyens sûrs de pourvoir aux dépenses du Canal, sans surcharger les finances de l'Etat.

---

(1) Lorsque dans les années suivantes l'ouvrage du Canal fut assez avancé pour faire prévoir qu'il ne seroit plus abandonné, les Etats de Languedoc accordèrent libéralement des sommes considérables pour en terminer l'exécution. On verra dans la suite le détail de ces secours donnés par la province.

On divisa d'abord le Canal projeté en deux parties. L'une comprenoit la rigole de dérivation des eaux de la montagne Noire, et le Canal de navigation depuis Toulouse jusques auprès de Trèbes. La seconde partie du Canal n'avoit point encore de plan arrêté; on étoit indécis sur le point auquel on le feroit aboutir, des vérifications nouvelles avoient été ordonnées; il s'agissoit de savoir quel seroit le port le plus commode, entre ceux de la Nouvelle, de la Franquy, et de Cette. La décision dépendoit du succès des ouvrages commencés dans ce dernier port.

Il fallut donc se borner alors à n'entreprendre que la première partie du Canal : et M. le chevalier de Clerville, commissaire-général des fortifications, fut chargé par le Roi de dresser le devis des ouvrages à faire depuis Toulouse jusqu'à Trèbes.

Déjà ce devis avoit été fait avec une grande exactitude sous les yeux des commissaires, par MM. de Bourgneuf et de Vaurose, experts nommés par eux (1). Il est divisé en cent soixante et sept articles, dont seize concernent la rigole de dérivation. Lorsque ce

---

(1) Biblioth. imp. manuscrit Colbert.

devis adopté par les commissaires, eut été communiqué, en 1665, par M. de Bezons à M. de Clerville, cet ingénieur observa que les experts avoient calculé les dépenses du Canal, dans l'hypothèse *où il* seroit destiné à recevoir des galères. De-là, leur résultat montoit à plus de huit millions. La Garonne n'étant pas navigable pour les galères, il étoit inutile de disposer le Canal pour elles. Ce fut le principe sur lequel, en se bornant uniquement à la navigation des barques, on réduisit les dimensions proposées par les experts à celles que les besoins du commerce seul pouvoient exiger.

MM. de Bourgneuf et de Vaurose avoient, dans leur devis de la rigole, adopté le projet des digues, par lesquelles les eaux prises à l'entrée des vallons, devoient être élevées jusqu'au niveau d'où elles pourroient être conduites à leur destination. Riquet, dans sa rigole d'essai, trouva le moyen de soutenir les eaux au niveau convenable, en les prenant plus près de leur source; et il évita ainsi les dépenses inséparables de l'autre plan.

M. de Clerville adopta, dans son devis, le plan (1) tracé par Riquet pour la rigole de dérivation, et ne changea que les dimensions

---

(1) Canaux navigables par La Lande, page 120.

dans le plan du Canal proposé par les deux experts. Nulle part, il ne prescrit d'une manière impérative les dispositions du projet ; il les subordonne aux difficultés que l'exécution du plan présentera, et il laisse beaucoup de choses imprévues à la prudence de l'entrepreneur. Il ne lui trace pas même une ligne déterminée pour tous les points de sa route ; et il se borne à indiquer la direction. Enfin, il prévoit tellement la possibilité de quelques changemens déterminés par l'expérience, qu'il règle les formes par lesquelles l'entrepreneur pourra les faire approuver.

Il n'est pas inutile de remarquer, que, même avant la rédaction de ce devis remis par M. de Clerville le 5 octobre, Riquet étoit déjà chargé de l'entreprise. Il ne s'agissoit plus que de remplir les formalités usitées dans des circonstances semblables. Ses propositions pour la construction du Canal furent rédigées, en forme de loi (2), par un édit du mois d'octobre 1666. Le Roi, en appelant la jonction des deux mers un ouvrage capable de perpétuer aux siècles à

---

(2) Canaux navigables par La Lande, page 120.

venir *la mémoire de son auteur*, y déclare qu'il en a fait faire l'essai par un petit Canal tranché, et conduit par ces mêmes lieux où la construction du grand Canal est projetée :
« ce qui auroit été, ajoute-t-il, si adroite-
» ment conduit et si heureusement exécuté
» par l'application du sieur Riquet, que nous
» avons tout sujet de nous en promettre avec
» certitude un fort heureux succès. Mais
» comme un ouvrage de cette importance
» ne peut être fait sans une dépense fort
» considérable, nous avons fait examiner en
» notre Conseil les propositions qui nous ont
» été faites pour trouver des fonds sans
» charger nos sujets de nos provinces de
» Languedoc et de Guienne de nouvelles
» impositions, quoiqu'ils fussent obligés d'y
» contribuer, puisqu'ils en recevront les pre-
» miers et les plus considérables avantages ;
» et nous nous sommes arrêtés à celles qui
» nous ont paru les plus supportables et les
» plus innocentes ».

Le Roi ordonnoit, en conséquence, qu'il seroit procédé à la construction du Canal, suivant le devis du chevalier de Clerville : que l'entrepreneur pourroit prendre toutes les terres et fonds nécessaires pour cette

construction, lesquels seroient payés par Sa Majesté, après estimation: que les seigneurs des fiefs qui avoient juridiction sur ces terres en seroient indemnisés; au moyen de quoi lesdites terres seroient érigées en un fief, comprenant le Canal, ses rigoles et chaussées, depuis la Garonne jusqu'à ses dégorgemens dans la Méditerranée, y compris le Canal de dérivation depuis la montagne Noire jusqu'aux Pierres de Naurouse. Les possesseurs dudit fief devoient avoir le pouvoir exclusif de construire sur les bords dudit Canal un château, des moulins, des magasins pour l'entrepôt des marchandises, et des maisons pour les employés : le propriétaire et ses successeurs devoient jouir à perpétuité de ce fief, avec exemption de taille, et jouissance du droit de chasse et de pêche; il lui étoit de plus attribué la faculté exclusive de faire construire des bateaux pour le transport des marchandises; et le droit d'établir des officiers de justice et douze gardes, à la livrée du Roi, pour l'exécution de leurs sentences. Enfin, la vente de ce fief fut ordonnée, à cette condition, que l'adjudicataire ne pourroit en être dépossédé qu'en le remboursant de la somme qu'il

auroit payée, améliorations, frais et loyaux coûts, pour être les deniers provenans de ladite vente employés à la construction du Canal : en outre, pour faire un fonds perpétuel qui ne fût à charge ni au Roi, ni à la province, le Roi fixa les droits qui pourroient être perçus sur les marchandises qui seroient transportées sur le Canal, et ordonna aussi la vente de ce péage, à la charge de faire toutes les réparations nécessaires à l'entretien du Canal. Enfin Sa Majesté ordonna la vente des offices de regratiers et vendeurs de sel, soit en Languedoc, soit en Roussillon, Conflans et Cerdagne; et la revente des droits engagés de septain sur les salines de Pecais. Les sommes provenant de ces ventes devoient être employées à la construction du Canal.

Une contradiction entre les dispositions de l'édit s'étoit glissée dans sa rédaction. Riquet écrivit à ce sujet à M. Colbert : « Vous me commandâtes, lui dit-il, avant-
» hier de m'en aller en Languedoc; j'obéis,
» Monseigneur, et comme il vous a plu de
» me combler de vos graces, je pars dans
» l'intention d'exécuter mes entreprises mieux

---

(1) Archives du Canal. A. CC.

» que je ne l'ai promis ; et je suis persuadé
» d'un heureux succès ; pour ce qu'étant
» appuyé comme je suis de l'honneur de
» votre protection, je me crois capable de
» bien des choses ; vous le saurez mieux par
» mes faits que par mes discours. Mais,
» Monseigneur, je voudrois qu'il vous plût
» de corriger une contradiction glissée par
» mégarde dans l'édit du Canal, et par con-
» séquent dans mon résultat et dans mon
» bail. C'est au sujet du fief ; il est porté en
» termes exprès, que la vente s'en fera pour
» être joui à perpétuité par l'acquéreur no-
» blement et incommutablement ; et en même
» temps il est dit qu'il pourra être dépossédé
» moyennant le remboursement du prix de
» son acquisition et des bâtimens qu'il y
» aura construits. De sorte que cette suite est
» contraire à ce commencement, et détruit
» la faculté incommutable et la nature du
» fief, vos intentions, *et mes propositions.*
» Car il vous plaira de vous souvenir, Mon-
» seigneur, que la création de ce fief n'a
» d'autre fin que celle de donner moyen à
» l'acquéreur du péage et du fief de tenir le
» Canal réparé et en bon état, à perpétuité.
» A quoi il oblige et affecte le tout, même le

» château, les moulins, et autres bâtimens
» qu'il y aura construits à ses frais; de sorte
» que si la vente desdits fiefs et péage n'étoit
» pas incommutable, l'acquéreur n'oseroit
» bâtir ni faire aucune dépense utile ou dé-
» lectable : et par conséquent, les sûretés
» desdites réparations en seroient moindres,
» et le Canal dénué de bâtimens et d'embel-
» lissemens. Ainsi, Monseigneur, il est im-
» portant, sauf votre meilleur avis, que cette
» erreur contradictoire soit corrigée. Vous le
» pouvez facilement, s'il vous plaît de nou-
» veau de signer les minutes desdits édits,
» résultat et contrat, et faire biffer celles que
» vous avez déjà signées. Lesdites minutes
» sont ci-jointes, avec les extraits des précé-
» dens, afin que vous voyiez qu'il n'y a rien
» de changé que ce que je vous dis. Ce ne
» sera que la dépense d'un peu de parche-
» min, de papier et de cire; mais ce me sera
» un souverain remède pour mettre mon
» esprit en repos, et m'encourager d'autant
» plus à bien faire. En cas qu'il vous plaise,
» Monseigneur, de faire ce que je vous de-
» mande, tous les expédiés que j'ai seront
» biffés; et je les laisse pour cet effet à Paris:
» et quant à l'édit du Canal envoyé en Lan-

» guedoc, on en différera la vérification jus-
» qu'à ce que j'y sois. Ainsi il me sera facile
» de les retirer, ou de les renvoyer au greffe.
» — Celui qui a fait en relief le plan de
» Narbonne, nommé M. Andreossi, me por-
» tera les expéditions réformées, s'il vous
» plaît de les faire. Il prendra congé de vous,
» et viendra travailler auprès de moi ».

M. Colbert s'empressa de rectifier l'erreur. Un arrêt du Conseil d'Etat fut rendu à ce sujet le 7 octobre, et des lettres-patentes rendues sur cet arrêt interprétèrent la clause de l'édit précédent; il fut déclaré, que les adjudicataires du fief et du péage en jouiroient en toute propriété, incommutablement, sans qu'ils pussent être censés ni réputés domaniaux, ni sujets au rachat; et sans que les héritiers ou adjudicataires pussent en jamais être dépossédés. Ces deux loix furent enregistrées dans les diverses cours souveraines, et devinrent des loix de l'Etat.

Avant que de rendre ces édits, une question préliminaire fut solennellement discutée dans le Conseil de Louis XIV. Il s'agissoit de déterminer s'il convenoit aux intérêts de l'Etat, que le Roi retînt la propriété du Canal, ou qu'il l'abandonnât à des particuliers. Le

résultat d'une longue délibération fut (1) qu'un ouvrage qui exigeoit une attention continuelle et des dépenses journalières ne pouvoit sans inconvénient être confié à une régie publique, et qu'il étoit plus avantageux et plus sûr d'en laisser la conduite à un particulier; de lui en donner la propriété, de l'intéresser ainsi à la conservation de la chose, et de mettre l'intérêt public sous la sauvegarde de l'intérêt personnel. Cette disposition assuroit la solidité, l'entretien et l'amélioration du Canal; il n'y avoit à craindre aucune interruption ni par les embarras des finances, ni par les malheurs de l'Etat : en un mot, c'est à cette disposition qu'est due l'exécution de cette grande entreprise; tandis que des projets du même genre ont échoué depuis, parce que des ministres moins prévoyans que Colbert ont négligé d'adopter son système.

On procéda à l'adjudication au rabais des ouvrages à faire depuis la Garonne jusqu'à l'Aude auprès de Trèbes, ainsi que des rigoles de dérivation. Le devis du chevalier de Clerville fut communiqué au public. Une première offre fut de les entreprendre pour

---

(1) Archives du Canal. A. DD. n°s 3 et 7.

le prix de cinq millions. Cette offre fut publiée; quelques particuliers proposèrent alors de se charger de l'entreprise pour 4,340,000 livres. Ces offres furent transmises aux deux intendans de Languedoc, afin qu'ils les fissent publier sur les lieux. Suivant leurs procès-verbaux, les conditions les plus favorables furent une proposition de 3,677,000 livres. Riquet fut celui qui fit les conditions les plus avantageuses, soit pour le prix des ouvrages, soit pour celui des offices, dont la vente devoit produire une partie des fonds destinés aux travaux du Canal. En effet, quoique, dans le devis de M. de Clerville, plusieurs ouvrages non désignés pussent néanmoins devenir nécessaires dans l'exécution du plan, et qu'il en pût résulter une plus grande dépense que celle qui étoit prévue, Riquet offrit néanmoins de se charger à forfait de tous les travaux depuis la Garonne jusqu'à l'Aude près de Trèbes, de la grande rigole de dérivation, de la construction des écluses et des magasins, et de tous les autres ouvrages. Il s'engagea à les mettre dans leur perfection en huit années de temps, à commencer du 1er janvier 1667. Il demandoit une somme de 3,630,000 livres. Pour le payement de

cette somme, il proposoit au Roi de lui accorder en seul les fermes des gabelles de Languedoc, Roussillon, Conflans et Cerdagne, pendant dix ans, à commencer du 1ᵉʳ octobre 1666, au même prix où elles étoient alors tenues par Langlois et Belleguise. Il offroit au-dessus de ce prix un million, dont il tiendroit compte sur le montant de l'entreprise. Il acquéroit les offices des regratiers et les droits sur les salines de Pecais pour 123,000 l. Il portoit le prix du fief érigé sur le Canal à 150,000 livres, et celui du péage, chargé de l'entretien perpétuel, à 50,000 liv. Toutes ces acquisitions formoient un capital de 2,430,000 livres. Quant aux 1,200,000 liv. nécessaires pour compléter le prix de l'entreprise, il en demandoit l'assignation sur les offices de contrôleurs des tailles, et se contentoit d'un payement en huit années et en huit parties égales. Mais ces offices ayant été supprimés, le payement fut, dans la suite, assigné sur le don gratuit des Etats de Languedoc.

Le Conseil d'Etat (1) accepta les offres de Riquet, le 13 octobre 1666. Une commission

---

(1) Biblioth. impériale, manuscr. de Colbert.

de magistrats fut chargée de faire l'adjudication des fiefs et péages du Canal, de ses bords à six toises de chaque côté, des magasins et dépendances. Les affiches et publications furent faites dans les deux principales villes de Languedoc; les offres furent reçues, et Riquet en demeura adjudicataire pour la somme de 200,000 livres. Des lettres-patentes rendues sur un arrêt du Conseil, donnèrent enfin le dernier sceau aux conditions souscrites par Riquet.

Jaloux de mettre dans ses travaux la plus grande activité, il les divisa en plusieurs ateliers; chaque atelier avoit un chef, sous lequel étoient cinq brigadiers; et chaque brigadier conduisoit cinquante travailleurs. Ces ateliers eux-mêmes furent distingués par départemens, dans chacun desquels un contrôleur général étoit établi; sous lui, des contrôleurs ambulans recevoient des brigadiers et des chefs d'ateliers, les états des travailleurs, qui s'élevèrent quelquefois jusqu'au nombre de onze à douze mille hommes.

La correspondance de Riquet avec M. Colbert devint alors très-active: « J'ai reçu votre
» lettre du 31 janvier, lui écrivoit ce ministre
» le 11 février, par laquelle vous me donnez

» avis que vous avez dès à présent un nom-
» bre de deux mille ouvriers employés au
» travail du Canal, et que vous n'oubliez
» rien pour exécuter les choses auxquelles
» vous vous êtes engagé. Vous pouvez m'é-
» crire plus souvent, et même je serai bien
» aise de savoir par vous le progrès qui se
» fera dans ce travail, afin d'en être toujours
» informé ».

Riquet lui écrivit de Revel le 19 février:
» Je ne vous demande que le reste (1) de
» cette année pour *convaincre les plus in-*
» *crédules, de l'infaillibilité du Canal, et*
» *leur faire avouer que j'aurai doublement*
» *plus d'eau qu'il ne m'en faut.* Déjà ceux
» qui voyent le commencement de mes ma-
» gasins en conviennent, et par préjugé me
» qualifient le Moyse du Languedoc; toute-
» fois avec cette différence, disent-ils, que
» Moyse ne fit jaillir que des sources pour de
» petites fontaines, et que j'en dispose pour
» de grandes rivières ». Il ajoute, qu'on lui
reproche de n'avoir pas attendu des inspecteurs du roi pour commencer ses travaux :
« Mais, dit-il, mes conditions m'obligent et

---

(1) Archives du Canal. A. CC.

» m'intéressent assez à la perfection de l'ou-
» vrage, pour croire que mes intentions sont
» de les bien faire : *et particulièrement celle*
» *qui me charge, moi et mes descendans, de*
» *l'entretien perpétuel d'icelui.* A quoi ma
» passion étant jointe, il est vraisemblable
» que je n'épargnerai ni l'application ni la
» dépense pour la réussite de mon dessein,
» et que l'inspecteur n'en souhaitera jamais
» l'achèvement et la fermeté au point que je
» dois les souhaiter. S'il vous plaît de consi-
» dérer les grands biens que vous m'avez
» faits et ma forte passion pour mon entre-
» prise, vous ne trouverez pas mauvais que
» je vous regarde comme mon créateur, et le
» Canal comme ma créature.

Le 15 mars (1), il écrit, qu'il a quatre mille ouvriers, qu'il a trouvé des moyens pour rendre son entreprise plus belle et plus utile, et qu'il a six fois plus d'eau que dans son premier projet.

Le 12 avril (2), il mande : « Je connois
» le fort et le foible de mon ouvrage, mieux
» que je ne l'avois connu; et je puis vous

---

(1) Archives du Canal. A. CC.
(2) Idem.

» dire avec toute vérité et certitude, qu'il
» sera plus beau et plus utile qu'on *ne sau-*
» *roit se l'imaginer; j'ai des eaux tout au-*
» *tant qu'il m'en faut ; et l'invention de mes*
» *magasins m'en fournira dans l'été toute*
» *la quantité nécessaire pour rendre la navi-*
» *gation perpétuelle* ».

Les premiers experts avoient pensé qu'il seroit utile de creuser plusieurs grands réservoirs capables de contenir une assez grande quantité d'eau pour remplir le Canal pendant le temps le plus sec de l'année. Dans son mémoire sur la réduction des dépenses proposées par les experts, M. de Clerville observoit, que ces réservoirs seroient construits à moins de frais en fermant des vallons, qu'en les creusant en pleine terre. Il estimoit que le nombre de vingt pouvoit suffire, et que le prix de chacun n'excéderoit pas dix mille livres. Mais lorsqu'il rédigea son devis, presque sous les yeux de Riquet, et sans doute de concert avec lui, il laissa à la prudence de l'entrepreneur de faire le nombre de réservoirs qui lui paroîtroient nécessaires, et il désigna en particulier le vallon de Vaudreuille comme extrêmement commode pour y former un grand magasin

d'eau. C'est en effet dans ce vallon que Riquet construisit cet immense bassin connu sous le nom de Saint-Fériol, et regardé long-temps comme un prodige de l'art. Sa vaste capacité parut alors suffire aux besoins futurs de la navigation du Canal. La première pierre en fut posée au commencement d'avril. Cette cérémonie eut lieu en présence de l'archevêque de Toulouse, de l'évêque de Saint-Papoul et des deux intendans. Un sonnet languedocien, publié dans la relation de cette fête, décerne à Riquet le don des miracles.

Il recherchoit les occasions de donner une grande réputation à son ouvrage. Il desira que les deux premières pierres de l'écluse du Canal à l'embouchure de la Garonne fussent posées, l'une par le parlement de Toulouse, et l'autre par les capitouls de cette même ville, en présence de l'archevêque de Toulouse. M. Colbert entra dans ses vues; et il écrivit à ce sujet aux chefs du clergé et de la magistrature.

La cérémonie eut lieu; les deux pierres furent posées avec une grande solennité. On plaça dans les fondemens des médailles de

bronze, qui représentoient, d'un côté, le roi avec cette devise:

Undarum terræque potens, atque arbiter orbis.

et de l'autre, la ville de Toulouse, avec un Canal qui se décharge dans la rivière par une écluse, avec ces mots:

Expectata diu populis commercia pandit.

Et au-dessus on écrivit:

Tolosa utriusque maris emporium.

Dans chacune des pierres étoit enchâssée une lame de bronze, portant cette inscription:

Ludovico XIV, semper Augusto, regnante, prudentissimis Joannis-Baptistæ Colbert, Comitis Consistoriani Consiliis; Gaspar de Fieubet, Princeps Senatûs amplissimus, unà cum nobilissimis Capitolinis Germano Lafaille, et Petro du Maynial, consecratum ab illustrissimo Archi-Præsule Carolo d'Anglure de Bourlemont, molem immensi alvei gemini maris commercia suffecturi sustentaturum saxum, felicibus auspiciis, instante viro clarissimo Petro de

Riquet, tanti operis inventore, posuerunt anno salutis instauratæ MDCLXVII (1).

Une relation de cette cérémonie fut imprimée, et distribuée dans toutes les parties de l'Europe.

Ces inscriptions appliquées aux deux pierres, et les exergues des médailles, exposèrent Riquet à une scène assez plaisante. Voici comme il la raconte lui-même dans une lettre à M. le chevalier de Clerville : « J'al-
» lois, dit-il, communiquer à M. l'arche-
» vêque de Toulouse ces inscriptions dont
» M. Parisot étoit l'auteur (2). Je rencontrai
» dans la première salle du palais épiscopal
» deux gros cordeliers; et comme dès long-
» temps je sais que ces sortes de religieux

---

(1) Sous le règne de Louis XIV, toujours auguste, et sous le ministère éclairé de Jean-Baptiste Colbert, cette pierre, consacrée par l'illustre archevêque Charles d'Anglure de Bourlemont, et destinée à soutenir l'énorme masse d'un Canal qui joindra les deux mers, a été posée par Gaspard de Fieubet, premier président du parlement, et les nobles capitouls Germain Lafaille et Pierre du Maynial, à la demande de Pierre de Riquet, *inventeur* de ce grand ouvrage.

(2) Archives du Canal. A. CC.

» entendent assez bien le latin, je voulus
» leur demander l'explication de celui que
» je portois : je le lus en leur présence tout
» aussi bien qu'il me fut possible ; néan-
» moins sans doute fort mal, puisque ces
» bons Pères crurent que je me moquois
» d'eux en lisant mal, et quelque protesta-
» tion que j'aie pu leur faire que je n'enten-
» dois pas le latin, ils persévérèrent dans
» cette croyance, disant qu'il falloit que je
» susse tout ce que les autres savent, et
» quelque chose au-delà, puisque je faisois
» un ouvrage qui passoit la connoissance de
» tous les hommes. Enfin, la chose passa si
» loin, que nous en vînmes aux grosses pa-
» roles, et qu'un des Pères, le plus gaillard
» de tous, eut la hardiesse de mettre en ses
» mains une de ses galoches pour m'en
» frapper ».

Riquet, crainte de scandale, gagna promptement la chambre épiscopale, où, après
avoir ri de l'aventure avec l'archevêque, ce
prélat remit le calme dans l'esprit des cordeliers.

Suivant le devis du chevalier de Clerville
et le premier projet de Riquet, les rigoles
qui conduisoient l'eau du réservoir de Saint-

Fériol à Naurouse, point de partage, ne devoient former qu'un Canal de dérivation. Mais bientôt, jaloux d'augmenter l'utilité de son entreprise, il conçut le dessein de l'élargir et de le rendre navigable. Il lui donna douze pieds de largeur dans le bas et vingt-quatre à la surface; il y fit construire vingt-quatre petites écluses; et il s'en servit pour porter des matériaux à Naurouse, où il fit construire un port de six cents toises de tour, et fonder des magasins. Riquet vouloit même étendre cette rigole navigable jusqu'à la rivière de Castres, à quatre lieues de Sor, afin d'attirer par-là dans le Canal tout ce qui vient de l'Albigeois et du Rouergue : mais l'expérience lui apprit que cette navigation ne pouvoit être établie, qu'en retenant les eaux au-dessus des écluses; qu'alors la rigole de dérivation ne fourniroit plus les eaux nécessaires au grand Canal, et qu'ainsi il nuiroit au principal but de son entreprise. C'est ce qui lui fit abandonner le projet d'un Canal jusqu'à la rivière de Castres.

CHAPITRE III.

Reprise du projet de la seconde partie du Canal. — Visite du port de Cette pour décider si l'on y feroit aboutir le Canal. — Adjudication en faveur de Riquet des ouvrages à faire, soit pour le port de Cette, soit pour la seconde partie du Canal. — Envoi de M. de la Feuille, comme inspecteur des travaux. — Changemens faits par Riquet dans l'exécution du devis. — Sa correspondance avec M. de Clerville. — Visite du Canal par M. de Seignelai. — Défaveur générale et inimitiés particulières auxquelles est exposé Riquet. — Lettre imprimée de M. de Froidour. — Première navigation sur une partie du Canal. — Maladie de Riquet. — Visite du Canal en 1672, par M. de Bezons. — Retraite de cet intendant.

L'ANNÉE 1667, époque marquée dans le règne de Louis XIV par la sagesse de son administration intérieure, vit néanmoins commencer une guerre, dont il étoit difficile de

prévoir la fin. Elle sembloit devoir mettre obstacle à l'exécution des projets utiles, dont la paix peut seule déterminer le succès. Mais Riquet ne perdoit pas de vue le dessein de continuer le Canal depuis Trèbes jusqu'à la mer. « J'ai fait faire (1), écrivoit-il à M. Col-
» bert le 16 septembre 1667, le mesurage
» depuis le port de Cette jusqu'à la fin de
» mes entreprises; et si l'état des affaires
» présentes souffre que le Roi soit encore
» dans l'intention de finir le port de Cette, et
» de continuer pareillement le Canal depuis
» Trèbes jusqu'audit port, je me disposerai,
» Monseigneur, pour faire voyage à Paris à
» votre premier ordre, et vous apporterai
» des moyens pour trouver des fonds, à l'effet
» de fournir à toutes ces dépenses; en sorte
» qu'il n'en coûte au Roi que des parchemins
» et de la cire ».

Cette lettre détermina M. Colbert à faire reprendre l'examen des divers projets. Dans le mois de janvier 1668, le duc de Verneuil, gouverneur du Languedoc, l'archevêque de Toulouse, et M. de Bezons, intendant, se rendirent à Cette, accompagnés de Riquet.

---

(1) Archives du Canal. A. CC.

Ils examinèrent si les ouvrages que le Roi y faisoit exécuter, pouvoient mettre le port en état d'offrir un abri sûr aux vaisseaux, et s'il convenoit d'y faire déboucher la seconde partie du Canal, destiné à joindre les deux mers. Ils s'accordèrent à penser que le port seroit bon, et que le Canal devoit y aboutir. Mais soit négligence, soit incapacité dans les entrepreneurs, les ouvrages commencés n'avançoient point. Les commissaires de la province desirèrent que Riquet voulût s'en charger : ils prirent à cet égard des mesures avec lui, et en rendirent compte au Roi, qui, desirant passionnément l'achèvement du Canal, ordonna à M. de Clerville de dresser le devis des ouvrages à faire tant pour le port de Cette, que pour la construction du Canal, depuis Trèbes jusqu'à l'étang de Thau.

M. de Clerville remit ce devis le 12 juin 1668; et un arrêt (1) du Conseil du 20 août ordonna que les ouvrages indiqués dans ce plan seroient donnés en adjudication. M. de Bezons fut chargé de passer le bail. Riquet en demeura adjudicataire pour une somme

---

(1) Des Canaux navigables, par La Lande, page 115.

de 5,832,000 livres, moyennant laquelle il s'engagea à faire les ouvrages de Cette, et ceux de la seconde partie du Canal, en huit années. On avoit fait craindre à Riquet qu'un autre que lui ne fût chargé de cette entreprise. Il s'en expliqua le 29 mai 1668, avec M. Colbert, par une lettre (1) conçue en ces termes : « S'il faut que j'en croye au bruit
» commun, je dois être persuadé qu'on veut
» que d'autres personnes que moi fassent
» Cette et la continuation du Canal. S'il est
» ainsi, Monseigneur, je n'en réclame pas,
» et vous me trouverez toujours un esprit de
» soumission et d'obéissance ; même j'ai
» donné et je donnerai encore toutes les lu-
» mières et tous les éclaircissemens que je
» puis avoir acquis de mes applications *à*
» *étudier pendant dix-huit ans cet objet* ».

Cependant ces nouveaux engagemens n'apportèrent aucun retardement aux travaux de sa première entreprise. Empressé de jouir promptement de son ouvrage, il avoit offert de le terminer en quatre années, au lieu des huit portées dans son bail, si le Roi vouloit lui faire toucher la somme de 1,200,000 liv.

---

(1) Archives du Canal. A. CC.

reste du prix, sur un don gratuit accordé par les Etats de Languedoc en 1667, et accélérer les termes du payement. Ces offres furent acceptées par arrêt du Conseil du 20 août 1668.

Une autre facilité lui fut encore accordée. Une grande quantité de fer lui étoit nécessaire, soit pour les machines, soit pour les outils, soit pour les ferremens des portes et des écluses. Les fermiers des forges pouvoient hausser excessivement le prix du fer, et en retarder la fabrication. Riquet obtint d'être subrogé à MM. Darjac et Charlot de la Bouille dans la ferme des droits domaniaux sur les fers du Roussillon et de la Cerdagne. Il devoit, pour cet objet, tenir compte de trente mille livres par an, à imputer sur le prix des ouvrages de Cette : mais il lui fut permis d'ouvrir de nouvelles mines, de construire des forges, et de rétablir celles qui avoient été abandonnées.

Déjà au mois de mai 1668, le Canal de Toulouse à Naurouse étoit ouvert : « Bien
» loin que vos lettres, écrivoit M. Colbert
» le 19 mai 1668, par lesquelles vous me
» rendez compte du succès de vos ouvrages,
» me soient à charge, il est certain que je

» reçois toujours avec joie les nouvelles qui
» me viennent de votre application et de la
» conduite que vous tenez pour l'exécution
» d'un si grand dessein. J'ai appris, par
» M. l'archevêque de Toulouse et par M. de
» Bezons, que les peuples les avoient vus en
» bateau remonter par le Canal de dérivation
» jusqu'aux Naurouses, qui est le point de
» partage ; outre qu'ils ne doutoient plus
» que cette entreprise ne réussît heureuse-
» ment, ils avoient conçu une merveilleuse
» espérance de l'utilité qu'ils retireroient
» après de la communication des deux mers ;
» ce qui a été une agréable chose à dire au
» Roi ».

M. de Bezons suivoit avec beaucoup d'attention les travaux du Canal : « c'est, écri-
» voit-il à M. de Colbert le 6 juin 1669 (1),
» une affaire de réputation dans les pays
» étrangers ; ce que je juge par les soins que
» prennent les personnes les plus qualifiées
» qui voyagent en France, de l'aller visiter,
» ainsi que fit le prince de Danemarck l'autre
» jour. J'ai résolu de faire tous les ans deux
» voyages pour en connoître l'état, et outre

---

(1) Biblioth. impér. manuscrit Colbert.

» ce, j'y envoye de temps en temps des per-
» sonnes affidées; j'y en envoyai un à la fin
» de février, qui m'apporta un mémoire bien
» circonstancié. J'ai mis en marge les choses
» que j'ai connues, et celles dont je me suis
» fait éclaircir par ledit sieur Riquet. Il me
» reste à ajouter que le Canal jusqu'à Trèbes
» aura le succès que vous vous en êtes pro-
» posé, et que rien que la mort ou quel-
» qu'autre accident qui pourroit arriver à
» l'entrepreneur s'il avoit mal pris ses me-
» sures, ne peut en retarder l'effet ».

M. de Bezons, après la seconde adjudication, avoit sollicité le ministre d'envoyer un
inspecteur chargé de veiller à l'exécution des
plans. M. Colbert déféra à cette demande,
et il écrivit à Riquet le 9 juin 1669 : « J'en-
» voye en Languedoc le sieur de la Feuille,
» qui vous rendra cette lettre, pour demeu-
» rer incessamment sur vos travaux, prendre
» soin avec vous de leur conduite, et bien
» observer que tous les devis et desseins de
» M. le chevalier de Clerville, et les marchés
» que vous en avez faits, soient bien exécu-
» tés. Encore que je me fie entièrement à
» vous du succès de cette grande entreprise,
» il sera toujours bon et avantageux pour

» vous d'avoir une personne de la part du
» Roi sur les lieux, pour être le témoin ocu-
» laire de la chaleur et du zèle avec lequel
» vous exécutez cette grande entreprise. Le
» Roi en pourra être plus exactement in-
» formé par cette voie; et je vous puis assu-
» rer qu'elle contribuera beaucoup à aug-
» menter la satisfaction que Sa Majesté a déjà
» de tout ce que vous avez fait jusqu'à pré-
» sent. Donnez-lui votre confiance toute en-
» tière; et faites-lui connoître tout ce que
» vous faites comme à moi-même, afin que
» ses applications et sa présence puissent être
» utiles. Soyez assuré de mon amitié ».

M. de la Feuille s'établit auprès de Riquet;
il ne sera pas inutile de faire connoître quels
étoient leurs rapports. « J'en reçois tant de
» caresses (1), écrivoit Riquet à M. Colbert,
» tant d'assurances du bon état de mes tra-
» vaux, que je le croirois mon ami, si l'on
» ne m'assuroit du contraire. Je l'ai toujours
» prié de me dire s'il connoissoit quelques
» défauts à mes travaux; que j'étois homme
» sans contradiction, et que je n'avois nulle
» répugnance à faire tout ce qu'il me diroit.

---

(1) Archives du Canal. A. CC.

» Je lui parlerai de la sorte une heure d'au-
» jourd'hui, et le prierai de me donner ses
» conseils. En vérité, Monseigneur, il a
» grand tort s'il est mon ennemi : je ne lui
» en ai jamais donné nul sujet, et peut-être
» jamais homme n'a été porté à bien faire,
» comme je le suis en mon entreprise. J'en
» ai donné d'assez grands témoignages par
» ce que j'ai fait, et ce que je fais journelle-
» ment au-delà de mes obligations, *qui monte*
» *à des sommes immenses.* Ce qui obligea le
» sieur de la Feuille de me dire un jour qu'il
» avoit été envoyé pour être mon espion, et
» qu'il étoit obligé d'être ma bride pour
» couper chemin aux inventions que je trou-
» vois, et qui me coûtoient de l'argent. Le
» souvenir de ce discours me persuade qu'il
» ne me nuit en rien auprès de vous. Vous le
» devez savoir, Monseigneur ».

Ce fut le 3 novembre 1669, que MM. de Bezons et de la Feuille firent la visite de la première partie du Canal. Ils trouvèrent depuis Naurouse jusqu'à Toulouse, sept mille deux cents travailleurs, parmi lesquels on comptoit six cents femmes; mille autres personnes travailloient à la montagne de Saint-Fériol et à la rigole de dérivation. Si Riquet

avoit pu constamment avoir à sa disposition ce nombre d'ouvriers, il auroit poussé ses travaux plus rapidement encore ; mais dans le temps de la moisson et des vendanges, une très-grande partie de ces travailleurs l'abandonnoit pour aller faire leurs récoltes.

En rendant compte à M. Colbert de cette première inspection, Riquet (1) ajoute ces mots : « Je ne saurois vous taire, Monsei-
» gneur, deux bonheurs qui se sont rencon-
» trés dans l'excavation du bassin de Nau-
» rouse. C'est qu'à cet endroit-là, où jamais
» homme ne s'étoit imaginé qu'il dût y avoir
» de la pierre de taille, j'en ai trouvé de très-
» bonnes et grandes carrières qui peuvent
» fournir à toutes sortes de bâtimens, et des
» sources d'eau tellement grosses et vives,
» que, dans le temps le plus sec qu'il ait
» jamais fait, et pendant que toutes les ri-
» vières sont presque taries, ces sources cou-
» lent avec véhémence, et seroient capables
» d'entretenir le Canal, au moins du côté de
» Toulouse. MM. de Bezons et de la Feuille
» vous pourront témoigner, que de la seule
» eau que l'on en tire avec des seaux et des

---

(1) Archives du Canal. A. CC.

» compores, afin qu'elles ne fassent pas obs-
» tacle aux travailleurs du bassin, une partie
» du Canal s'en trouva remplie, en sorte que
» nous y naviguâmes dessus pendant demi-
» lieue ».

Riquet proposoit alors à M. Colbert de disposer le bassin de Naurouse, de manière qu'il eût cinq cent quarante-quatre toises de contour, un grand quai découvert, et plus loin une galerie sous des maisons. Au milieu du bassin devoit être placée la statue du Roi, avec un char traîné par des chevaux marins. Le modèle de la place, du bassin et de la statue, fut exécuté en petit par un sculpteur, élève du Cavalier Bernin, et qui étoit fixé à Toulouse. Ce plan en relief a long-temps été conservé dans la bibliothèque de M. Colbert.

Pendant cette même année 1669, Riquet s'empressa de faire travailler aussi à la seconde partie du Canal, et au port de Cette. La montagne de Cette formoit une espèce d'île déserte. Elle étoit séparée de Frontignan par un étang, que l'on traversoit à gué dans certains temps. Ce passage étoit assez dangereux, et la longueur de ce trajet faisoit perdre beaucoup de temps aux travailleurs,

qui devoient chaque soir se retirer à Frontignan. Riquet fit construire à ses frais une jetée à travers l'étang, depuis la métairie de Pascal jusqu'à la plage de la mer. On y ménagea des ouvertures avec des ponts dormans pour l'écoulement des eaux, et un pont tournant pour le passage des bateaux. M. de Bezons accorda à Riquet un droit de pêche dans l'étang, et un péage sur la jetée, pour l'indemniser de sa construction et de son entretien.

Au commencement de l'année 1670, une partie du Canal vers la Garonne fut dans son état de perfection. Riquet y fit mettre l'eau, et s'en servit pour le transport des matériaux qui lui étoient nécessaires. Cette partie du Canal s'étendoit de Toulouse, jusqu'au lieu nommé Duperier. Il restoit à faire celle depuis Duperier jusqu'à Naurouse. Toutes les deux eussent été achevées en même temps, s'il n'avoit fallu refaire les écluses, soit pour donner à leurs bassins une forme ovale, soit pour les élargir, afin qu'elles pussent recevoir les barques appelées capous, dont la largeur étoit de seize pieds, et qu'employoit le commerce de Narbonne.

Ainsi Riquet menoit alors de front la

construction du port de Cette, les travaux depuis Trèbes jusqu'à l'étang de Thau, et l'achèvement de la première partie du Canal. Il en rend compte à M. Colbert dans une lettre du 5 février 1670. Il y fait mention aussi d'un incident qui paroît lui avoir causé quelque peine. M. Andréossy, qui étoit employé dans les travaux du Canal, en publia des plans sous ce titre : *Carte du Canal de Languedoc, par F. Andréossy, 3 feuilles* in-fol. 1669. Dans le frontispice de la Carte, est une Epître dédicatoire au Roi.

Voici ce que Riquet écrit à ce sujet à M. Colbert (1) : « J'ai été bien surpris, Mon-
» seigneur, lorsque j'ai vu certaine carte du
» Canal, de l'invention du sieur Andréossy,
» mon employé. C'est une chose qui s'est
» faite à mon insu ; et de laquelle je n'ai
» jamais eu connoissance qu'après coup ; de
» sorte que j'en ai du déplaisir, d'autant que
» ce plan est tout-à-fait irrégulier, et qu'il
» publie des pensées que je gardois dans le
» secret, et que je ne prétends pas d'exécuter
» sans votre avis, et par votre aveu, ainsi
» que je vous l'ai écrit. J'entends parler du

---

(1) Archives du Canal. A. CC.

» piédestal du bassin de Naurouse, et de
» bien d'autres choses mises au jour malgré
» moi dans cette carte. Ce qui m'a fâché,
» aussi bien que la manière de la présenta-
» tion : et cela fera qu'à l'avenir je serai plus
» circonspect et plus secret envers ledit sieur
» Andréossy, et que peut-être je ne m'en
» servirai plus ».

Dans cette carte de F. Andréossy, la seconde partie du Canal qui n'étoit point encore exécutée, est tracée suivant le projet indiqué en 1665 sur la proposition de M. de Bezons, par les deux experts et les commissaires des Etats. Il n'est pas inutile de remarquer que ce même tracé se trouve dans une carte publiée par le géographe Duval, avec la date de 1666. On y lit dans un cartouche, « que le Canal doit passer dans les
» plaines adjacentes du Lers, du Fresquel et
» de l'Aude, et laissant les vieux Canaux des
» trois rivières pour le cours ordinaire des
» ravins et des eaux du pays. Toulouse sera
» le port pour la Garonne; et le port pour
» la Méditerranée sera Cette. De-là on ga-
» gnera l'Aude par un Canal dont voici le
» plan ».

En effet, on voit au bas de cette Carte le

plan d'un Canal de l'Aude au port Saint-Louis, près du cap de Cette. Il part de la Robine de Narbonne, et plus près de cette ville, que la prise d'eau de la Robine dans l'Aude. Il traverse l'étang de Vendres, dans lequel la rivière d'Aude se jetoit alors. Il se dirige ensuite vers la rivière d'Orb, près et au-dessous de Serignan, et se prolonge ensuite jusqu'à Agde et à l'étang de Thau.

Ce qu'il est difficile de concevoir, c'est par quelle raison le Canal tracé dans la carte de F. Andréossy sur la rive droite de l'Aude, va prendre la Robine de Narbonne, tandis que cet ancien projet des commissaires étoit déjà abandonné par Riquet, et que le plan qui a été exécuté en diffère entièrement. Il en résulte que ce plan n'étoit pas alors connu de celui qui publia, sans l'aveu de Riquet, cette carte du Canal.

En effet, on voit, dans les lettres écrites cette année, soit à M. Colbert, soit à M. de Clerville (1), que Riquet, éclairé par l'expérience, changea, soit la direction du Canal, soit la forme des écluses proposées dans le devis. Sa lettre du 27 mars 1670, commence

---

(1) Archives du Canal. A. CC.

par ces mots : « Comme je suis l'inventeur
» du Canal qui se construit en Languedoc,
» et celui qui l'ai le plus étudié, je com-
» mence aussi de m'appercevoir que je suis
» aussi celui qui le sait mieux que les au-
» tres ». Il lui fait observer que le Canal tel
qu'il le construit, sera incomparablement
plus beau, plus large, plus ferme et plus
commode, qu'il n'étoit porté au devis; il y
sacrifie ses intérêts. « Mon entreprise, dit-il,
» est le plus cher de mes enfans; j'y regarde
» la gloire, votre satisfaction, et non pas le
» profit. Je souhaite de laisser de l'honneur
» à mes enfans, et je n'affecte point de leur
» laisser de grands biens ». Dans une lettre
du 26 mars, il annonce à M. Colbert, qu'il
lui envoie, par M. Penautier, le modèle en
relief d'une écluse qu'il a inventée, « où les
» empèlemens se verront à peine (1). Il le prie
» de le faire examiner par les entendus; car
» il sera bien aise d'avoir leur avis : pour
» lui, dit-il, il en a l'expérience ».

« J'apprends, écrit-il au même le 9 sep-
» tembre, que M. de Clerville est à Paris :
» s'il n'étoit pas nécessaire ailleurs, je le sou-

---

(1) Archives du Canal. A. CC.

» haiterois en Languedoc, pour y voir de
» près l'état de mes travaux, et s'instruire
» de mes moyens nouveaux que je lui com-
» muniquerois volontiers; car mes ouvrages
» sont de manière qu'ils desirent d'être vus
» par les habiles, et ne craignent que les
» ignorans. Chaque jour il me tombe en pen-
» sée des nouveautés, et Dieu graces, jus-
» qu'ici toutes mes inventions se sont trou-
» vées excellentes dans la pratique ». Riquet
envoie une copie de cette lettre à M. de
Clerville : il lui parle en même temps de la
nouvelle manière dont il fait ses travaux, et
combien il desire de les soumettre à son
examen, et d'obtenir son approbation. Dans
une autre lettre, il lui dit que M. de la
Feuille s'est chargé d'écrire en Hollande,
pour avoir un homme que M. Colbert lui
avoit proposé pour donner des avis sur les
portes des écluses; qu'il y consent, mais « qu'il
» se flatte (1) que cet homme en apprendra
» plus ici qu'il n'en saura en venant ».

En effet, M. de la Feuille alla en Hollande,
pour examiner les moyens dont les Hollan-
dais se servoient pour désensabler leurs ports.

---

(1) Archives du Canal. A. CC.

Il observa en même temps les écluses ; et voici ce que Riquet écrivit à ce sujet à M. de Clerville le 28 avril 1671 (1) : « Dès que vous » aurez inspecté mes travaux, vous con- » viendrez que le Canal et les écluses sont » de sorte qu'il ne sauroit être mieux. M. de » la Feuille, qui vient, comme vous savez, » d'Hollande, en convient, et que les em- » pèlemens de ma manière sont d'excellence » et de service à être imités par tous les en- » droits où il y a des canaux ».

M. de Seignelay, fils de M. Colbert, visita à la fin de novembre 1670, le Canal depuis Toulouse jusqu'à Agde, le magasin de Saint-Fériol, et les rigoles de la Montagne et de la Plaine : il témoigna autant d'admiration que de surprise à la vue de ces immenses travaux. Cette attira également son attention : déjà il y avoit dans ce port cent quarante toises du môle achevées, une église, un puits, des magasins pour les vivres et la poudre, des logemens pour Riquet et ses employés, et des écuries pour deux cents chevaux.

Une partie des principaux membres des

---

(1) Archives du Canal. A. CC.

Etats de Languedoc, vinrent passer les fêtes de Noel à Cette, où ils virent avec plaisir les travaux du port.

Riquet rendit compte de cette visite à M. de Colbert, qui lui répondit en ces termes le 17 janvier 1671 : « J'ai reçu votre lettre » du 3 de ce mois; j'ai été bien aise d'ap- » prendre que les députés des Etats aient » été visiter les ouvrages du môle au cap de » Cette, et qu'ils les aient trouvés en aussi » bon état, et aussi utiles que vous me le » dites, quoique je ne voie pas que cette » visite ait encore produit un grand effet, » puisqu'ils n'ont offert que douze cent mille » livres pour la révocation des édits. Je crois » néanmoins qu'après que M. de Bezons leur » aura fait savoir que le Roi ne veut recevoir » aucune proposition, s'ils n'accordent deux » millions quatre cent mille livres en quatre » ou six années, l'assemblée portera ses offres » jusques-là; mais si elle n'accorde pas cette » somme, il faut travailler avec plus de dili- » gence que jamais à l'exécution desdits édits; » et comme vous avez fait voir à tous les » députés de Languedoc les avantages que la » province commence à recevoir de vos tra- » vaux, je ne doute pas que cette considé-

» ration ne contribue beaucoup à les engager à
» donner les deniers qui leur sont demandés
» pour l'avancement de ce môle, et qu'ainsi
» la grande jetée ne s'achève dans le courant
» de cette année, suivant que vous me l'écri-
» vez, d'autant plus que je vous pourrai
» aider de quelques fonds considérables pour
» vous donner moyen de faire aller d'un
» même pied et d'une égale force, le travail
» de la jetée et du Canal de communication
» des mers.

» Je donnerai ordre dans peu, au sieur de
» la Feuille, de s'en retourner en Languedoc,
» pour examiner avec vous *les changemens*
» *que vous estimez à propos de faire au*
» *Canal de communication des mers;* mais
» pour le chevalier de Clerville, il ne pourra
» pas aller si-tôt en ce pays-là.

» Au surplus, j'examinerai l'état que vous
» m'avez envoyé de la recette et dépense qui
» a été faite et qui est à faire pour les ou-
» vrages que vous avez entrepris. Cependant
» je donne ordre au sieur Bertellot de vous
» fournir toute la poudre dont vous aurez
» besoin pour l'entretènement de vos ai-
» guilles ».

Ce qu'il y a de remarquable, c'est que la

rentrée toujours retardée des fonds destinés au Canal, n'en retardoit pas les travaux. Riquet se plaignit à M. Colbert que ce défaut d'exactitude dans tout ce qu'on lui avoit promis, l'obligeoit à faire des emprunts ruineux. « MM. de Bezons et Penautier, lui
» écrivoit-il (1), me disent que je suis bien
» malheureux d'avoir trouvé l'art de détour-
» ner les rivières, et de n'avoir pas su trou-
» ver les moyens d'arracher tout l'argent
» nécessaire pour mes grands et importans
» succès ». — « Je regarde, disoit-il dans une
» autre lettre (2), mon ouvrage comme le
» plus cher de mes enfans : ce qui est si
» vrai, qu'ayant deux filles à établir, j'aime
» mieux les garder encore chez moi quelque
» temps, et employer aux frais de mes tra-
» vaux ce que je leur avois destiné pour
» dot ».

Dans sa lettre du 29 juillet 1671, il dit à M. Colbert (3) : « Soyez pleinement persuadé que les ouvrages seront bien et au-
» delà de vos espérances, et que les routes

---

(1) Archives du Canal. A. CC.
(2) Idem.
(3) Idem.

» que je prends sont les meilleures, *et celles-*
» *là même que j'avois imaginées dès le com-*
» *mencement, lesquelles, à la vérité, je*
» *n'avois pas divulguées, de peur de rendre*
» *mon secret commun, et m'étois contenté*
» *de les laisser, en cas de mort, à mes enfans*
» *comme un héritage* ».

La route que le Canal devoit suivre selon le plan arrêté, se trouvoit éloignée de la ville de Castelnaudary. Les habitans sentoient combien il seroit avantageux de la rapprocher de leurs murs : ils en firent la proposition à Riquet, qui en fit part au ministre. Un traité fut conclu le 24 mai 1671, entre les députés de la ville de Castelnaudary et M. Coutigny, procureur fondé de Riquet. La ville lui donna trente mille livres, et il se chargea de faire passer le Canal près de la ville, à un endroit appelé le *Pré de l'Etang*, et d'y construire un port commode pour l'embarquement et le débarquement des marchandises. Ce port a vivifié et agrandi cette ville, autrefois petite et sans commerce.

C'est ici le moment de consulter un témoin oculaire sur l'opinion que l'on se formoit alors de Riquet et du succès de son entre-

prise. Ce témoin est M. de Froidour, lieutenant-général au bailliage de La Fère, et commissaire député en Languedoc pour la réformation générale des eaux et forêts. Il adressa a M. de Barillon, intendant de Picardie, trois lettres, où il décrivit les ouvrages du Canal qui s'exécutoient sous ses yeux. « Je vous en par-
» lerai, lui dit-il, comme un homme curieux,
» qui a visité tous les lieux, qui s'est atta-
» ché à tout voir et à tout connoître. Il est
» possible, continuoit-il, qu'il ait été autre-
» fois question d'un Canal pour joindre les
» mers; mais c'est au bonheur du règne de
» Louis XIV, à l'application et aux soins de
» M. Colbert, et au génie du sieur Riquet,
» que la France est redevable d'une si belle
» invention ». Il raconte ensuite l'histoire de cette découverte. « Le sieur Riquet, dit-il,
» homme d'un très-bon sens et d'un esprit
» fort, et appliqué aux choses qu'il entre-
» prend, ayant ouï parler qu'autrefois on
» avoit eu le dessein de la communication
» des mers, prit dessein d'éprouver si en
» effet elle étoit possible, et par quel moyen
» on pourroit y réussir ». Il le suit dans ses voyages, et s'arrête avec lui aux Pierres de Naurouse. « Là, dit-il, Riquet eut bientôt

» fait son pronostic, et jugé que toute la
» difficulté consistoit en deux points; à sa-
» voir si l'on pourra assembler les eaux, et
» les amener à ce bassin en assez grande abon-
» dance pour remplir le Canal et le rendre na-
» vigable; et pour y parvenir, il a visité toutes
» les montagnes voisines, cherchant les hau-
» teurs et sources de plusieurs rivières qui y
» naissent. Il a tant couru par tout le pays,
» les a si bien et si exactement considérées;
» il a tant de fois nivelé et renivelé le ter-
» rein, qu'enfin il a trouvé que l'on pouvoit
» facilement détourner et assembler les eaux
» de six petites rivières...... Le sieur Riquet
» s'étant ainsi convaincu, par ses expé-
» riences, que son entreprise ne pouvoit
» plus trouver de la difficulté, en fit la pro-
» position à M. Colbert ».

M. de Froidour entre ensuite dans la description des ouvrages déjà faits. Il finit en
disant « qu'il n'a pu désigner avec exacti-
» tude dans son plan la route depuis Nau-
» rouse jusqu'à l'étang de Thau, parce que
» le sieur Riquet, ne s'attachant pas à suivre
» ses premiers desseins, les change tout au-
» tant de fois qu'il trouve un meilleur parti
» à prendre ».

Ces trois lettres de M. de Froidour à M. de Barillon furent imprimées à Toulouse dans l'année 1672. Elles sont précédées d'un avertissement, où se trouvent ces mots : « Je ne
» veux pas dire qu'il y eût nécessité que
» cette relation vît le jour pour la justifica-
» tion de M. Riquet, *l'inventeur et l'exécu-*
» *teur* de ce beau dessein, qui lui a attiré la
» jalousie et la censure de tant d'esprits mal
» tournés et mal intentionnés. C'est un in-
» térêt particulier, où le public n'a pas véri-
» tablement part. Et enfin l'exécution et la
» consommation de son travail dissipera les
» uns et la malice de ceux qui le décrient.
» Mais après tout, il étoit raisonnable qu'une
» entreprise si louable et si glorieuse à la
» France, trouvât par avance un charitable
» défenseur, qui fît venir à son secours la
» vérité contre la calomnie ».

C'est une circonstance remarquable que cette défaveur publique, dont Riquet se trouvoit alors comme environné. Il ne sera pas déplacé d'entrer à ce sujet dans quelques détails ; et c'est encore M. de Froidour qui va nous les fournir. « En l'état où sont les
» travaux, écrit-il du 6 mai 1671, il reste
» si peu de chose à faire au Canal de la

» Garonne jusqu'à Naurouse, que j'ose vous
» assurer que, dans le cours de cette année,
» ce Canal sera tellement achevé, que l'on
» pourra, sans aucun contredit, s'en servir
» pour la navigation. Cependant si vous
» voulez écouter la plupart des gens du
» pays, vous n'en trouverez presque point
» qui ne vous soutiennent que cette entre-
» prise n'aura aucun succès. Car, outre les
» préjugés de l'ignorance, plusieurs en par-
» lent par chagrin, peut-être parce que pour
» faire le Canal, on leur a pris quelque mor-
» ceau de terre, dont ils n'ont pas été dé-
» dommagés au double et au triple, selon
» qu'ils se l'étoient proposé. Il y a d'ailleurs
» des esprits bourrus qui vous diront la
» même chose, parce qu'ils sont accoutumés
» à désapprouver et à décrier tout ce qui
» s'entreprend d'extraordinaire. Il s'en trouve
» même d'assez mal tournés pour en parler
» mal, par l'envie et la jalousie qu'ils ont
» contre le mérite et le bonheur du sieur
» Riquet. Et enfin comme il y a peu de per-
» sonnes dans cette province qui soient ver-
» sées en ces sortes de matières et qui aient
» l'intelligence de ces travaux, plusieurs n'en
» parlent que comme ils en entendent parler

» aux autres; et parce qu'il y a toujours des
» mécontens, ces ouvrages ne manquent pas
» de trouver des contradicteurs. Après que
» l'on a vu que la rigole a porté les eaux de
» la montagne Noire au bassin de Naurouse;
» que, depuis ce bassin, on pouvoit faire
» des canaux jusqu'aux sources des rivières,
» qui, de part et d'autre, communiquent à
» la mer; et que l'on pouvoit continuer les
» mêmes canaux le long des rivières, ou se
» servir des rivières même, en les élargissant
» et y faisant les travaux nécessaires; après
» que toutes ces choses ont été palpables et
» sensibles, personne n'a plus douté de la
» possibilité de l'entreprise. Tout le venin
» s'est porté alors du côté des travaux; et on
» les a décriés de telle sorte, que c'est mer-
» veille de trouver un homme qui ne soit
» pas prévenu de l'impression que cette en-
» treprise ne réussira jamais ».

Malgré ce préjugé défavorable, le Canal, depuis son embouchure dans la Garonne jusqu'au point de partage, fut complètement achevé au commencement de l'année 1672. L'eau de la rigole remplit en moins de six jours toute cette partie du Canal. Dans le mois de janvier, quatre des plus grandes

barques de la Garonne remontèrent à Naurouse, et revinrent chargées de denrées et de marchandises. L'archevêque de Toulouse s'embarqua lui-même à Naurouse pour se rendre dans sa métropole. Les marchands de Gaillac, qui n'avoient pas trouvé à vendre leurs vins du côté de Bordeaux, se servirent du Canal pour les débiter dans le Languedoc. On y établit une barque, qui alloit de Toulouse à Naurouse trois fois la semaine; et si le Canal eût été ouvert du côté de la mer, le Languedoc eût tiré cette année un parti avantageux de ses grains, parce qu'il y avoit disette dans une grande partie de l'Italie.

Une lettre de M. Colbert nous apprend que Riquet fut grièvement malade à la fin de cette année : « L'amitié que j'ai pour
» vous, lui mandoit le 30 novembre 1672
» ce ministre, et les services que vous ren-
» dez au Roi et à l'Etat dans la plupart des
» soins que vous prenez, et l'application toute
» entière que vous donnez au grand travail
» du Canal de la communication des mers,
» m'avoient donné beaucoup de douleur du
» mauvais état auquel votre maladie vous
» avoit réduit; mais j'en ai été bien soulagé
» par les lettres que je viens de recevoir de

» votre fils du 23 de ce mois, qui m'appren-
» nent que vous êtes entièrement hors de
» péril, et qu'il n'est plus question que de
» vous rétablir et de reprendre les forces qui
» vous sont nécessaires pour achever une si
» grande entreprise que celle où votre zèle
» pour le service du Roi vous a fait engager;
» et quoique cette nouvelle m'ait donné beau-
» coup de joie, je ne laisserai pas d'être en
» inquiétude jusqu'à ce que je reçoive de
» votre main des assurances de votre bonne
» santé. Ne pensez qu'à la rétablir, et soyez
» bien persuadé de mon amitié *et de l'envie*
» *que j'ai de procurer à vous et à votre fa-*
» *mille des avantages proportionnés à la*
» *grandeur de votre entreprise.* Je suis tout
» à vous, COLBERT. »

Cette maladie de Riquet ne ralentit point l'exécution des travaux. L'ordre extrême qu'il y avoit établi, pouvoit quelque temps suppléer à son absence. Il existe encore quelques-unes de ses instructions pour ses employés. Qu'on juge de leur nombre par celui des inspecteurs généraux, qui étoit alors porté jusqu'à douze. D'un autre côté, il avoit associé à ses entreprises son fils aîné, Jean-Mathias Riquet de Bonrepos; il le substitua

à son bail en cas de mort; et cette association fut ratifiée en 1673 par un arrêt du Conseil d'Etat.

C'est ainsi que, par une heureuse disposition de ses ateliers, Riquet accéléroit la fin de son entreprise. M. de Bezons inspecta ses travaux le 16 mai 1673; il visita d'abord les ouvrages de Cette: il continua sa route le long du Canal jusqu'à Toulouse. Après avoir examiné les travaux de Saint-Fériol et ceux des rigoles, il se rendit à Bonrepos, où étoit M. l'Evêque de Saint-Papoul; ils dressèrent ensemble le mémoire de cette visite.

Suivant ce rapport, le bassin de Naurouse étoit à cette époque non-seulement excavé, mais entièrement revêtu de pierres de taille; ce qui rendoit cet ouvrage aussi beau que solide. L'excavation du Canal, depuis ce bassin jusqu'à Castelnaudary, étoit achevée; l'on travailloit aux neuf corps d'écluses nécessaires pour établir la navigation de cette partie vers le mois de novembre, et la joindre à la partie déjà navigable depuis Naurouse jusqu'à Toulouse. Quant à l'excavation depuis Castelnaudary jusqu'à Trèbes, il ne restoit à ouvrir que quatre mille cinq cents toises. Elle avoit été suspendue, parce qu'il

avoit été question de faire passer le Canal à Carcassonne. Riquet demandoit pour cet alongement de sa route une indemnité de cent mille livres. M. Colbert y consentoit, pourvu que les habitans de Carcassonne en fissent les frais. La négociation traîna en longueur, et se termina sans succès. Le Canal suivit la direction indiquée dans le devis.

La jetée que Riquet avoit fait construire à travers l'étang de Frontignan, avoit facilité la communication de la terre ferme à la montagne de Cette. Le port qu'on y construisoit, étoit propre à y attirer des habitans. Louis XIV voulut en hâter la population : il permit, le 30 septembre 1673, à tous les particuliers de bâtir des maisons au port de Cette, et d'y vendre et débiter librement toutes sortes de denrées et de marchandises, avec exemption de tous péages.

Ce fut alors que M. de Bezons (1) quitta

---

(1) Boileau, qui lui succéda en 1684 à l'Académie française, le peint en ces termes : « Un homme également » ment considérable par ses grands emplois et par sa » profonde capacité dans les affaires, et qui en tant » d'occasions a été honoré de la plus étroite confiance de » son prince; un magistrat non moins sage qu'éclairé, » vigilant, laborieux...... ».

l'intendance du Languedoc. Il avoit suivi avec une extrême vigilance tous les travaux du Canal : « Pour ce qui est du succès, écri- » voit M. de Froidour, je ne puis mieux vous » le garantir que par l'assiduité que M. de » Bezons, dont vous connoissez les lumières » et le mérite singulier, donne à la conduite » et à la perfection de ce travail ». M. d'Aguesseau le remplaça, et l'entreprise du Canal n'y perdit rien.

CHAPITRE IV.

Changemens faits par Riquet aux plans de M. de Clerville. — Visite du Canal en 1675, par M. d'Aguesseau. — Vérification des ouvrages extraordinaires, et arrêt du Conseil qui en liquide le prix. — Devis et adjudication du Canal qui joint l'étang de Thau à la mer, et des ouvrages nouveaux à construire à Cette. — Situation de Riquet, à qui les fonds et le crédit manquent. — Sa correspondance avec M. Colbert. — Mort de Riquet six mois avant que le Canal de navigation soit entièrement achevé. — Première navigation en 1681, et vérification des travaux par M. d'Aguesseau. — Seconde liquidation des dépenses extraordinaires. — Seconde navigation en 1683, et vérification des ouvrages par M. d'Aguesseau. — Troisième vérification en 1684, et réception définitive, tant de tous les ouvrages du Canal que du port de Cette. — Visite de M. de Vauban, et construction d'un plus grand nombre d'aqueducs.

Fidèles à notre plan de recueillir les témoignages de ceux qui ont vu construire le

Canal, nous placerons ici un fragment d'un Mémoire historique écrit par M. de Rousset, l'un des ingénieurs employés par Riquet (1).

« La partie du Canal, dit-il, dépendante
» de la première entreprise, où le génie de
» M. de Riquet brille le plus, est, sans con-
» tredit, la rigole de la montagne et les ou-
» vrages qui en dépendent. Présentement
» que la chose est exécutée, il semble qu'il
» n'y avoit rien de plus aisé à imaginer.

» La seconde entreprise, qui contenoit le
» Canal depuis le rocher de Déjean au-dessus
» de Trèbes jusqu'aux étangs de Marseillan,
» et qui paroissoit plus aisée à exécuter,
» souffrit des difficultés qui ne furent guère
» moindres.

» Il sembloit que les rivières de Fresquel
» et d'Aude, qu'on côtoyoit en prenant la
» route de Marseillette, étoient des guides
» qu'on n'avoit qu'à suivre. Mais le chemin
» où il falloit faire passer le Canal, étoit
» plein de rochers; et cette route coûta des
» sommes très-considérables au-delà de ce

---

(1) Archives du Canal. *Mémoire historique* dressé par le sieur de Rousset, de ce qui s'est passé de remarquable lors de la construction du Canal. A. BB. n° 29.

» qu'on l'avoit estimée. Ce ne fut pas là
» pourtant le plus grand obstacle qu'il fallut
» surmonter.

» Les premières difficultés commencèrent
» à la rivière d'Ognon. Le P. Mourgues, jé-
» suite, mathématicien habile, vouloit qu'on
» suivît la route, où le Canal passe aujour-
» d'hui, entre le rocher de Pech-Laurier et
» la rivière d'Aude. M. de Clerville, qui avoit
» été opposé à ce que le Canal passât du côté
» de Marseillette, vouloit qu'on abandonnât
» le chemin d'Argens, de Roubias, de Paraza,
» pour traverser la rivière d'Aude dans cet
» endroit, en se servant d'une chaîne de
» rochers, qui forme une espèce de chaussée
» au travers de cette rivière. Ce passage avoit
» l'avantage de mettre le Canal dans une
» plaine ; mais outre qu'il falloit ensuite re-
» passer l'Aude, il se présentoit d'autres
» inconvéniens. M. Gilade, un des ingé-
» nieurs, soit pour les éviter, soit pour
» profiter de ces disputes pour rapprocher
» le Canal de Narbonne sa patrie, proposoit
» de le pousser vers Saint-Marcel, et de
» le conduire de-là vers Capestan. Mais
» Riquet décida enfin la question, en faisant
» soutenir le niveau du Canal, le plus haut

» qu'il se pouvoit, jusqu'à la plus grande
» proximité de Capestan.

» Ces disputes recommencèrent au-delà
» de ce lieu. On jugeoit qu'il étoit impossible
» de faire passer le Canal à travers la mon-
» tagne d'Enserune, parce qu'elle paroissoit
» formée d'un tuf sablonneux, perméable à
» l'eau, et sujet à s'ébouler (1). Les uns vou-
» loient que le Canal prît son cours vers le
» nord jusques dans la terre de Maureillan;
» et lui faisant faire le tour de la butte de
» Montady, le jeter dans la rivière d'Orb,
» auprès du pont de Beziers. Les autres vou-
» loient le porter au midi, et le faire passer
» au-dessus de Nissan pour le faire dégorger
» dans l'étang de Vendres, d'où ils vouloient
» le continuer par la plage jusqu'à Agde ».

De part et d'autre on s'obstina tellement, que chacun en conclut l'impossibilité d'aller

---

(1). Toutes ces disputes, qui durèrent assez long-temps, et sur lesquelles chacun écrivoit pour soutenir son avis, donnèrent occasion au sieur Duval, géographe du Roi à Paris, de faire une carte où tous ces projets sont marqués. Cette carte eut le sort des projets imaginaires qu'on avoit mis en avant, et je crois avoir la seule qui s'est conservée et qui a échappé aux épiciers. (*Note de M. de Rousset.*)

en avant. On écrivit à M. Colbert, que la seconde entreprise de Riquet avoit échoué; parce qu'il avoit la tête de son ouvrage dans une montagne de sable, et à ses côtés deux étangs de vingt-cinq à trente pieds plus bas que son niveau. Cette lettre fut renvoyée à Riquet; il ne s'en effraya point. Ayant bien examiné la qualité du tuf, et sachant que cette montagne étoit percée à sa base et dans sa plus grande longueur, pour l'écoulement des eaux de l'étang de Montady, il se détermina à la faire percer secrètement, suivant la route qu'il avoit projetée. Pour mieux cacher son dessein, il abandonna les ouvrages du Canal au-dessus de Capestan, et transporta tous les ouvriers dans la partie de Beziers à Agde. Il chargea le sieur Pascal de Nissan, d'ouvrir un passage de trois à quatre pieds à travers la montagne. Lorsque cette ouverture fut faite, il engagea le cardinal de Bonzy et les commissaires du Roi à venir voir cet essai. Il leur fit parcourir ce passage aux flambeaux; et rien ne manqua à son triomphe.

C'est à cette occasion, qu'un orateur (1)

---

(1) Opinion imprimée de J. B. Marragon, membre du conseil des anciens, 20 vendémiaire an v.

s'exprimoit ainsi dans l'une de nos assemblées législatives : « Riquet, disoit-il, eut
» beaucoup à souffrir de la part des contra-
» dicteurs et des envieux, auxquels il ne
» répondit que par le calme qu'inspire l'assu-
» rance du succès : il falloit le voir sur-tout
» dans ces momens où l'envie et la calomnie
» répandoient par-tout l'impossibilité de fran-
» chir le passage du Malpas. Il reçut les
» ordres de la part de l'intendant de suspen-
» dre les travaux jusqu'à son arrivée. Riquet
» mit les ordres dans sa poche, réunit tous
» les ouvriers, perça la montagne dans six
» jours, et fit passer l'intendant par le sou-
» terrain pour lui prouver que la difficulté
» étoit vaincue ».

Suivant le devis (1) de M. de Clerville, le Canal devoit entrer dans la rivière d'Aude, ensuite dans l'étang de Vendres ; et de-là remonter vers Beziers, pour venir enfin se décharger dans l'étang de Thau, proche de Marseillan. On avoit d'abord projeté de diriger le Canal depuis Vendres vers Serignan, et de le conduire au-delà de la rivière d'Orb

---

(1) Devis de M. de Clerville, imprimé à la page 132 des Canaux navigables par M. de La Lande.

par le moyen d'une chaussée vers Agde par Portiraignes et Vias. Mais outre la rencontre des terrains sablonneux par lesquels il auroit fallu le mener, on reconnut dans les inondations de l'hiver, qu'il n'auroit pas été en assurance dans ces lieux-là, et qu'il le falloit diriger par d'autres plus élevés où il fût moins en péril d'être ruiné par les eaux des rivières et de la mer. C'est par ces considérations que M. de Clerville décida qu'il falloit porter le Canal devant Beziers, nonobstant qu'il y eût beaucoup plus de chemin à faire par cette route que par celle de Serignan, Portiraignes et Vias.

Riquet (1), qui s'étoit réservé *le droit de changer* le cours du Canal toutes les fois que l'exécution du devis lui en feroit sentir la nécessité, quitta en deux endroits la route tracée par M. de Clerville. Depuis Trèbes jusqu'à l'écluse de Picheric, il traça un nouveau chemin pour éviter de traverser la rivière d'Aude ; depuis le moulin de Roubiac jusqu'à Beziers, il se fraya aussi une nouvelle route plus courte et plus sûre que celle du

---

(1) Devis de M. de Clerville, imprimé à la page 132 des Canaux navigables par M. de La Lande.

devis (1). Mais les excavations dans cette nouvelle direction du Canal, rencontrèrent des rochers et des montagnes ; elles exigeoient de plus grands travaux que ceux dont on avoit prévu la nécessité. La route indiquée par M. de Clerville ne quittoit presque jamais les plaines ; celle que suivit Riquet étoit dirigée sur les hauteurs. Quoiqu'elle fût plus courte, il y eut un nombre plus considérable de toises cubes à excaver, et d'un ouvrage beaucoup plus difficile que dans le plan de M. de Clerville.

Ces augmentations entraînèrent des dépenses, auxquelles Riquet fut réduit à pourvoir par des emprunts onéreux. Il fit dresser un état sommaire (2) de la différence des chaussées à faire sur la nouvelle route du Canal depuis Trèbes jusqu'à l'étang de Thau,

---

(1) Procès-verbal de 1684, page 136, *idem*.

(2) Archives du Canal. A. CC. n° 45. « Etat sommaire de la différence des chaussées à faire sur la » nouvelle route que M. de Riquet fait suivre au Canal » depuis Trèbes à l'étang de Thau, d'avec ce qui avoit » dû être fait, en suivant la route du devis de M. de » Clerville ». — Cet état n'a ni date, ni signature. Le général Andréossy en a publié un avec une date et une signature. Il n'est pas aux archives.

d'avec ce qui auroit dû être fait en suivant la route tracée par M. de Clerville. Il mit sous les yeux de M. Colbert l'état de ses dépenses extraordinaires; il le pria d'engager le Roi à lui en rembourser le montant; sans quoi, lui disoit-il, « il ne lui étoit plus » possible de continuer son entreprise, à » moins de vouloir en même temps courir à » sa ruine totale et à celle de sa famille ».

Cette réclamation fut trouvée juste dans le Conseil du Roi. M. d'Aguesseau fut chargé de faire une inspection du Canal, et de vérifier quels étoient les travaux faits et à faire pour la perfection du Canal au-delà de ceux portés dans les devis de M. de Clerville. Cette inspection eut lieu, et le procès-verbal en fut terminé le 15 septembre 1675. Il servit de base à une liquidation, dont le Ministère s'occupa pendant le cours de l'année suivante. Riquet se rendit à Paris pour en accélérer la conclusion.

Pendant son séjour, il écrivit plusieurs lettres à M. d'Aguesseau, dans lesquelles il invoquoit son témoignage. Il y montre qu'en exécutant les devis de M. de Clerville, il eût pu construire ses écluses avec un tiers moins de dépenses; que « telle eût été la conduite

» d'un entrepreneur ordinaire (1); mais que
» lui, a préféré de doubler sa dépense, afin
» de donner à son ouvrage une plus grande
» solidité ». Il se plaint de ne pas recevoir
les fonds qui lui avoient été promis. « On
» pourra dire dans le monde, ajoute-t-il,
» que j'ai fait un Canal pour m'y noyer avec
» toute ma famille ».

Une guerre dispendieuse absorboit alors les ressources de l'Etat. Commencée en 1672, elle ne fut terminée qu'en 1678 par le traité de Nimègue. Riquet ne pouvant espérer de recouvrer ses avances dans de semblables circonstances, se réduisit à solliciter des graces personnelles pour ses enfans, et des emprunts peu onéreux pour les finances de l'Etat. Les travaux du Canal le rappelèrent bientôt en Languedoc ; il laissa à Paris M. Pouget, son premier commis, qu'il chargea de défendre ses intérêts auprès de M. Colbert. Enfin, le 16 janvier 1677, le Roi, par un arrêt du Conseil (2), *voulant continuer sa protection à Riquet, et lui donner des marques de la satisfaction des services qu'il*

---

(1) Archives du Canal.
(2) Idem.

avoit rendus à l'État dans l'exécution des ouvrages du Canal de jonction des deux mers et du port de Cette, fit la liquidation demandée. Elle fut inférieure aux dépenses réelles de Riquet; il y acquiesça néanmoins, et n'en fut pas moins zélé pour hâter la fin de ses entreprises. Il avoit déjà presque entièrement achevé les deux jetées du port de Cette en exécution de son bail. Déjà ce port offroit une retraite assurée aux vaisseaux. La communication de la mer à l'étang de Thau et de cet étang au Canal, ne présentoit aucune difficulté; mais il s'étoit formé un banc de sable devant Cette. Il pouvoit s'étendre et combler enfin le port; il falloit y remédier. M. de la Feuille eut ordre du Roi d'aller observer à Gênes et à Savonne les moyens dont on se servoit pour y empêcher l'amas des sables. Cet ingénieur, après avoir exécuté cet ordre, se rendit à Cette avec M. de Clerville. Après plusieurs conférences entre eux, M. d'Aguesseau et Riquet, un plan fut arrêté. Il consistoit à creuser le port, à ouvrir la communication avec l'étang de Thau, à couvrir cette ouverture par une jetée, à construire une banquette le long de la montagne, et à former une issue entre la

montagne et l'extrémité du grand môle. L'adjudication de ces ouvrages fut donnée à Riquet pour le prix de 1,080,000 livres. Il s'obligeoit à les entretenir pendant dix ans, depuis leur réception, à raison de 33,000 l. par an. Le bail fut ratifié (1) par un arrêt du Conseil du 26 avril 1677. Les conditions accessoires étoient que Riquet jouiroit de la pêche du port de Cette, et de celle du Canal à ouvrir jusqu'à l'étang de Thau. Cette pêche lui fut vendue à perpétuité pour une somme de 80,000 livres, qu'il s'obligea de précompter sur le montant de son entreprise. Quant au million du surplus, l'assignation en fut faite sur les trésoriers des Etats et sur les Gabelles. Riquet devoit en être payé sur les ordres particuliers de l'intendant.

Un ouragan causa quelques dommages aux travaux de Cette. Riquet en rendit compte à M. d'Aguesseau : « Je m'en console (2), lui
» écrivoit-il, parce que tant qu'il fera un
» pareil temps, je n'aurai rien à craindre du
» côté des Marocains; et s'ils viennent à
» m'enlever, lorsque je serai avec MM. de

---

(1) Canaux navigables de La Lande.
(2) Archives du Canal. A. CC.

» Clerville et de la Feuille, je crois que tous
» trois, joints ensemble, nous nous trouve-
» rons avec assez de bonnes qualités pour
» être employés par eux à de meilleures oc-
» cupations que celles de la rame. M. de
» Clerville feroit des dessins ; M. de la Feuille
» les poliroit, ou les contrediroit ; et moi,
» j'en ferois de ma part, et les exécuterois en
» personne. Enfin, tous trois, nous sommes
» bons à quelque chose; et si vous avez vu,
» Monsieur, le poëme fait au sujet de l'arc
» de triomphe, et qui fut lu à l'académie
» française à la réception de M. le président
» de Mêmes, vous aurez pu remarquer qu'on
» a eu tort de m'y placer en grand, et que
» l'on a fait une injustice de n'y avoir pas mis
» M. de Clerville en relief, et M. de la Feuille
» au-dessous : j'en suis chagrin, &c. ».

Cette troisième entreprise de Riquet, l'en-
traîna dans des avances extraordinaires :
telles furent celles qu'exigeoit la construction des machines nécessaires pour creuser
le port et enlever les sables. La modicité de
la liquidation réglée en 1677 ne lui avoit pas
permis de rembourser ses premiers créanciers. « Il avoit, écrivoit-il (1), perdu son

---

(1) Archives du Canal. A. CC.

» crédit en partie, par la croyance que tout
» le monde avoit (ce qui n'étoit que trop
» véritable) que les fonds faits et accordés ne
» suffisoient pas pour lui donner moyen de
» finir heureusement son entreprise; et sans
» l'aide duquel crédit, il lui étoit impossible
» d'en venir à bout ». C'est ce qu'il écrivit
à M. Colbert le 15 octobre 1678; et il lui
représentoit que lorsque le Canal seroit fini,
lorsque la vérification et l'estimation en seroient faites, il seroit juste que Sa Majesté lui
tînt compte de ses travaux extraordinaires.

M. Colbert eut égard à ses représentations.
D'abord il sollicita les États de Languedoc
d'accorder leur crédit et leur nom à Riquet,
pour un emprunt de trois cent mille livres.
Cette demande fut accueillie; la somme de
300,000 livres fut mise à la disposition de
M. l'intendant de Languedoc, pour être
employée aux ouvrages du Canal; et l'année
suivante, les Etats en assummèrent sur eux
le remboursement.

Cette somme ne devoit être payée à Riquet
qu'en différens temps et à des termes éloi-
gnés. Ainsi ce secours n'augmentoit ni son
crédit ni ses fonds. « Je fais tout ce qu'il
» m'est possible, écrivoit-il à M. Colbert le

» 21 janvier 1679, afin de trouver des gens
» qui veuillent bien me prêter de l'argent,
» pour me donner moyen de finir les ouvrages
» du Canal (1) dans ce qui reste de l'année
» courante. Mais je suis tellement endetté,
» que jusqu'ici personne n'a voulu le faire,
» de sorte que je suis nécessité d'avoir recours
» à vous et de vous faire connoître mes
» besoins ; vous les verrez dans le mémoire
» ci-inclus ; j'ose me promettre que vous
» voudrez marquer votre volonté à côté de
» chaque article, afin de me mettre en état
» de finir heureusement mon entreprise du
» Canal ; c'est toute ma passion, et je me
» désespérerois, si je ne pouvois pas le faire.
» Le temps échappe, et quand il est une fois
» perdu, il ne se retrouve jamais ».

« Il ne s'agit pas aujourd'hui, disoit-il (2)
» dans le mémoire, de demander une nou-
» velle vérification des travaux extraordi-
» naires, et pourtant absolument nécessaires,
» faits au Canal, en vue de justifier l'erreur
» intervenue en l'appréciation qui a été faite
» d'iceux, qui se trouvera différente de beau-

---

(1) Archives du Canal. A. CC.
(2) Idem.

» coup plus que de la moitié du juste prix.
» Mais il est question maintenant d'y pouvoir
» mettre la dernière main, renvoyant la
» nouvelle vérification après la perfection de
» l'ouvrage ».

Il se bornoit à demander que les 300,000 l. du prêt de la province fussent payées en sept mois; que les cent vingt-cinq mille livres qu'il devoit prendre de la gabelle, lui fussent comptées en six mois, et que l'argent qu'il devoit recevoir du trésorier des Etats, lui fût délivré aux termes convenus, sans aucun retardement.

« Et quoique je reçoive ces sommes pour
» finir le Canal, continuait Riquet, je les
» prendrai pourtant sous le titre de Cette,
» afin que si après les travaux du Canal finis,
» il se trouve qu'il ne me soit rien dû pour
» lesdits travaux extraordinaires, je serais
» obligé de finir les travaux de Cette à mes
» propres dépens. Mais si l'erreur intervenue
» à l'estimation desdits travaux, est justifiée
» par la nouvelle vérification, j'ose me per-
» suader que la justice du Roi voudra bien la
» réparer ; et j'aurai le moyen, avec cela,
» de finir Cette, et de me remettre, en
» quelque façon, des pertes que j'ai faites

» en mon entreprise, qui seront alors con-
» nues : mon but principal n'ayant jamais
» été de m'enrichir, mais seulement de bien
» faire et de réussir dans mon dessein, qui
» passoit pour impossible dans l'esprit de
» tout le monde ».

Cependant Riquet redoubloit d'efforts et de soins pour achever sa grande entreprise. Elle touchoit à sa fin; et déjà il entrevoyoit l'instant où la navigation alloit être établie de l'un à l'autre bout du Canal. Mais il n'eut pas la satisfaction de voir s'accomplir cette navigation, l'objet de ses desirs; il mourut le premier octobre 1680 (1).

---

(1) Extrait du Mercure de 1681.

« Le Canal de la jonctiou des mers est achevé. Le succès en est d'autant plus extraordinaire, qu'on l'avait toujours regardé comme impossible; et quoique dans les siècles passés on en ait connu les avantages, on n'avait pas osé l'entreprendre. Feu M. de Riquet, natif de Beziers, homme d'un génie heureux et d'une pénétration très-vive, sachant qu'autrefois on avait eu le dessein de la communication que nous voyons enfin achevée, résolut de n'épargner ni soins ni recherches pour découvrir le moyen de l'exécuter. La connoissance que divers emplois dans la province lui avoient donnée de tout le pays, lui fit voir d'abord que la seule route du Haut au Bas-Languedoc le rendoit possible. M. Riquet

A cette époque, il ne restoit à faire qu'une lieue du Canal près le Somail. Mathias Riquet de Bonrepos, animé du même zèle que son père, se hâta d'achever ce reste d'ouvrage, et le Canal fut en état de navigation six mois après la mort de Riquet. M. de Bonrepos supplia le Roi d'en ordonner la vérification, et de faire estimer en même temps tous

---

fit à M. de Colbert la proposition de l'entreprise. Le Canal fut commencé en 1666, après que M. Riquet eut répondu du succès. C'est lui qui en a conduit tous les desseins, et à qui la gloire est due de l'achèvement de tous les travaux qu'il a fallu entreprendre. Comme il restoit peu de chose à faire pour le rendre parfait, il avoit lieu d'espérer que le premier essai du Canal ne se feroit point sans qu'il reçût les justes louanges qui lui étoient dues : sa mort l'a privé de les entendre, elle est arrivée au mois d'octobre de l'année dernière, et ce fut à ce sujet que M. de Cassan a dit dans son épitaphe :

Cy gît qui vint à bout de ce hardy dessein
De joindre des deux mers les liquides campagnes,
 Et de la terre ouvrant le sein,
 Applanit même les montagnes.
Pour faire couler l'eau, suivant l'ordre du Roy,
 Il ne manqua jamais de foy,
 Comme fit une fois Moyse.
Cependant, de tous deux le destin fut égal ;
L'un mourut prêt d'entrer dans la terre promise ;
L'autre est mort sur le point d'entrer dans son Canal.

les ouvrages extraordinaires, tant ceux déjà liquidés par arrêt de 1677, que ceux faits depuis. Cette demande fut accueillie, et le Roi nomma, pour procéder à cette vérification, M. d'Aguesseau, de la Feuille, et Mourgues, jésuite. Ces trois commissaires partirent de Beziers le 2 mai 1681, et firent la visite du Canal à sec jusqu'à son embouchure dans la Garonne, en suivant ses bords. Tout fut examiné en détail, les talus, les écluses, les chaussées, les épanchoirs, &c. ils visitèrent aussi les rigoles de dérivation et le réservoir de Saint-Fériol. Dans le cours de leur inspection, ils furent accompagnés par M. de Bonrepos, maître des requêtes, M. le comte de Caraman, son frère, capitaine aux gardes; M. le baron de Lanta, M. de Lombrail, trésorier de France, et MM. Andréossy, Gilade et Contigny, contrôleurs généraux et conducteurs des ouvrages du Canal, chacun dans leur département.

M. d'Aguesseau, pendant la marche, donnoit des ordres pour mettre l'eau dans le Canal; et dès qu'il fut rempli, on fit le premier essai de sa navigation. L'embarquement des commissaires eut lieu le 15 mai à l'embouchure de la Garonne, dans une

grande barque préparée exprès ; de cent en cent toises on sondoit l'eau et l'on dressoit un procès-verbal de l'état du Canal.

Le cardinal de Bonzy, archevêque de Narbonne; plusieurs évêques et plusieurs autres membres des Etats, se rendirent à Castelnaudary le 18. Une cérémonie religieuse eut lieu pour l'inauguration du Canal. Le lendemain, les commissaires du Roi et les membres des Etats entrèrent dans une barque élégamment décorée, remorquée par une espèce de galère, où étoit placé un orchestre, et suivie d'une autre barque où se trouvoit la cuisine et l'office. Vingt-trois barques de la Garonne marchoient à leur suite; elles étoient chargées de marchandises françaises, hollandaises et anglaises, destinées pour la foire de Beaucaire.

On voyagea à très-petites journées, parce que, d'un côté, M. d'Aguesseau continuoit son inspection, et que, d'un autre, on vouloit satisfaire la curiosité des peuples, qui ne pouvoient se lasser d'admirer le spectacle d'une flotte naviguant dans des lieux où l'on avoit peine autrefois à trouver de l'eau pour les usages de la vie. Par-tout les habitans des bords du Canal exprimèrent leur

joie et leur reconnoissance envers le Roi, pour l'inappréciable bienfait de cette jonction des deux mers.

La vérification des travaux que Riquet avoit été tenu de faire suivant les devis, et l'estimation de ceux qu'il avoit faits au-delà, soit pour le Canal, soit au port de Cette, furent l'objet d'un procès-verbal dressé par M. d'Aguesseau. M. de Bonrepos y joignit un état des sommes auxquelles le prix de ces travaux étoit monté. Le Roi voulut bien une seconde fois entrer dans l'examen de ces dépenses, sans user rigoureusement des clauses portées dans les traités contre toute sorte d'augmentations dans le prix des baux : il déclara *que son intention étoit d'être juste, ou même d'user de faveur.*

M. Gilade, l'un des directeurs particuliers du Canal, exposoit ainsi les changemens que Riquet avoit faits dans l'exécution du devis de M. de Clerville.

« Ils consistent, dit-il, 1°. dans la forme
» des excavations. Suivant le devis, la rigole
» de la montagne ne devoit avoir que neuf
» pieds d'ouverture, cinq de base et neuf de
» hauteur. Elle a le double de largeur : par-
» là elle reçoit assez d'eau, et en fournit

» assez à celle de la plaine. Cette rigole de
» la montagne se trouve avoir quatorze cents
» toises courantes en longueur de plus qu'il
» n'est porté par le devis.

» La rigole de la plaine ne devoit avoir,
» suivant le devis, que deux toises d'ouver-
» ture, sept pieds de base et neuf pieds de
» profondeur. On lui a donné quatre toises
» d'ouverture et deux toises de base sur les
» mêmes neuf pieds de profondeur, avec
» cinq cent cinquante toises courantes en
» longueur d'augmentation au-delà du devis.

» Enfin, le Canal devoit avoir, suivant le
» devis, huit toises d'ouverture, cinq toises
» deux pieds de base, et huit pieds de pro-
» fondeur ; mais après avoir commencé l'ex-
» cavation près de Toulouse suivant ces di-
» mensions, on a jugé devoir adopter une
» autre forme plus belle, plus durable, et
» plus commode pour la navigation ; on lui
» a donné dix toises d'ouverture sur cinq de
» base, avec la profondeur suivant les ter-
» reins ; en sorte que, dans les moins pro-
» fonds, il y a six pieds d'eau ».

» 2°. Dans le nombre des écluses. Le che-
» valier de Clerville avoit fixé leur nombre à
» quarante dans la première entreprise, et

» à trente dans la seconde. Au lieu de
» soixante-dix, Riquet a été obligé de cons-
» truire jusqu'à cent deux corps d'écluses,
» dont quelques-unes ont été accolées pour
» la commodité de la navigation, et pour
» s'accommoder à la pente du terrein, qui se
» trouvoit fort roide en certains endroits.
» La raison de cette multiplication d'écluses
» a été que, depuis Naurouse jusqu'à la Mé-
» diterranée, il y a cent toises et demie de
» pente; en sorte que si l'on n'eût fait que
» soixante et dix écluses, suivant le devis, il
» eût fallu que la plate-forme de chaque
» écluse eût eu près de douze pieds de hau-
» teur ; ce qui eût été impraticable à cause
» de la disposition des terreins, et dange-
» reux pour les portes basses qui eussent été
» chargées de dix-huit à vingt pieds d'eau.

» 3°. Dans la forme des écluses, dont les
» jouyères ne devoient avoir, suivant le de-
» vis, que vingt toises de long, six pieds
» d'épaisseur et douze pieds de hauteur, et
» n'être éloignées dans les endroits des portes
» que de quinze pieds. On a trouvé dans
» l'exécution, que ces écluses étoient trop
» petites; et on les a faites de vingt-sept
» toises de long, de dix-sept pieds de hau-

» teur, et la plupart beaucoup davantage;
» de neuf en dix pieds réduits d'épaisseur,
» et de dix-huit pieds deux pouces de distance
» aux portes. On les a faites aussi en ligne
» courbe pour leur donner plus de capacité
» et pour les rendre plus fortes et plus agréa-
» bles, en sorte qu'elles ont cinq toises de
» distance au milieu des deux lignes courbes.

» 4°. Dans la route du Canal. Quoique
» celle que l'on a prise soit plus courte que
» celle marquée par le devis, néanmoins les
» excavations de cette nouvelle route ont été
» faites dans un terrain si plein de montagnes
» et de rochers, qu'il y a eu un nombre beau-
» coup plus considérable de toises cubes à
» excaver, et d'un ouvrage beaucoup plus
» rude et plus difficile que dans la route du
» devis ».

Tel est l'apperçu des travaux extraordinaires que l'inventeur du Canal avoit cru devoir ajouter à ses premiers engagemens, pour mieux assurer le succès de son ouvrage. Leur utilité fut solennellement reconnue : et un arrêt du Conseil rendu en 1682, en fixa le prix à 2,005,068 livres.

Lorsque le premier voyage de M. d'Aguesseau eut lieu, il restoit quelques ouvrages à

rectifier ou à construire pour la sûreté du Canal, et la facilité de la navigation. M. de Bonrepos y fit travailler avec célérité : tout fut achevé dans le mois de décembre 1682. Le Canal reçut bientôt un grand nombre de barques; et le commerce dont il devint le débouché, s'accrut rapidement. Alors le Roi en ordonna une nouvelle inspection. Elle fut faite par MM. d'Aguesseau et de la Feuille, et le P. Mourgues.

Quoique le procès-verbal de M. d'Aguesseau contienne un détail exact des ouvrages du Canal, tels qu'ils sortirent des mains de leur auteur, il est néanmoins plus agréable et peut-être plus utile de consulter le rapport que le P. Mourgues adressa sur ce sujet à M. Colbert. Il y fait la description des endroits les plus remarquables; et ceux qui ne le connoissent pas nous sauront gré (1) de placer ici l'extrait de ce journal.

---

(1) « Relation de la seconde navigation solennelle du
» Canal royal de communication des mers en Languedoc,
» que M. d'Aguesseau a faite en avril 1683 par ordre du
» Roi, accompagné du sieur de la Feuille, inspecteur
» du Canal pour le Roi, et du P. Mourgues, jésuite,
» envoyée par ce Père à M. Colbert.
    » A Toulouse, chez Jean Ronde, 1683 ».

M. d'Aguesseau se rendit au port de Cette le 28 mars 1683 ; il employa deux jours à le visiter. Ce port est composé de deux grandes jetées de marbre rouge et cendré, veiné de blanc ; la première tenant à la montagne du côté du couchant, et la seconde à la plage du côté du nord, faisant toutes deux une espèce d'équerre, dont l'angle est ouvert pour l'entrée des navires. La première est de trois cent trente toises, et l'autre de deux cent deux de long, sur trois de hauteur hors de l'eau, dans un fond de plus de trente pieds. La superficie du port comprise entre la montagne, la plage et les deux jetées, est d'environ cent mille toises carrées. Un canal de neuf cents toises de longueur sur vingt de large, joint ce port à l'étang de Thau.

Le 31, M. d'Aguesseau et ses deux fils, le P. Mourgues et le sieur Albus, directeur général du Canal, s'embarquèrent dans une grande chaloupe, qui les conduisit à une petite flotte mouillée à l'entrée de l'étang de Thau. Trois barques la composoient ; l'une nommée *l'Heureuse*, reçut les voyageurs ; les deux autres étoient destinées pour leur cuisine, leurs bagages et leurs domes-

tiques. Cette petite flotte fut saluée de sept coups de canon à son passage à Marseillan, qui est une petite ville près de l'embouchure du Canal. Ensuite les voyageurs entrèrent dans le Canal, dont la première enfilade en droite ligne est à perte de vue. Le Canal a par-tout, hormis durant quelque espace auprès de Toulouse, au moins cinq toises de base, et dix toises de largeur à la superficie de l'eau. Les talus intérieurs sont proprement faits et fort couchés pour empêcher les éboulemens, excepté lorsque le Canal traverse les rochers. Plusieurs barques de trois toises de large, et de quinze de long, peuvent aller et venir sans s'incommoder ou se heurter. On les peut charger beaucoup, et leur faire prendre jusqu'à cinq pieds d'eau, le Canal en ayant ordinairement six et souvent jusqu'à dix.

Arrivés à l'écluse de Bagnas, les voyageurs furent joints par M. de la Feuille, et par MM. Gilade, Cafarel et Villaraze, directeurs et contrôleurs généraux des ouvrages; par M. Malaval, receveur du Canal, et par d'autres employés. Ils traversèrent la rivière de l'Hérault, avant que d'entrer dans l'écluse

ronde d'Agde ; et ils allèrent le soir mouiller devant cette ville.

Le lendemain, ils visitèrent l'écluse ronde qui sert à trois niveaux divers, et à trois routes différentes, et dans laquelle des bâtimens de treize toises de long peuvent facilement tourner. Ils trouvèrent le Canal admirablement beau jusqu'à la rivière d'Orb. Dans cet espace, leurs barques montèrent environ vingt pieds par trois écluses qu'elles passèrent en dix-huit minutes; et elles vinrent aborder au port de Beziers vers midi, et au bruit redoublé du canon. Les complimens de tous les corps ne manquèrent pas dans cette occasion ; mais comme il étoit tard, on s'accommoda moins des harangues que d'un grand et magnifique dîner donné aux voyageurs par l'évêque de Beziers.

Une partie de l'après-midi fut employée à faire monter les barques dans la grande reculade du Canal par les deux écluses de Notre-Dame, et ensuite par les huit écluses accolées, que l'on nomme de Foncerannes. Cet édifice a cent cinquante-six toises de long, et treize de haut, bâti très-solidement en ligne droite, et revêtu de pierres de taille.

Le 2 avril, on ne s'arrêta pas à considérer

en chemin les ouvrages que l'on rencontroit; on réserva toute sa curiosité pour le Malpas. C'est une montagne de tap aussi dure que du roc; elle a treize toises de hauteur, et trois cent soixante pieds de large, à l'endroit où elle est rencontrée par le Canal. Après que Riquet l'eut fait excaver de chaque côté, à la profondeur de quarante-cinq à cinquante toises, il remarqua qu'elle étoit solide, et prit le parti de traverser les quatre-vingt-cinq toises restantes par une voûte, qu'il conduisit en droite ligne et en tiers-point dans la montagne. Elle a cinq toises de large et quatre et demie de hauteur. Au-dessous il fit excaver le Canal, laissant à droite et à gauche une banquette de quatre pieds pour le tirage des barques. Cette voûte est d'une seule pièce (1), ainsi que les murs et les banquettes. Le Canal a au-dessus de lui environ huit toises et demie de rocher couvert d'un peu de terre, où il y a des oliviers et

---

(1) La filtration et l'action de l'air ayant dégradé cette voûte naturelle, il a fallu la soutenir d'abord par un cintre en charpente; mais cette construction faite en bois de sapin, ne dura que dix ans: on prit enfin le parti de construire une voûte en maçonnerie dans la plus grande partie de l'étendue de ce passage souterrain.

des vignes. Et ce qu'il y a de merveilleux, c'est qu'au même endroit, et huit toises au-dessous du Canal, il y a un autre Canal de quatorze pieds de haut et de huit de large, qui fut fait il y a quelques siècles pour dessécher l'étang de Montady. Les deux canaux se coupent en croix; et de la banquette du Canal supérieur, on voit par un puits couler l'eau dans le Canal inférieur.

Depuis le Malpas rien n'attira autant l'attention de M. d'Aguesseau, que l'enfilade du Canal de deux mille toises de long dans la plaine stérile d'Argiliers. Elle est formée d'un roc plus dur que le marbre, dans lequel le Canal a été excavé de plus de dix-huit pieds de profondeur pour trouver le niveau. Ce travail le surprit; mais il admira davantage encore la chaussée de Cesse; c'est un ouvrage du sieur Gilade, en ligne courbe, de cent douze toises de long, ayant la forme d'un pont couché. Cette chaussée fait reculer la rivière plus de six cents toises de long sur deux cent cinquante de large; ce qui forme un très-beau port.

« Du reste, ajoute le P. Mourgues, l'eau
» de la rivière qui passe sur la chaussée, et
» qui tombe de près de trois toises de haut,

« fait une nappe d'eau, qui efface toutes
» celles que j'ai vues, et qui paroît une moire
» d'argent d'une très-belle nuance, lorsqu'elle
» est éclairée du soleil ».

A cinq mille deux cents et quelques toises de cette chaussée, se trouve le pont de Repudre. Repudre est un torrent fort dangereux dans ses débordemens ; il descend des montagnes du diocèse de Saint-Papoul, et se jette dans l'Aude un peu au-dessous du Canal. Il falloit ou recevoir ce torrent par une grande chaussée, ou le passer par un pont. Ce dernier parti étoit le plus sûr, et fut choisi par Riquet. Il bâtit un pont qui, avec ses épaulemens, a soixante et huit toises de long, treize de large dans les mêmes épaulemens, huit et demie sur la voûte, et sept de haut depuis la ferme. L'arche sous laquelle le Repudre passe, a cinq toises de large et deux d'élévation, et soutient partout sept ou huit pieds d'eau au-dessus.

Les voyageurs observèrent ensuite le rocher de Roubiac, qui a cinq toises réduites de hauteur, sur cent trente de longueur, et qui n'a pu être percé et excavé qu'avec une peine extrême, et les chaussées des rivières d'Oignon et d'Argent-double, dont l'objet est

d'empêcher les eaux des inondations d'entrer dans le Canal. Ces belles chaussées en pierre de taille ont été faites par M. de Contigny, directeur général des ouvrages du Canal dans le département de Carcassonne; il étoit venu au-devant de M. d'Aguesseau vers la chaussée de Cesse. L'aqueduc par lequel les eaux de l'étang de Jouarres s'écoulent sous le Canal pour se jeter dans l'Aude; celui qui sert à faire passer aussi sous le Canal les eaux de l'étang de Marseillette; le passage des rivières d'Orbiel et de Fresquel au moyen des grandes chaussées, qui, en les traversant, forment le Canal; l'excavation du Canal dans le roc le long des rideaux de Ranchin, de Marseillette, de Mille-grand, de Saint-Julia, de Déjean et de Baffies; ces trois mille toises de chemin creusées à travers des rochers qu'il a fallu emporter avec la poudre, dont on a consumé une plus grande quantité dans ces travaux, qu'on n'en a brûlé dans les siéges les plus fameux : tels sont les objets qui fixèrent l'attention des inspecteurs, dans le cours de leur route jusqu'à Castelnaudary. Ils y rencontrèrent le sieur Andréossy, directeur général des travaux du Canal dans le département de Castelnau-

dary; il étoit venu au-devant de M. l'intendant jusqu'à l'écluse de Ville-Dubert (1).

M. d'Aguesseau alla ensuite visiter le réservoir de Saint-Fériol. Ce bassin, lorsqu'il est plein, contient plus de six cent cinquante mille toises cubes d'eau et a cent dix mille toises carrées de surface ; cette petite mer est arrêtée et soutenue entre deux montagnes par une forte chaussée de plus de seize toises de haut et de soixante de large, composée de trois grandes murailles, et de deux voûtes de maçonnerie, faisant en tout cinq mille quatre cent soixante-dix-huit toises cubes, d'un terrassement entre ces trois murailles de seize mille toises cubes avec un bon couroi, et de trois mille toises carrées d'un gros pavé d'un pied d'épaisseur sur le talus

---

(1) Le P. Mourgues en nommant MM. Gilade et Contigny, a pris soin de nous apprendre que l'un est l'auteur de la chaussée de Cesse, et que l'autre a fait aussi les deux chaussées en pierre de taille opposées aux rivières d'Oignon et d'Argent-double. Il n'attribue en particulier à M. Andréossy le mérite d'aucun ouvrage. Cependant personne n'a dû connaître mieux l'histoire du Canal, qu'un inspecteur appliqué pendant dix ans à en suivre les travaux.

intérieur de la chaussée, pour résister au batelage et à l'agitation des vagues.

« M. l'Intendant, avant que de partir
» de Castelnaudary, avoit laissé ordre à
» M. d'Aguesseau, son fils, qui est un jeune
» homme (1) d'un mérite particulier, de con-
» tinuer le lendemain la navigation jusqu'au
» bassin de Naurouse, et d'achever les obser-
» vations qu'il avoit commencées. Pendant
» qu'il faisoit ce petit voyage avec beaucoup
» de soin, ajoute le P. Mourgues, M. l'In-
» tendant, M. de la Feuille et moi, en fai-
» sions un fort grand, parcourant en litière
» les bords de la rigole de la plaine, qui reçoit
» les eaux de la rivière de Sor, et celles de la
» rigole de la montagne ».

Il fait beau voir, dit-il, descendre ces eaux qui sont très-claires, par une double cascade et par deux écluses dans le bassin de Naurouse, tout entier excavé dans la pierre de taille, d'une figure octogone oblongue de deux cent toises de long, de cent cinquante de large, de soixante-huit à chaque face, et

---

(1) Ce jeune homme est ensuite devenu le célèbre chancelier d'Aguesseau.

de cinq cent quarante-quatre de pourtour, tout revêtu de pierre de taille, et où il a fallu plus de mille toises cubes de bâtiment, pour faire le quai qui est à l'entour. Il y a toujours sept à huit pieds d'eau dans le bassin, afin qu'il en fournisse abondamment aux deux parties du Canal par les deux écluses de l'Océan et de la Méditerranée, qui aboutissent à deux de ses angles.

« Ceux qui auront lu dans Frontin, dit le
» P. Mourgues en finissant sa relation, que
» les Romains, depuis le censeur Appius
» jusqu'à l'empereur Claude, avoient em-
» ployé plus de trois siècles à faire neuf ou
» dix conduites d'eau, et que tous leurs
» aqueducs si vantés n'en amenoient pas plus
» de cinq mille six cent vingt-six de nos pou-
» ces dans la ville de Rome, et qui verront
» l'abondance des eaux amenées par la rigole,
» pourront-ils s'empêcher de reconnoître la
» faiblesse de ces maîtres du monde, sur-
» tout s'ils les comparent aux entreprises
» dont le Roi est venu à bout en très-peu de
» temps, et au savoir-faire de ceux qu'il em-
» ploie pour l'exécution de ses grands des-
» seins ; on pourroit mettre pour inscription

» au bassin de Naurouse ces deux vers de
» Lucain » :

Fontibus hic vastis immensos concipit amnes;
Fluminaque in gemini spargit divortia mundi.

Le voyage de M. d'Aguesseau se termina à l'entrée de la Garonne, où ce magistrat fut reçu par M. Segadeux, directeur des travaux du Canal dans le département de Toulouse. Le P. Mourgues a soin d'observer, dans son rapport, que les inspecteurs n'avoient employé que soixante-quinze heures pour aller du port de Cette jusques dans la Garonne; et que leurs barques avoient monté plus de six cent pieds depuis la mer jusqu'à Naurouse par soixante et quinze écluses en cinq cent vingt et une minutes et quarante et une secondes : ce qui n'est pas une minute par pied. « Enfin, dit-il, aucun ouvrage dont
» l'histoire ancienne ait parlé, n'est compa-
» rable ni à l'entreprise ni à l'achèvement du
» Canal, soit pour l'invention, soit pour
» l'exécution, soit pour la bonté, la solidité,
» et l'utilité de l'ouvrage ».

Une dernière inspection eut lieu en 1684 : et sur un procès-verbal de M. d'Aguesseau, le Conseil d'Etat décida que les trois grandes

entreprises de Riquet étoient achevées, et qu'il avoit rempli ses engagemens. Des lettres-patentes en déchargèrent ses héritiers.

On s'étoit contenté, en construisant le Canal, de barrer les lits des rivières, des ruisseaux et des ravins, qu'il devoit traverser; des digues, des chaussées, et des épanchoirs avoient été construits pour en recevoir les eaux ou les rejeter dans les contre-canaux. Le nombre des épanchoirs que Riquet avoit jugé nécessaires, fut augmenté en 1683 et 1684 aux frais des États, sur les observations des ingénieurs et les demandes des propriétaires voisins du Canal; mais on ressentit bientôt les inconvéniens de leur multiplicité. Les eaux troubles que ces rivières versoient dans le Canal, lorsqu'elles se débordoient, y déposoient du sable, en diminuoient la profondeur, et nuisoient à la navigation. Les riverains eux-mêmes n'étoient point à l'abri de leurs ravages. M. de Bonrepos exposa ces inconvéniens dans un mémoire adressé à M. de Seignelay, fils et successeur de M. Colbert dans le ministère de la marine. Aussi zélé que son père pour le succès de la jonction des deux mers, ce ministre proposa au

Roi d'envoyer M. de Vauban en Languedoc pour en inspecter le Canal.

Cet ingénieur, justement célèbre, s'y rendit au mois de mars 1686. Il trouva les ouvrages du Canal si beaux, qu'il eût préféré, disoit-il, la gloire d'en être l'auteur à tout ce qu'il avoit fait ou pourroit faire à l'avenir. Il remarqua que Riquet avoit senti le danger de recevoir dans le lit du Canal les eaux des torrens et des ruisseaux qui pouvoient l'ensabler. L'aqueduc de Repudre, celui de Jouarres, et celui de Marseillette, avoient été très-heureusement imaginés par lui, afin de faire passer sous le Canal les eaux d'une rivière et de deux étangs. M. de Vauban ne proposa que d'étendre cette méthode, et de substituer aux épanchoirs des aqueducs, semblables à celui de Repudre, là où il falloit traverser une rivière, et conformes à ceux de Marseillette et de Jouarres, lorsqu'on ne rencontroit que des ruisseaux ou des ravins. Il indiqua de plus quelques nouveaux ouvrages nécessaires à la navigation. Le Roi, convaincu par le mémoire de Vauban, qu'il étoit nécessaire de construire plusieurs aqueducs, en ordonna la construction : le Roi et les Etats de Languedoc en firent les frais ; et

M. Niquet, ingénieur militaire, les fit exécuter.

Ainsi fut achevé le Canal de communication entre l'Océan et la Méditerranée. « Il est surprenant, dit le P. Mourgues, qu'on n'ait employé que quatre ans à le projeter, que quinze ans à le faire, et que dix-huit mois à le perfectionner. Nous dirons, ajoute-t-il, à la gloire du Roi, à celle de M. Colbert, et à celle de feu M. de Riquet, que ce Canal est le plus grand et le plus surprenant de tous les ouvrages qu'on ait jamais faits en Europe, et peut-être dans toutes les autres parties du monde ».

CHAPITRE V.

Noms des principaux employés du Canal sous l'administration de Riquet. — Sommes fournies par le Roi, par les Etats de Languedoc, et par Riquet. — Dépense totale pour la construction du Canal. — Situation de la fortune de Riquet à sa mort. — A quelle époque ses héritiers ont commencé à recueillir les avantages de son projet. — Quel en a été le résultat pour le public.

IL manqueroit quelque chose à l'histoire du Canal de Languedoc, si nous laissions ignorer quels ont été les coopérateurs de Riquet; à quelles sommes est montée la dépense de cette grande entreprise; dans quelle situation elle plaça la famille de celui qui en avoit conçu le dessein, et qui avoit eu le courage de l'exécuter; et quel en a été le dernier résultat, soit pour le public, soit pour les descendans de l'inventeur. Les détails que nous allons resserrer dans ce chapitre, ont été récueillis par feu M. Mercadier, archiviste du Canal : il a cité les pièces originales à l'ap-

pui de ses mémoires : et comme le dépôt en existe encore à Toulouse, il n'est personne qui ne puisse en vérifier l'exactitude.

Riquet fut pendant sa vie le seul directeur des travaux du Canal. Il avoit choisi pour travailler sous lui douze inspecteurs généraux ; chacun avoit un département particulier ; tous, sans nulle subordination entre eux, correspondoient directement avec Riquet ; leurs appointemens annuels varièrent depuis douze jusqu'à dix-huit cents livres. Voici leurs noms dans l'ordre où M. Mercadier les a placés : MM. Geoffroy, Andréossy, de Contigny, Albus, Gilade, Lambert, Las Castelles, Caffarel, Madron, Garroche, Alazard aîné. Sous eux étoient seize contrôleurs-généraux, dont les appointemens étoient de mille à douze cents livres. C'étoient MM. Deschamps, les deux frères Rusquier, Marion, Villeraze aîné, Le Mercier, Dumery, Veyrac, Talon, de Rousset, Tulle, Boucher, Meolan, Segadeux, et Pascal de Nissan. Riquet avoit établi six payeurs, dont les honoraires étoient de mille à douze cents livres par an. Il employoit soixante et huit inspecteurs-contrôleurs et chefs d'ateliers, qui recevoient par mois depuis cinquante jusqu'à soixante

et quinze livres ; et quatre-vingt-seize capitaines d'ateliers, dont le salaire étoit de trente à cinquante livres par mois. Il faut ajouter à ce tableau, sept niveleurs payés à raison de soixante et quinze livres par mois. C'est un peu plus de deux cents employés, dont les honoraires formoient près de cent vingt mille livres par an.

A la mort de Riquet, il fallut lui donner un successeur dans la direction générale des travaux. Le choix de ses héritiers appela M. Albus à cette honorable fonction. Le nombre des employés supérieurs fut réduit alors ; et il n'y eut plus que sept départemens, à chacun desquels fut attaché un inspecteur général.

Un autre emploi fut créé ; c'étoit celui de receveur-général. Déjà en 1673 la navigation d'une partie du Canal avoit commencé à produire un revenu. Il devint un objet important lorsque le Canal fut achevé : c'est alors qu'il fallut organiser l'administration de ses finances.

Mais le premier soin des propriétaires du Canal, fut de faire la liquidation générale de l'entreprise. Ils distinguèrent d'abord les fonds que le Roi avoit fournis pour l'exécution

DE LANGUEDOC.

du plan du Canal. Par l'édit du mois d'octobre 1666 (1), le Roi avoit affecté aux dépenses

---

(1) *Division des sommes fournies pour la construction du Canal et port de Cette, sur les fonds faits, et autres fonds, depuis la construction primitive.*

Par le Roi.

	l.	s.	d.		l.	s.	d.
Le produit des reventes du septain et autres droits,............	1230000	»	»				
Sur le traité de la recherche des faux nobles................	45000	»	»				
La jouissance des gages des offices créés en 1668.............	497703	»	»				
Sur les 2000000 liv. accordés pour la révocation de ces édits.....	1983353	»	»				
De l'imposition sur la généralité de Montauban...............	550375	»	»				
Sur celle des pays de Foix, etc...	100825	»	»				
Sur la ferme de Languedoc.....	200000	»	»				
Sur la même ferme...........	1000000	»	»		7484006	»	»
Sur les 1600000 liv. de l'emprunt de 1672.................	54174	»	»				
L'emprunt de 1680...........	400000	»	»				
Sur les trésoriers des bâtimens en 1681...................	60000	»	»				
Sur les mêmes trésoriers en 1682	322641	»	»				
Le remboursement du droit de pêche du port de Cette......	80000	»	»				
Sur les débets des gabelles jusques en 1673.................	37205	15					
Sur lesdites gabelles, paiemens d'avril et mai 1678 et 1680...	172749	5					
Pour la moitié des fonds faits pour la construction des aqueducs...	750000	»	»				

Par M. de Riquet.

L'enchère sur la ferme des gabelles....................	1000000	»	»				
La seigneurie et fief du Canal....	400000	»	»		1957517	»	»
Les ouvrages restans à faire à Cette....................	557517	»	»				
					9441523	»	«

HISTOIRE DU CANAL

du Canal les offices de regrattiers de sel, créés soit en Languedoc, soit en Roussillon,

	l. s. d.
De l'autre part..................	9441523 » »

Par la Province.

	l. s. d.		
Sur les 2400000 liv. du don gratuit de 1667................	1200000 » »		
Plus, sur la même somme......	500000 » »		
Le don gratuit de 1669.........	40000 » »		
L'excédent des ponts..........	25500 » »		
Sur les 1600000 liv. du don gratuit de 1676................	1300000 » »		
Le restant dudit don..........	300000 » »	3855500	
L'imposition des années 1676, 1677, 1678 pour le curement des sables de Cette.........	60000 » »		
Sur les 3000000 liv. du don gratuit de 1678................	130000 » »		
L'emprunt pour le Roi en 1679 dont elle se chargea.........	300000 » »		

Pour l'augmentation du nombre des épanchoirs,

	l. s.		
Le 19 nov. 1683.... 22000		75662 18	
Le 22 déc. 1684.... 44062 18			
Le 20 nov. 1685.... 9600			

Pour les aqueducs ordonnés par M. de Vauban *,

	l.		
Le 3 déc. 1686...... 150000			
Le 9 nov. 1687...... 150000			
Le 4 nov. 1688...... 150000			1952331 16 6
Le 12 nov. 1689...... 75000	750000 » »		
Le 30 oct. 1690...... 75000			
Le 6 nov. 1691...... 75000			
Le 26 nov. 1692...... 75000			

Pour les terres prises pour le Canal, rigoles de la Plaine et de la Montagne; celles de sortie et de fuite des épanchoirs et aqueducs, suivant l'état............ 1126668 18 6

15249354 16 6

* E. M. AA. n°s 10 et 27.

par des édits antérieurs. Il avoit destiné au même objet le droit de septain levé sur les salines de Pécais, et une taxe de cinq sous sur chaque minot de sel vendu en Languedoc. Ces divers droits, déjà aliénés par engagement, furent cédés à Riquet; et il devoit en tenir compte sur le prix de son entreprise.

Deux nouveaux édits du mois de décembre 1666 établirent dans chaque ville du Languedoc deux offices de collecteurs des tailles, et trois offices d'auditeurs des comptes auprès des administrations municipales. La vente de ces offices fut ordonnée; et le produit en fut spécialement destiné aux dépenses du Canal.

Nouvelle création en 1668 de trois offices de prudhommes et experts-jurés-auditeurs des comptes de tutelle et de curatelle, dans chaque ville du ressort du parlement de Toulouse. Création d'un office de greffier consulaire avec attribution des fonctions de notaire; établissement d'un droit annuel sur chaque cabaretier dans les trois généralités de Toulouse, Montauban et Montpellier.

Riquet jouit de ces offices et de ces droits jusqu'au 26 juillet 1671, époque à laquelle ils furent supprimés moyennant deux millions

payés au trésor royal par les Etats de Languedoc, six cent mille livres levées sur la généralité de Montauban, et cent quatre-vingt-dix mille livres imposées sur le pays de Foix, le Nebouzan et le Bigorre.

Un arrêt du conseil du 25 novembre affecta cette somme aux dépenses du Canal, et régla qu'elle seroit remise successivement à Riquet sur les ordonnances du ministre.

Lorsque Riquet offrit de terminer sa première entreprise en quatre ans au lieu de huit, le Roi demanda aux Etats de Languedoc de lui avancer cinq cent mille livres sur le reste de leur don gratuit; il leur emprunta en même temps deux cent mille livres. Le Roi restitua aussi à Riquet le prix des offices de regrattier de sel, et des droits perçus sur les salines: ce fut par un emprunt de seize cent mille livres fait aux Etats de Languedoc; et le remboursement en fut assigné sur les impositions. Enfin le Roi fit aux Etats un dernier emprunt de quatre cent mille livres.

RÉCAPITULATION GÉNÉRALE.

	l.	s.	d.		l.	s.	d.
Le Roi a fourni....	7484051	»	»	}			
La Province a fourni	5807831	16	6	} 15249399	16	6
M. de Riquet a tenu en compte......	1957517	»	»	}			

DE LANGUEDOC. 147

	l. s. d.
Ci-contre	15249399 16 6
Sur quoi déduit 1080000 liv. de l'adjudication des ouvrages du port de Cette et Canal de communication de l'étang de Thau à la mer, ouvrages que le Roi se chargea de perfectionner, ci	1080000 » »
Reste que le Canal auroit coûté, suivant les arrêts de liquidation de 1677 et 1682	14169399 16 6

Il sembleroit que la construction entière du Canal n'eût coûté que 14169399 liv. 16 s. 6 den.; mais on doit y ajouter une somme de 2110000 liv. qui fut rejetée de l'état des travaux extraordinaires faits par Riquet au-delà de ses engagemens; il faut y comprendre le prix des magasins construits pour l'entrepôt des marchandises; celui des maisons destinées à servir d'hôtelleries; celui des moulins, et enfin celui des barques.

De plus, les fonds assignés à Riquet pour le paiement de ses entreprises, avoient été constamment retardés : il fut toujours en avances. Suivant le compte de 1670, il lui étoit dû 815,000 liv., et suivant celui de 1671 apostillé par M. de la Feuille, ses avances passoient un million. Dans chacune

des trois années suivantes, il fut encore créancier de sommes aussi fortes.

Riquet, pour suppléer aux fonds qu'on lui promettoit, étoit forcé de recourir à des emprunts; lorsque cette ressource lui manquoit, il tiroit des lettres-de-change sur les intéressés à la ferme des gabelles, et sur les autres trésoriers, qui consentoient à lui prêter leur nom et leur crédit. Ces lettres-de-change étoient ensuite négociées, et la perte sur ces effets étoit souvent considérable.

En cumulant ces divers objets de dépense, l'exactitude du calcul exige une addition de trois millions au prix total du Canal, tel qu'il est fixé ci-dessus. On doit le porter à dix-sept millions; et il faut observer que le marc d'argent étoit alors à vingt-six livres.

Telle est la somme totale qu'a coûté ce grand et bel ouvrage, qui a depuis enrichi une province entière. La fortune de Paul de Riquet y fut entièrement épuisée; il laissa à ses enfans des dettes qui excédoient une somme de deux millions quatre-vingt-dix mille liv. (1). Pour les acquitter, ses héri-

---

(1) Archives du Canal. L'indication des créanciers de Riquet, et le montant de leurs créances y sont consignés dans plusieurs inventaires.

tiers vendirent en 1683, à M. Penautier, le tiers de la propriété du Canal; en 1684, à M. Bosc, les trois vingtièmes; et en 1690, à M. Niquet, deux autres vingtièmes. Ainsi les sept douzièmes de cette propriété que leur père avoit créée, passèrent en des mains étrangères. Ces ventes portoient néanmoins une clause éventuelle de rachat. Mais ces aliénations ne suffirent pas pour rembourser les sommes dues par Riquet. Ses fils employèrent tous leurs revenus à l'extinction successive de ses dettes; et ce n'est qu'en 1724, qu'ils recouvrèrent enfin l'entière propriété du Canal.

Mathias de Riquet de Bonrepos, président à mortier au parlement de Toulouse, fut celui des enfans de Riquet qui, fixé en Languedoc par son état, eut le plus de part à la direction de cette régie économique. Son père s'étoit attaché à le former lui-même, et il l'avoit, dès l'année 1669, associé en quelque sorte à ses projets (1). « Je vous envoie mon fils, » écrivoit-il à M. Colbert, d'autant qu'il n'y » a personne au monde en qui je puisse avec » justice prendre plus de confiance qu'en lui.

---

(1) Archives du Canal. A. CC.

» Son voyage sera un bien tant pour son
» avancement que pour celui de mes affaires;
» car, Monseigneur, ce mélange de ques-
» tions de finance avec celles du palais, fait
» un merveilleux effet sur les jeunes esprits,
» et les façonne en peu de temps; joint qu'il
» m'est absolument nécessaire qu'un autre
» moi-même voye de près mes affaires de
» Paris ».

Le second fils de Riquet, connu sous le nom de comte de Caraman, fut long-temps éloigné du Languedoc par ses devoirs militaires. Il eut, comme son père, le bonheur de rendre à sa patrie un service, auquel Louis XIV daigna attacher une grande récompense. Il sauva l'armée du Roi au combat de Wange en 1705; une place de grand'-croix de l'ordre de S. Louis fut créée pour lui (1); il y fut élevé sans avoir passé par le

---

(1) *Provisions de grand'croix de l'ordre de S. Louis, accordées par sa majesté le roi Louis XIV à M. le comte de Caraman, lieutenant-général de ses armées, pour une action distinguée.*

Louis, par la grace de Dieu, roi de France et de Navarre, chef souverain, grand-maitre et fondateur de l'ordre militaire de S. Louis : à tous ceux qui ces présentes lettres verront ; SALUT : Bien que par l'édit

grade intermédiaire de commandeur. Lorsque la paix lui permit de reprendre le soin de ses affaires domestiques, il revint s'oc-

---

de création de notre ordre militaire de S. Louis, il y ait été statué que les grand'croix ne pourront être tirés que d'entre les commandeurs, nous avons estimé devoir passer par-dessus cette règle en faveur de notre très-cher et bien-amé le sieur DE CARAMAN, chevalier dudit ordre, l'un de nos lieutenans-généraux en nos armées; et sans attendre même qu'il y eût de grand'croix vacante, l'élever à cette dignité, afin de le récompenser, par cette marque de distinction, du service important et recommandable qu'il vient récemment de nous rendre au combat de Wange, où, avec onze bataillons, il a soutenu tout l'effort d'une nombreuse armée, et assuré, par ce moyen, la retraite de trente-cinq de nos escadrons : il avoit d'abord rangé ses onze bataillons sur deux lignes ; sa droite appuyée aux haies voisines du village de Wange, que les ennemis occupoient, et par le feu de cette infanterie et de ces onze compagnies de grenadiers postés à la tête des haies, a résisté pendant un temps considérable, et même poussé vigoureusement celle des ennemis. Il fut obligé ensuite de se déposter et de s'avancer dans la plaine pour couvrir notre cavalerie, et lui donner le temps de se rallier, comme elle fit ; mais enfin, voyant qu'elle étoit obligée de céder à l'excessive supériorité du nombre de celle des ennemis, ce fut dans cette occasion qu'il sut glorieusement prendre son parti, puisqu'au lieu de se tourner vers la droite,

cuper de l'administration du Canal : et c'est lui qui termina la négociation commencée avec M. Niquet; ce dernier, par un acte du

---

où les haies rendoient la retraite de son infanterie aussi assurée que facile, il ne crut pas devoir abandonner notre cavalerie; de sorte qu'il n'hésita pas à marcher au milieu d'une plaine découverte, où il n'y a ni ravin, ni buisson; et ayant fait mettre tous ses bataillons ensemble, les drapeaux dans le centre, il se fit jour, par le feu de la mousqueterie et les baïonnettes au bout du fusil, au travers de plus de quatre-vingts escadrons ennemis suivis et soutenus de toute l'infanterie de leur armée; et malgré même plusieurs décharges de canon qu'il eut à essuyer, il traversa la plaine sans que les ennemis aient pu l'entamer. Cette retraite, l'une des plus glorieuses qui se soit jamais vue, ne marque pas moins la capacité du premier ordre dans le chef qui l'a conduite, qu'une fermeté intrépide et un véritable zèle pour le bien général de l'Etat; et comme un service si signalé nous rappelle encore tous ceux qu'il nous a rendus depuis plus de quarante ans qu'il entra en qualité d'enseigne dans le régiment de nos gardes-françaises, et nous fait agréablement souvenir qu'il s'est acquitté de tous les commandemens divers qui lui ont été confiés, d'une manière qui nous le fait considérer depuis long-temps comme un des meilleurs officiers généraux que nous puissions avoir dans nos armées de terre; nous avons été bien aise, à l'occasion de sa dernière action, de lui donner un témoignage éclatant de la satisfaction

5 août 1714 transporta à M. de Caraman, lieutenant-général des armées, la propriété des deux vingtièmes du Canal (1), à condi-

---

que nous avons des services et de l'estime particulière que nous faisons de sa personne. A ces causes, et autres à ce nous mouvant, nous avons, à notredit très-cher et bien-amé le sieur de Caraman, accordé et accordons, par ces présentes signées de notre main, la première place vacante de grand'croix dans l'ordre militaire de S. Louis, du nombre de sept destinées pour les officiers de nos armées de terre; voulons qu'en attendant ladite vacance, et dès à présent, il prenne le titre et qualité de grand'croix; que comme tel, il porte la croix avec le cordon large en écharpe, comme aussi une croix en broderie d'or, tant sur le juste-au-corps que sur le manteau; qu'il jouisse de tous les autres honneurs attribués à ladite dignité, et succède à la pension de six mille livres attachée à la place de grand'croix qui viendra à vaquer, sans qu'il y ait besoin d'autre permission que des présentes, par lesquelles nous l'avons fait, constitué, ordonné et établi, faisons, constituons, ordonnons et établissons Grand'croix dudit Ordre militaire de S. Louis, ayant, pour cet effet, dérogé à l'édit de création dudit Ordre, pour ce regard seulement. Fait à Versailles le dix-huitième jour de juillet mil sept cent cinq, et de notre règne le soixante-troisième. *Signé* LOUIS; *et plus bas,* par le Roi, CHAMILLARD.

(1) Archives du Canal.

tion toutefois qu'il en jouiroit pendant sa vie ; et qu'au cas où il vînt à mourir avant dix années de jouissance, ses héritiers en jouiroient pendant le reste de ces dix années : après ce terme expiré, M. de Caraman s'obligea à leur compter quarante mille livres en un seul paiement.

C'est alors que la propriété du Canal commença à devenir avantageuse aux héritiers de Riquet; jusqu'en 1724, ils n'en avoient retiré aucun revenu, et le prélèvement des dépenses extraordinaires avoit retardé l'amortissement des dettes ; car cette économie, si nécessaire au rétablissement de leur fortune, ne s'étendit pas jusqu'aux améliorations du Canal. Ils ne crurent jamais devoir rien ménager, lorsqu'il étoit possible de perfectionner l'ouvrage de leur père. C'est un témoignage qui fut rendu en leur faveur par M. Touros, ingénieur du Roi nommé en 1727 pour inspecter le Canal, et par les commissaires des Etats de Languedoc, il fut consigné dans un arrêt du Conseil d'État, où le Roi s'exprime en ces termes : « Loin de » négliger le Canal, ses propriétaires, depuis » la visite faite en 1684, par M. d'Aguesseau, ont fait plusieurs ouvrages considé-

» rables, qui ont facilité la navigation. Sa
» Majesté est extrêmement satisfaite du soin
» que lesdits propriétaires apportent à l'en-
» tretien d'une navigation aussi utile au com-
» merce du royaume ».

Sans entrer ici dans des détails qui seroient dénués d'intérêt pour la plupart de nos lecteurs, il suffira de dire que les héritiers de Riquet ont employé près de trois millions en améliorations du Canal. Un état certifié Mercadier en prouve une partie. C'est sur-tout depuis 1750 qu'il a été perfectionné dans toutes ses parties.

La forme du Canal étoit devenue irrégulière, parce que ses rives avoient inégalement cédé à l'action des eaux. Par-tout on a travaillé à lui donner une largeur de dix toises à la superficie des eaux; et on a employé des moyens sûrs de le maintenir dans cet état. Tous les chemins qui bordent le Canal ont été réparés, et mis de niveau à environ deux pieds d'élévation au-dessus de l'eau, en sorte que le tirage des barques n'exige qu'un ou deux chevaux.

Lorsque Riquet construisit le Canal, la nécessité d'accélérer le travail avoit fait préférer les matériaux les plus à la portée des

ateliers. Toute la maçonnerie a été depuis réparée à neuf en pierres de bonne qualité, toutes les écluses ont été perfectionnées ; et celles dans lesquelles on a soupçonné quelque vice de construction, ont été entièrement refaites.

Des déversoirs ont été construits en pierre de taille ; des murs ont été élevés à l'entrée et à la sortie des écluses pour soutenir le terrain ébranlé par la chute des eaux. Les rivières qui pouvoient causer quelque dommage au Canal, ont été éloignées par des épis multipliés : et les bords opposés du Canal ont été revêtus de murs en pierre sèche. Tous les aqueducs ont été réparés ; d'autres ont été faits en entier. Les rivières et les torrens, qui entroient autrefois dans le Canal, passent aujourd'hui au-dessus ou au-dessous de son lit sans pouvoir y entrer. Le passage de la rivière d'Orb a été rendu plus court et plus facile. Le bassin de Saint-Fériol a été consolidé : on a multiplié les bâtimens destinés au logement des employés, ou à l'usage des voyageurs. On a fait le long des rives une plantation d'arbres sur trois rangs, objet d'une utilité future ; elle donne

à la route du Canal le charme d'une belle promenade (1).

---

(1) *Etat d'une partie des sommes que les propriétaires du Canal des deux mers ont employées pendant les trente-sept années qui ont précédé la révolution pour l'amélioration de ce Canal, et pour des objets non compris dans les engagemens de Pierre-Paul Riquet.*

OBJETS DE DÉPENSE.

1°. Approfondissemens au-dessous du ferme et dans les parties de rocher qui n'avoient que quatre ou cinq pieds de profondeur pour leur donner un fond d'eau permanent de six à sept pieds.................... 9810$^{liv.}$ 3$^{s.}$

2°. Gravelage des chemins de halage pour faciliter la navigation et diminuer le nombre des chevaux de tirage des barques.................... 56731 19

3°. Renouvellement de toutes les maçonneries faites originairement en pierres tendres, et leur reconstruction en pierres dures, dont le transport ne pouvoit l'être qu'à des frais énormes....................... 432283 17

4°. Reconstruction en pierres de taille des éperons originairement faits en bois........................ 30477 8

529303 7

HISTOIRE DU CANAL

Ce fut en 1708 que le port de Toulouse fut construit tel qu'il existe aujourd'hui;

De l'autre part...............	529303$^{\text{liv.}}$ 7$^{\text{s.}}$
5°. Construction des déversoirs et épanchoirs ordinaires et à syphon pour soulager le Canal des crues d'eau produites par les inondations.........	131697 10
6°. Construction d'épis sur le bord des rivières de l'Aude et de Fresquel pour garantir le Canal de leurs débordemens.................	37568 3
7°. Construction de douze magasins au port Saint-Etienne à Toulouse.....	72878 9
8°. Construction du radeau de Libron, pour éviter ses ensablemens causés par le ruisseau de ce nom.........	58876 2
9°. Autres constructions nouvelles en maçonnerie et pierres, distinctes de celles ci-dessus, qui forment autant d'augmentations................	546138 1
10°. Pour moitié de la dépense de la construction du réservoir de Lampy, faite à frais communs avec la province de Languedoc................	160719 14
11°. Pour moitié de la dépense du bornage faite aussi à frais communs avec la même province..............	74572 12
12°. Pour l'acquisition de l'étang de	
	1611752 12

mais il ne suffisoit plus au commerce qui s'étoit accru sans cesse depuis sa fondation.

Ci-contre..................	1611752$^{\text{liv.}}$ 12$^{\text{s.}}$
Marseillette, 68000 liv. sur lesquelles il reste dû aux demoiselles Garipuy, 24000 liv.....................	44000 »
13°. Construction d'un cabinet ajouté aux archives, et d'une glacière attenant.......................	1181 »
14°. Construction du logement des employés d'Agde près l'écluse Ronde...	43685 17
15°. Plantation sur les francs-bords de la ligne navigable, et sur ceux des rigoles, pour donner de l'ombre aux voyageurs, et avoir à pied d'œuvre le bois nécessaire pour les clayonnages, épis et autres ouvrages urgens.....................	121110 13
TOTAL.................	1819731 8

RÉCAPITULATION *des sommes fournies par P. Riquet et ses descendans pour la construction du Canal du Midi ; son amélioration, &c. &c.*

Par P. Riquet, comme le constate le compte arrêté par l'intendant de la province, ainsi qu'il est porté page 143....	1957517$^{\text{liv.}}$ »

Par P. Riquet, qui ne fut point tenu en compte par l'intendant, mais constaté

C'est ce qui détermina les propriétaires du Canal à former dans Toulouse un second port avec des magasins considérables; et les négocians du Languedoc en ont extrêmement apprécié les avantages.

La ville de Narbonne doit à ses anciens fondateurs un Canal navigable connu sous le nom de la Robine. Il débouche dans l'étang de Sijean, à travers lequel Agrippa avoit fait construire en pierre, un Canal qui

De l'autre part............	1957517$^{liv.}$ s.
par l'état qu'il en présenta ; ce qui a formé les dettes qu'il a laissées à ses enfans, qui n'ont pu achever de les acquitter qu'en l'année 1724....................	3000000 »
Ce qui composa les dix-sept millions, auxquels la dépense totale du Canal de la jonction des deux mers a été évaluée.	
Par les héritiers Riquet, depuis 1736 jusqu'en 1790, en constructions nouvelles, améliorations, plantations, acquisitions utiles au Canal, toutes dépenses au-dessus de leurs engagemens, qui furent fixées en 1684 par le procès-verbal de M. d'Aguesseau............	1819731 S
La somme totale des sommes fournies par P. Riquet et sa famille, est, en aperçu, de......................	6777248 8

aboutissoit à la mer par le port de la Nouvelle. Il étoit important pour Narbonne de joindre son Canal à celui de la communication des deux mers. Le Gouvernement s'occupa de ce projet dès 1685. Son exécution a éprouvé de grandes difficultés ; elles furent enfin levées en 1775, lorsque les propriétaires du Canal proposèrent aux États de Languedoc la construction d'un nouveau réservoir d'eau destiné à alimenter le Canal de Narbonne. Ils offrirent de supporter la moitié de sa dépense, et de se charger de l'entretenir à perpétuité sans recevoir aucune indemnité. Ces offres furent acceptées. Le bassin a été achevé en 1782 ; il est situé dans la montagne Noire, au-dessus de celui de Saint-Fériol ; c'est à l'endroit où le ruisseau de Lampy tombe dans la rigole. On a barré un petit vallon par une épaisse muraille, qui sert de digue aux eaux qu'on y tient en réserve. Cet ouvrage est moins grand et moins magnifique que celui de Saint-Fériol ; mais il présente un aspect plus singulier. On ne peut se défendre d'un mouvement de surprise en découvrant de loin, au milieu d'un pays sauvage et désert, la façade longue et régulière de ce beau monument, dont

l'élévation est d'environ cinquante pieds.

C'est ainsi que l'ouvrage de Riquet a successivement acquis de nouveaux degrés de perfection. Ainsi la spéculation que ses contemporains avoient regardée comme chimérique, a été réalisée par le développement du commerce intérieur ; et la propriété du Canal étoit enfin devenue utile à sa famille, lorsque les Etats de Languedoc se proposèrent de l'acquérir en 1768. Les propriétaires du Canal consentirent à des arrangemens, qu'un premier examen avoit fait juger convenables à l'intérêt public. Les estimations d'un revenu moyen calculé sur le produit des trente dernières années, le prix des matériaux rassemblés dans les magasins, et celui des divers édifices, portèrent le prix total de cette propriété à huit millions cinq cent mille livres. Le marché fut autorisé par le Roi ; il alloit se conclure, lorsque les alarmes du commerce provoquèrent, de la part des Etats, un nouvel examen de cette proposition, et la firent enfin rejeter. Les négocians croyoient qu'il étoit plus favorable pour eux, dans leurs transactions journalières, de traiter avec des particuliers que d'avoir affaire à une régie publique. Plu-

sieurs membres des Etats pensèrent aussi qu'il falloit conserver un mode d'administration, où les agens ne pouvoient trouver l'avantage de leur famille, qu'en augmentant l'avantage du public.

Il est actuellement facile d'estimer, quel a été pour les descendans de Riquet le résultat pécuniaire du contrat solennel qu'il a passé avec Louis XIV. C'est une propriété qui, après un siècle de possession, a été évaluée à huit millions et demi, et dans laquelle Riquet et sa famille ont dépensé plus de six millions. Ainsi à peine en cent trente ans a-t-elle augmenté d'un tiers leur capital. Il n'est aucune acquisition territoriale qui n'eût, en un si long espace de temps, acquis une valeur triple de son prix originaire.

Mais quel a été pour l'Etat le résultat de cette grande entreprise? c'est M. Dupont de Nemours qui a proposé cette question, et qui s'est chargé d'y répondre (1). « Le Canal » du Midi, dit-il, voiture un commerce de » cinquante millions par année. Il en est

---

(1) Opinion de Dupont de Nemours, membre du conseil des anciens en l'an v : elle est imprimée dans le n° 328 de *l'Historien*.

» résulté par année cinq millions de béné-
» fice pour les marchands. Les propriétaires
» des terres dont le Canal débite les produc-
» tions qui sans lui n'auroient point de
» débouché, ou n'en auroient qu'un mau-
» vais, reçoivent par le service du Canal,
» une augmentation de vingt millions de
» revenu, toute dépense de culture payée.
» L'Etat a touché de ces vingt millions de
» revenu par les tailles et les vingtièmes,
» ou en impôts équivalens, au moins cinq
» millions tous les ans, et cinq cent millions
» en un siècle ».

CHAPITRE VI.

Riquet a été regardé par tous ses contemporains, comme l'inventeur du Canal de Languedoc. — A quelle époque on a essayé, pour la première fois, de lui en disputer la gloire. — Examen des assertions contenues dans divers ouvrages. — Limites dans lesquelles cette discussion est renfermée.

Il est rarement arrivé que l'auteur d'une grande entreprise heureusement terminée, n'ait pas vu des rivaux lui en disputer l'invention, sur-tout lorsqu'elle étoit d'une nature peu analogue à ses occupations habituelles. C'est ainsi que Perraut fut accusé d'avoir dérobé à Levau le plan du péristyle du Louvre; et quelques-uns de ses contemporains ne purent jamais s'accoutumer à croire, qu'un médecin de profession pût être en même temps un habile architecte. Riquet, plus heureux, a été unanimement reconnu pour inventeur du Canal de Languedoc par tous ses contemporains, sans en

excepter un seul. Il n'a manqué ni d'ennemis ni d'envieux ; ses plans ont été décriés avant que d'être exécutés : on répétoit autour de lui, qu'il échoueroit dans l'exécution de son projet ; mais personne ne lui contestoit d'en être l'inventeur.

Sa correspondance, ses discours, sa manière d'agir, tout montroit en lui la conviction qu'il ne devoit son plan qu'à lui-même ; et s'il déclaroit sans cesse qu'il en étoit le seul auteur, c'est qu'il se tenoit comme assuré de ne pouvoir être contredit par personne. En effet, aucune réclamation ne s'éleva contre lui, soit lorsqu'en présence des commissaires nommés pour examiner son projet il déclara qu'il avoit découvert ce qui avoit échappé jusqu'à lui à toutes les recherches ; soit lorsque, dans un monument public érigé à l'entrée du Canal, il fut proclamé l'inventeur de ce grand ouvrage.

Colbert, que peu d'hommes ont trompé, a reconnu que Riquet avoit fait renaître de son temps le dessein de joindre les deux mers ; qu'il en avoit donné les premières dispositions, et que le succès de cette entreprise devoit lui acquérir de la gloire.

M. d'Angluré, archevêque de Toulouse; MM. de Tubeuf et de Bezons, intendans de Languedoc, qui ont vu naître sous leurs yeux le projet du Canal, ne l'ont attribué qu'à Riquet. M. d'Aguesseau, qui succéda à MM. de Tubeuf et de Bezons, suivit pendant sept ans les travaux du Canal; il vit Rique au milieu de ses employés; il put juger de ce qu'il devoit à leurs lumières, et du degré de mérite qui lui étoit propre; il n'hésita pas à le déclarer l'inventeur du Canal. Ce témoignage a été recueilli par le chancelier d'Aguesseau, qui a écrit la vie de son illustre père (1), et qui s'exprime ainsi : « M. de Riquet étoit
» un de ces hommes en qui le génie tient la
» place de l'art. Elevé pour la finance, sans
» avoir jamais eu la moindre teinture de
» mathématiques, il n'avoit pour tout ins-
» trument, comme je l'ai entendu dire plu-
» sieurs fois à mon père, qu'un méchant
» compas de fer ; et ce fut avec aussi peu
» d'instruction et de secours, que conduit
» seulement par un instinct naturel qui
» réussit souvent mieux que la science, il
» osa former le vaste projet d'unir l'Océan à

---

(1) OEuvres de d'Aguesseau, tome 13.

» la Méditerranée, par un Canal de plus de
» quarante lieues ; projet dont l'exécution
» étoit encore plus difficile par la sécheresse
» et l'inégalité du terrein par lequel il falloit
» faire passer ce Canal, que par sa longueur.
» Tout autre qu'un génie de ce caractère
» auroit été effrayé d'une entreprise aussi
» hasardeuse ; tout autre que M. Colbert en
» auroit été rebuté ; mais rien ne put vaincre
» ni la hardiesse de l'entrepreneur, ni la
» constance du ministre ; et ils avoient besoin
» l'un et l'autre d'un intendant tel que mon
» père, pour couronner enfin leur persévé-
» rance ».

Le témoignage de M. de Basville, successeur de M. d'Aguesseau dans l'intendance
de Languedoc, n'est ni moins positif ni
moins imposant (1) : « Tel est, dit-il, ce
» fameux Canal ; M. Riquet se chargea de
» l'entreprise ; ce fut lui qui en fut l'inven-
» teur, l'entrepreneur et le seul directeur,
» et qui étant plutôt aidé par des talens natu-
» rels que par les règles de l'art qu'il n'avoit
» jamais étudiées, trouva tous les expédiens

---

(1) Mémoires sur le Languedoc, par M. Lamoignon
de Basville.

» pour surmonter toutes les difficultés im-
» menses qui se sont rencontrées ».

M. de Froidour, dont les lettres ont déjà été citées, avoit examiné en 1672 les ouvrages du Canal et ceux du port de Cette, dans l'intention d'en rendre compte à M. Colbert. Un long séjour en Languedoc l'avoit mis à portée de connoître tous les détails de cette entreprise : il n'attribue qu'à Riquet le projet du Canal ; et il le représente dans l'exécution de ses plans comme changeant à son gré tout ce que la pratique lui montroit de défectueux ; il admire son habileté, son expérience, la justesse de ses idées, et la fécondité de ses moyens. « Enfin, dit-il,
» supposé qu'on ait eu autrefois le dessein
» de joindre les deux mers, il est certain qu'il
» a été enseveli dans l'oubli jusqu'à présent,
» et que c'est au bonheur du règne de
» Louis XIV, à l'application et aux soins de
» M. Colbert, et au génie du sieur Riquet,
» que la France est redevable d'une si belle
» invention ».

Dans un mémoire publié en 1669 par un nommé Gaumon (1), l'auteur atteste que

---

(1) Archives du Canal.

Riquet s'étoit occupé de son projet dix-huit ans avant que d'en proposer l'exécution.

La Gazette de France du 12 octobre 1680, annonça la mort de Riquet en ces termes : « Le sieur Riquet, qui avoit donné les des- » sins du Canal de Languedoc pour la jonc- » tion des deux mers, et qui en a toujours » eu la direction, est mort près de Toulouse » le premier de ce mois ». Ce même journal publia, sous la date du 11 juin 1681, la relation de la première navigation sur le Canal de Languedoc, faite par ordre du Roi. On y lit ces mots à la seconde page : « On com- » mença de travailler en l'année 1666 sur le » dessin du feu sieur Riquet, homme d'un » génie et d'une capacité extraordinaires, qui » a conduit ce grand ouvrage, et s'en est » acquitté avec tant de soin, qu'il a eu la » gloire d'achever cette entreprise qui parois- » soit impossible à toute l'Europe ».

Il parut en 1695 une Vie de Colbert imprimée à Cologne. L'auteur, que l'on croit être un nommé Guyon de la Sardière, a consacré quelques pages à la description du Canal. « On doit à Colbert, dit-il, l'avantage » qu'on tire de la jonction des mers; le succès » en est d'autant plus extraordinaire, qu'on

» l'avoit toujours regardé comme impossible.
» Riquet, natif de Beziers, homme d'un gé-
» nie heureux et d'une pénétration très-vive,
» trouva ce que personne avant lui n'avoit
» imaginé, &c. &c. ». Il termine sa narration par ces mots : « Cet ouvrage fut com-
» mencé en 1666, après que Riquet eut ré-
» pondu du succès, et il en vint à bout avant
» sa mort, qui arriva au commencement d'oc-
» tobre 1680. Ses enfans, Bonrepos, maître
» des requêtes, et Caraman, capitaine aux
» gardes, et ses deux gendres, Grammont,
» baron de Lanta, et Sombreuil, trésorier
» de France, y donnèrent la dernière main ».

Lorsque le géographe Nollin dédia, en 1697, sa belle Carte du Canal aux Etats de Languedoc (1), il leur disoit, dans son Epître : « Une si grande entreprise, conçue
» par un homme né dans le sein de votre
» province, demandoit des cœurs aussi géné-
» reux que les vôtres pour lui fournir les
» moyens nécessaires à sa perfection. Vous
» l'avez vu consommer heureusement ce
» grand ouvrage ». Nollin ajoute dans la légende, que le sieur Pierre de Riquet en

---

(1) Bibliothèque impér.

proposa le dessein qu'il méditoit depuis long-temps; et le géographe a pris le soin d'y faire graver l'inscription mise en 1667 sur l'écluse de Toulouse, et dans laquelle Riquet est qualifié d'inventeur du Canal.

Ce sont encore des témoins précieux pour sa gloire, que le P. Mourgues, dont nous avons rapporté l'opinion, et MM. Gilade et de Rousset, qui partagèrent ses travaux. Ces deux ingénieurs, l'un dans le procès-verbal de 1684, et l'autre dans son Mémoire historique, représentent Riquet comme l'auteur du projet et le seul directeur de l'entreprise.

Quoique nous ayons recherché avec un soin scrupuleux les Mémoires, soit imprimés, soit manuscrits des auteurs contemporains, nous n'en avons pas trouvé un seul qui ôtât à Riquet la gloire d'avoir inventé le plan du Canal, ou qui même admît quelqu'un à la partager avec lui. Tous les journaux publiés à cette époque, nomment Riquet, et ne nomment que lui. Tous les poètes le célèbrent seul, soit en vers français, soit en vers latins (1), soit même en vers languedo-

---

(1) Parmi ces poètes, le P. Vanières, natif de Béziers,

ciens. Ce ne sont point des autorités graves que celle des poètes ; mais lorsqu'ils s'accordent tous à dire la même chose, on peut les regarder comme les échos de l'opinion commune.

Cette possession paisible de la gloire, attachée au titre d'inventeur, s'est perpétuée en faveur de Riquet cent trente ans après sa mort, sans avoir été interrompue. Et comment auroit-elle pu l'être? est-ce sur des témoignages contemporains? Tous ceux qui avoient été rendus publics, se réunissoient pour la confirmer. Est-ce sur la tradition orale de quelques vieillards? Mais alors le témoin qui l'auroit recueillie, auroit dû nommer ces vieillards, et faire connoître leurs droits et

---

et écrivant à côté du Canal son *Prædium rusticum*, mérite d'être cité comme un témoin digne de foi. Voici comment il s'exprime :

> Hæc tua laus, Riquete ; suo tibi Blittera civi
> Divitias urbisque decus : tibi Gallia debet
> Quo nihil ad regni splendorem grandius, usu
> Quo nihil uberius. Mutato flumina cursu
> Jussa novas intrare vias, diruptaque saxa
> Alcidem vetuere mori : vicere labores
> Herculeos quæ tu, per prodigiosa locorum
> Intervalla, mari gemino commercia præbes :
> Magnæ mentis opus.

les siens à la confiance publique. Est-ce enfin sur des Mémoires particuliers conservés dans le sein d'une famille ? Un examen impartial auroit dû en établir l'authenticité. Ces règles, d'une saine critique, ont-elles dirigé ceux qui ont publié, relativement au véritable auteur du Canal de Languedoc, une opinion contraire à celle des témoins contemporains ? C'est une discussion à laquelle nous sommes conduits par notre sujet, et que nous allons entreprendre sans y mettre aucun art : la vérité n'en a pas besoin.

Le premier écrivain qui ait contesté à Riquet l'invention du Canal de Languedoc, est M. Piganiol de La Force (1). Dans sa Des-

---

(1) « J. Ayme Piganiol de La Force, né en Auvergne » d'une famille noble, s'appliqua avec ardeur à la géo- » graphie et à l'histoire de la France. Pour se perfection- » ner dans cette étude, il voyagea en différentes pro- » vinces ; il en rapporta des observations importantes » sur l'histoire naturelle, le commerce et le gouverne- » ment de chaque province. Il mourut à Paris en 1753, » âgé de quatre-vingts ans. Sa Description de la France » est le meilleur des ouvrages qui aient paru jusqu'ici » sur cette matière, quoiqu'il renferme encore un grand » nombre d'inexactitudes et de bévues ». (*Nouveau Dictionnaire historique*, sixième édition, à Caen.)

cription de la France, publiée en 1718, il s'exprime en ces termes : « Le cardinal de » Richelieu avoit résolu l'exécution de ce » Canal; mais il en fut empêché par des » affaires encore plus importantes. Louis-le- » Grand nomma enfin des commissaires en » 1664, pour examiner de plus près la pos- » sibilité de cette grande entreprise, et sur » leur avis, le sieur Riquet, qui étoit pour » lors directeur des fermes en Languedoc, se » chargea de l'exécution de ce Canal sur le » plan et les mémoires du sieur Andréossy, » habile mathématicien, qui étoit pour lors » employé dans les gabelles de cette pro- » vince. Riquet fit travailler à ce grand ou- » vrage depuis l'an 1666 jusqu'en 1680 qu'il » fut conduit jusqu'à son entière perfection. » Il eut la gloire de l'achever avant sa mort, » et laissa à ses deux fils celle d'en faire le » premier essai en 1681.

» Andréossy avoit reconnu, en prenant le » niveau, que Naurouse, près de Castelnau- » dary, étoit l'endroit le plus élevé entre les » deux mers; il en fit le point de partage, et » y pratiqua un bassin, dont on distribua » les eaux par le moyen d'une écluse du côté

» de l'Océan, et par le moyen d'une autre du
» côté de la Méditerranée.

» On trouva de grandes difficultés dans
» l'exécution de ce magnifique ouvrage, l'iné-
» galité du terrein, les montagnes, les rivières
» et torrens qui se rencontrent dans la route,
» sembloient rendre ce projet inutile; mais
» Riquet, aidé des lumières d'Andréossy,
» remédia à tous ces inconvéniens ».

Cette narration de M. Piganiol a été litté-
ralement transcrite dans le Dictionnaire géo-
graphique d'Expilly, et dans la légende d'une
Carte de Languedoc gravée à Lyon par Bail-
leul. Ainsi ces trois autorités n'en font qu'une;
et il leur manque l'indispensable appui d'une
autorité contemporaine. Piganiol étoit à peine
né, lorsque Riquet étoit mort : ce n'est point
un témoin oculaire. De qui donc a-t-il appris
les détails nouveaux qu'il a donnés le premier, et sur quelle preuve établit-il leur
vérité? Il faut l'avouer ; il n'en rapporte aucune. De plus, il paroît avoir été mal informé
des principales circonstances de cette entreprise : qu'on en juge par cette seule remarque. « On auroit pu, dit-il, épargner une partie
» de la dépense, si l'on avoit voulu joindre
» ce Canal à celui de Narbonne, qui avoit

» été fait par les Romains, et qui n'est qu'à
» une lieue du Canal royal; mais Riquet étoit
» de Beziers, et préféroit l'utilité du lieu de
» sa naissance à celle de toute la province ; il
» priva Narbonne, Carcassonne et Toulouse
» des avantages de ce Canal ». En lisant cette
observation, il est impossible de ne pas souscrire au jugement que les auteurs du nouveau Dictionnaire historique portent sur le livre de M. Piganiol : « Il renferme, disoit-
» il, un grand nombre d'inexactitudes et de
» bévues ». Le P. J. Lelong en a relevé quelques-unes, telles que celle d'avoir fait de M. de Riquet un directeur des finances, et de M. Andréossy, un employé des gabelles.

La Bibliothèque historique de ce savant oratorien, sur le sujet qui nous occupe, donne des notions plus précieuses à recueillir. Cet écrivain parle d'abord d'un manuscrit antérieur à la construction du Canal, où se trouvent les arrêts du conseil de 1663 et de 1665, ainsi que la lettre par laquelle Colbert reconnoît Riquet pour auteur du nouveau projet de joindre les deux mers.

Il fait connoître ensuite un second manuscrit intitulé : *Descritione del Canal reale, da Francesco Andreossy, in-4°.* avec figures.

« Cette description, dit-il, est indiquée au n°. 16369 du Catalogue du maréchal d'Es- trées. Andréossy, habile mathématicien, étoit l'ingénieur de M. Riquet; il dressa les mémoires et le plan du Canal ». Il résulteroit de cette notice, que M. Andréossy prenoit, dans son manuscrit, la qualité d'ingénieur de M. de Riquet, et que sans prétendre avoir formé le projet du Canal, il se bornoit à dire qu'il en avoit dressé les mémoires et le plan. C'est du moins, ainsi que le P. Lelong l'a entendu, puisqu'en citant dans le même volume un manuscrit concernant le Canal de l'Ourque, il dit que ce Canal *fut commencé en 1677 par M. de Riquet, auteur et inventeur du Canal de Languedoc* (1).

---

(1) *Extrait de la Bibliothèque historique, par J. Lelong, tome premier.*

« N° 928. Pièces sur un Canal de l'Ourque à Paris, commencé en 1677 par M. de Riquet, auteur et inventeur du Canal de Languedoc.

» Elles sont au greffe de la ville de Paris, et entre les mains de M. de Riquet. Les lettres-patentes du mois de juillet 1676, qui donnent une idée du projet, permettent de faire construire un Canal avec des ports autour de la ville de Paris, pour servir de refuge aux

C'est aussi dans le même sens, qu'il paroît naturel d'interpréter une assertion de M. Zendrini, italien, et auteur d'un Traité sur les eaux courantes (1). « Je n'ai, dit-il, d'autre
» objet, en citant le Canal de Languedoc,

» bateaux dans le temps des glaces et des grosses eaux,
» débarrasser la rivière de Seine, et en rendre la navi-
» gation plus commode, nettoyer les égouts, augmenter
» le nombre des fontaines publiques, &c., se servant
» des eaux de la rivière d'Ourque prises au-dessus de la
» terre de Gesvres, et conduites par un Canal navi-
» gable, &c.

» En conséquence de ce privilége, M. de Riquet fit
» commencer les travaux depuis le bourg de Lizy jus-
» qu'à Meaux. Il y employa environ 400,000 liv. ; mais
» sa mort, arrivée en 1680, arrêta un travail si utile.

» Le projet, par rapport à Paris, fut repris d'une
» autre façon vers 1736, par M. le comte de Caraman,
» son petit-fils. Le Canal alors devoit aller de la rivière
» du Crou au-dessus de Saint-Denis jusqu'à la pointe
» de l'Arsenal.

» N° 929. Mémoire sur le projet d'un Canal de Dieppe
» à Pontoise et à Paris ».

(Les pièces sont entre les mains de MM. de Riquet.)

« Il en fut question de nouveau en 1717, de concert
» avec M. Riquet de Caraman ».

(1) Loix et phénomènes, règles et usage des eaux courantes, par B. Zendrini. *Venise,* 1761.

» que de faire connoître à quel point s'est
» élevé l'esprit humain dans la manœuvre et
» la conduite des eaux, et jusqu'où s'est
» étendue la puissance de Louis XIV, pour
» rendre le commerce florissant. On attribue
» le mérite de ce grand ouvrage à Paul Riquet,
» qui le fit exécuter sur les projets du mathé-
» maticien Andréossy ». Et comment auroit-
on attribué à Riquet le principal mérite d'un
ouvrage, dont il n'eût été que le simple entrepreneur ?

Le P. Frisi, autre géomètre italien, a, comme M. Zendrini, négligé de citer ses garans, lorsqu'en 1772, il a classé de la manière suivante les divers coopérateurs du Canal (1). « Andréossy, dit-il, fut celui qui
» en donna l'idée ; Riquet en dirigea presque
» toute l'exécution. Mais quoique Riquet fût
» doué d'un très-grand génie, il n'avoit pas
» assez de lumières et des connoissances suf-
» fisantes pour connoître plusieurs défauts
» de construction. M. le maréchal de Vauban
» a remédié à tout cela ; et la perfection du
» Canal est due à la supériorité de ses lu-

---

(1) Traité des Rivières et Torrens, par le P. Frisi, barnabite. *Paris,* 1772.

» mières ». L'historien du Canal du Midi, qui a cité ce passage du P. Frisi, a très-bien prouvé que ce savant avoit été mal informé de la part que M. de Vauban avoit eue au perfectionnement du Canal. Mais puisque le P. Frisi s'est trompé au sujet de Vauban, comment serions-nous certains qu'il ne s'est pas mépris encore, en attribuant à M. Andréossy la première idée du Canal? S'il a écrit sur des mémoires particuliers, puisqu'ils ont été inexacts dans une partie, nous n'avons aucune raison de les croire plus exacts dans une autre; et s'il a écrit sans mémoires, quelle confiance peut mériter le témoignage d'un étranger sur un fait qui s'est passé cent ans avant lui? C'est néanmoins une chose à remarquer, que la manière dont il caractérise les trois personnes qu'il met en parallèle. Il appelle l'un par son nom, sans rien ajouter qui puisse désigner ses talens. Il accorde à Riquet un très-grand génie; et il décerne à Vauban la supériorité des lumières.

Ajoutons ici une note assez curieuse écrite par M. de Paulmy sur son exemplaire de l'ouvrage du P. Frisi (1). « Son Traité des Canaux

---

(1) Bibliothèque de l'Arsenal. *On n'a lu cela que dans le P. Frisi.* Ces mots sont très-remarquables dans la

» navigables, dit-il, donne une histoire som-
» maire des grandes entreprises des modernes
» en ce genre. Tous les canaux de l'Italie,
» de la France, de la Hollande, de l'Angle-
» terre, de la Russie, de la Suède, y sont
» mentionnés avec une juste et pleine mesure
» d'éloge. Mais le P. Frisi ne laisse pas perdre
» de vue un moment, que les Italiens sont
» parmi les modernes les inventeurs de cette
» science, et les maîtres des autres nations.
» Je crains même qu'il n'aille trop loin.
» Riquet, selon lui, n'a fait, dans le Canal
» de Languedoc, qu'exécuter l'idée d'An-
» dréossy, (on n'a lu cela que dans le P. Frisi).
» Selon lui encore, Vauban n'a fait qu'appli-
» quer à trois cent trente-trois places des
» idées répandues çà et là dans des livres ita-
» liens. Cette érudition est un peu suspecte
» de vanité nationale ».

Si néanmoins l'opinion des deux savans italiens, quoique dénuée de preuves, pouvoit acquérir quelque poids par la réputation de leurs connoissances en hydraulique, nous leur opposerions le témoignage de Belidor, juge de l'art aussi compétent qu'eux,

---

bouche d'un homme qui avoit prodigieusement lu, et qui savoit plus d'anecdotes que personne en France.

et témoin plus croyable des faits dont il a été plus à portée de s'instruire. Voici comme il s'exprime : « Quoique le dessein d'une entre-
» prise aussi hardie eût déjà été conçu sous
» les règnes précédens, M. Riquet n'a pas
» moins eu le mérite de mettre son projet en
» état de ne laisser aucun doute sur l'infailli-
» bilité du succès, et d'être parvenu, sous la
» protection de M. Colbert, qui fut frappé
» de la supériorité de son génie, à surmonter
» les obstacles que lui ont opposés ceux dont
» les intérêts personnels l'emportoient sur le
» bien public..... Sa Majesté donna à M. le
» chevalier de Clerville, le plus célèbre ingé-
» nieur qu'il y eût alors en France, la direc-
» tion des travaux, et à M. Riquet la qualité
» d'entrepreneur général. Après que ces mes-
» sieurs eurent fait de concert le devis d'un
» projet aussi vaste, tout se mit en mouve-
» ment pour son exécution. La communica-
» tion des deux mers fut entièrement achevée
» au bout de quinze ans de travail. Mais par
» une fatalité assez ordinaire aux auteurs des
» grandes entreprises, qui est de n'avoir pas
» la satisfaction de jouir de leurs succès,
» M. Riquet fut privé de voir faire le pre-

» mier essai de son Canal, étant mort en
» 1680 (1) ».

A ce témoignage de Belidor, on peut joindre encore celui d'un autre ingénieur français, M. Baviller, qui, chargé en 1723 par le Roi d'inspecter le Canal, l'exprime ainsi dans son rapport : « Le détail dans lequel » nous allons entrer au sujet du Canal royal, » pourra donner une idée de la supériorité » du génie de M. Riquet, son auteur. Il n'a » pas été moins grand dans son projet que » dans son exécution ; il a trouvé les moyens » de fournir à la dépense d'un dessein aussi » vaste, et de l'achever en bien peu de » temps (2) ».

Il seroit ridicule de discuter sérieusement une historiette rapportée dans un recueil intitulé : *Amusement de dames*; elle ne seroit jamais parvenue à notre connoissance, si le nouvel historien du Canal du Midi ne lui avoit fait l'honneur de la réimprimer et même d'y croire. Suivant lui, *elle dévoile*, *avec le*

---

(1) Architecture hydraulique, par Belidor, 1754, tome 2.

(2) Procès-verbal de la visite du Canal royal, par M. Baviller, ingénieur du Roi. *Nanci*, 1724.

ton et les détails que donne la certitude, un fait que des ouvrages plus sérieux n'ont fait qu'indiquer (1). Or ces détails, que donne la certitude, commencent par une erreur de date bien singulière. « Un Italien de grand
» génie, raconte l'écrivain, passant par Tou-
» louse vers le milieu du règne de Louis XIV,
» y vit M. Riquet; il l'entretint de la jonc-
» tion des deux mers comme d'une entreprise
» dont l'issue n'étoit pas si difficile qu'on se
» l'imaginoit; et il l'assura, que s'il pouvoit
» compter sur une certaine somme, il en
» viendroit à bout ». Le milieu du règne de Louis XIV répond à l'année 1680, c'est-à-dire à l'époque où Riquet avoit déjà fini son entreprise et sa vie.

L'Encyclopédie méthodique offre à ce sujet deux articles, qui, placés dans deux parties différentes, diffèrent aussi en plusieurs points. L'un est dans le volume de l'Histoire; et nous le croyons rédigé par M. Gaillard. L'autre est dans la partie militaire, et fut écrit pour l'édition de Genève, par M. de La Lande. Nous allons les transcrire l'un et l'autre. Voici d'abord celui qui se trouve dans la partie de l'Histoire.

---

(1) Histoire du Canal du Midi, page 352.

« Pierre-Paul de Riquet, seigneur de Bon-
» repos, fut un de ces génies rares dont les
» spéculations ne se bornent pas au bonheur
» de leur famille, mais qui ont la passion
» d'être utiles à leur patrie. Ainsi la commu-
» nication des deux mers qu'il conçut avant
» l'année 1660 fut achevée en 1681 par les
» soins et par le courage infatigable qui lui
» fit surmonter des obstacles invincibles en
» apparence. Cet homme extraordinaire, et
» qui unissoit les plus grandes vertus aux
» talens naturels qui l'avoient fait géomètre,
» a eu le bonheur de quadrupler les avan-
» tages de l'agriculture, et les richesses de la
» partie méridionale du royaume.... Ce cal-
» cul donne une idée des avantages dûs au
» génie de M. de Riquet : aussi M. le maréchal
» de Vauban, ayant été chargé d'examiner
» cet ouvrage, M. de Riquet l'accompagna
» dans sa visite ; mais étant arrivé au réser-
» voir de Saint-Fériol, il s'apperçut que M. de
» Vauban redoubloit d'attention ; ce qui l'in-
» quiéta beaucoup. Il lui demanda le sujet
» de ses réflexions : M. de Vauban répondit,
» qu'il manquoit à ce grand ouvrage une
» chose essentielle qui avoit été oubliée ; et
» après avoir joui un peu de l'embarras de

» M. de Riquet, M. de Vauban finit par lui
» dire avec grace, que l'on auroit dû placer
» à cet endroit la statue de l'homme illustre
» qui avoit conçu et exécuté un projet aussi
» grand que celui du Canal de Languedoc ».

Plaçons à côté de cet article, celui qui, d'abord imprimé dans l'Encyclopédie de Genève, a été conservé dans la partie militaire de l'Encyclopédie méthodique. « Ce
» monument est comparable à ce que les
» Romains ont tenté de plus grand. Il fut pro-
» jeté en 1666, et démontré possible par un
» grand nombre d'opérations faites sur les
» lieux par M. Andréossy, qui travailloit
» par les ordres de M. Riquet.

» Pierre-Paul Riquet de Bonrepos eut la
» hardiesse de former cette entreprise, le
» courage de la suivre, et le bonheur de
» l'exécuter. L'ame élevée de Louis XIV em-
» brassoit volontiers de grandes choses; le
» zèle de Colbert, des projets utiles, une telle
» réunion devoit avoir de grands effets. Ce
» fut en 1660 que le Roi nomma des commis-
» saires pour examiner le Canal proposé.
» L'édit donné à Saint-Germain au mois
» d'octobre 1666, autorisa l'exécution de ce
» projet.

» M. Riquet, occupé de ce beau projet,
» parcourut les environs de Saint-Papoul et
» de Castelnaudary; quelques vallons de la
» montagne Noire conduisoient les eaux à
» l'orient, et quelques autres à l'occident.
» Cette disposition désignoit l'emplacement
» du point de partage. Il n'étoit encore se-
» condé que par un fontenier nommé maître
» Pierre, dont les connoissances ne suffi-
» soient pas à la grandeur de l'entreprise.
» M. Riquet eut recours au sieur Andréossy,
» fils d'un Italien, alors employé dans les
» gabelles. Celui-ci, versé dans les mathéma-
» tiques et dans l'hydraulique, reconnut les
» vallons par lesquels on pouvoit conduire
» et rassembler en un même lieu les eaux de
» la montagne Noire; il s'en assura d'abord
» par le nivellement; ensuite par l'expérience
» que M. Riquet fit à ses dépens, en faisant
» creuser, sur une longueur de plusieurs
» lieues, un petit Canal qui amena aux Pierres
» de Naurouse des eaux que la nature avoit
» jusqu'alors conduites à l'Océan, et d'autres
» eaux qui descendoient vers la Méditerranée.

» Lorsqu'on eut démontré au grand Col-
» bert la possibilité d'amener des eaux en
» assez grande abondance au rocher de Nau-

» rouse, le Roi fit faire le devis des travaux
» par M. le chevalier de Clerville, commis-
» saire général des fortifications du royaume,
» qui étoit alors un des plus célèbres ingé-
» nieurs, et l'exécution du projet fut résolue.

» Une des plus grandes difficultés de cette
» entreprise, étoit d'avoir, même en été,
» des eaux supérieures au sommet du Canal
» et au bassin de Naurouse, et c'est ici que
» MM. Riquet et Andréossy ont montré le
» plus d'intelligence, d'activité et de pa-
» tience.

» Cette percée de montagne (la montagne,
» ou pour parler plus exactement, le très-
» petit monticule de Malpas) n'étoit point
» dans le premier dessin de MM. Riquet et
» Andréossy; mais comme ils avançoient leur
» ouvrage sans projet arrêté, le niveau les
» conduisit contre cette montagne qu'ils se
» résolurent à percer, pour ne pas faire un
» trop grand circuit.

» M. Andréossy de Luc, qui dirigea ce
» grand ouvrage, en fit graver les plans dans
» le dernier siècle, et les dédia à Louis XIV...
» On est surpris de ne pas trouver en Lan-
» guedoc une description complète du Canal,
» et de n'y pas voir la statue de MM. Riquet

» et Andréossy, auteurs de cette entreprise.
» Ce fut, du moins, ce que dit M. le maréchal
» de Vauban, lorsqu'il visita le Canal pour la
» première fois ».

Il manquoit à de pareils détails d'être appuyés sur des témoignages authentiques et contemporains. L'histoire est le jugement de la postérité; il ne peut être prononcé qu'après un examen scrupuleux des témoins et des titres. C'est ce qu'a pensé M. de La Lande, auteur de ce dernier article de l'Encyclopédie. Jaloux de n'attester que la vérité, il a regardé (1) comme un devoir de remonter à

---

(1) Voici à ce sujet une note de l'Histoire du Canal du Midi. « On se demandera toujours pourquoi M. de » La Lande qui, dans l'article CANAL de l'Encyclopédie » écrit en 1772, associe F. Andréossy à la gloire de » Riquet, n'en parle qu'une seule fois et incidemment » dans son Histoire du Canal de Languedoc publiée en » 1778..... M. de La Lande nous explique cette ano» malie ».

Voici l'explication de M. de La Lande telle qu'il l'a adressée aux auteurs du *Publiciste*. Paris, le 26 brumaire an XIII.

« En rendant compte de l'Histoire du Canal du Midi, » les journalistes supposent que le général Andréossy est » le seul qui jusqu'à présent ait décrit exactement ce » fameux Canal. Vous avez pu le penser, puisque l'au-

l'origine de ces traditions, pour découvrir ce qui pouvoit les rendre dignes de foi. C'est aux archives du Canal qu'il est allé en étudier l'histoire, et rassembler les matériaux nécessaires pour l'écrire. Il s'est bien convaincu que les notices dont il avoit formé son article de l'Encyclopédie, étoient inexactes et défectueuses. L'erreur involontaire dans laquelle il étoit d'abord tombé, est un préjugé de plus en faveur de l'opinion, que ses recherches très-étendues lui ont fait adopter. Il a reconnu que Riquet étoit le seul auteur du Canal de Languedoc.

» teur ne fait pas mention de la description que j'ai don-
» née en un volume *in-folio* en 1778 (qui se trouve
» chez Barrois). C'est un bien grand mépris pour un si
» grand ouvrage ; mais j'en ai trouvé la raison à la
» page 358 : c'est que je n'ai pas parlé de François
» Andréossy, qui se trouve aujourd'hui le seul auteur
» du Canal. Riquet n'est plus qu'un entrepreneur ; le
» chevalier de Clerville un ignorant et un fripon, le
» grand Colbert, un ministre prévenu et mal instruit.
» Mais mon excuse est fort naturelle ; j'ai eu entre les
» mains tous les mémoires originaux de la bibliothèque
» de MM. de Caraman et de la bibliothèque nationale.
» Je n'ai trouvé nulle part le nom de François Andréossy.
» On cite des mémoires manuscrits dont je ne pouvois
» avoir connoissance, et des auteurs qui n'ont parlé

M. de La Lande a fait connoître tous les canaux navigables en général, c'est l'objet de son ouvrage ; mais il s'est attaché particulièrement à donner une histoire exacte du Canal de Languedoc, et une excellente description de ses diverses parties. Elles y sont représentées dans de magnifiques planches, et ce livre a paru sous les auspices des Etats de Languedoc. C'est un monument élevé à la gloire de l'art, et quoique l'auteur ait eu la modestie de rappeler la différence qui existe entre ce genre de travail et ses occupations habituelles, il n'en a pas moins de droits à la confiance de ses lecteurs, soit par

---

» que par ouï-dire : je n'ai jamais ouï parler d'Andréossy » aux ingénieurs du Canal, ni aux savans du Langue- » doc ; et M. de Caraman a cité, dans le Journal de » Paris du 17 brumaire, une Carte de 1669, qui prouve » qu'Andréossy n'avoit aucune prétention, du moins » pendant la vie de Riquet. Au reste, l'idée du Canal » étoit ancienne ; elle a été saisie par un homme de génie, » dont l'activité, le crédit, la fortune, le courage ont » surmonté tous les obstacles. Sans doute il falloit à » Riquet quelqu'un pour faire ses nivellemens et con- » duire ses ouvriers ; mais on ne croira jamais, sans » preuves, sur la parole de son arrière-petit-fils, » que c'est là le créateur du Canal. — *Signé*, DE LA » LANDE ».

son aptitude personnelle à saisir tout ce qui tient aux siences exactes, soit par son habitude de recherches historiques, soit par les secours qu'il s'est procurés. En effet, il suffit de remarquer, que son livre a été revu avec soin par les ingénieurs du Canal de Languedoc.

La même exactitude historique distingue un fragment des annales de la ville de Toulouse, où l'on a décrit le Canal qui aboutit à cette ville. Ce morceau précieux a été rédigé sur un Mémoire de M. Mercadier, archiviste du Canal. Ce Mémoire lui-même existe encore : aucun fait n'y a été rapporté sans être étayé d'un titre. Quand de pareils juges, en examinant les pièces originales, ont reconnu dans M. Riquet le seul inventeur du Canal, à qui peut-il rester encore des doutes ?

Et nous aussi, nous pourrions citer les traditions orales. Les héritiers des coopérateurs de Riquet existent encore ; quelques-uns sont employés dans l'administration de ce Canal, qui occupa si long-temps leurs aïeux. Tous se plaisent à ne reconnoître d'autre inventeur que Riquet.

Qu'il nous soit permis de placer ici le portrait de cet homme célèbre, tel qu'il a été

tracé par un des employés du Canal, qui, devenu membre du Conseil des Anciens, entendit à ses côtés quelques orateurs contester à Riquet une partie de sa gloire. Son opinion est d'autant plus remarquable, qu'elle n'est suspecte (1) d'aucune partialité en faveur des descendans de Riquet. « Sans doute,
» disoit-il, Pierre-Paul Riquet rendit à sa
» patrie le service le plus signalé : né avec un
» génie transcendant et une ame forte, il fut
» un des hommes les plus extraordinaires du
» dernier siècle; il parvint à exécuter le mo-
» nument le plus merveilleux de l'industrie
» humaine, monument aussi peu connu en
» France, qu'il est envié par l'Europe. Il fut
» aussi grand dans la partie morale, que dans
» la partie physique du Canal; il sut s'asso-
» cier de bons collaborateurs dans un temps
» où ils étoient rares; et quoi qu'on dise à cet
» égard, ce choix ne peut qu'ajouter à sa

---

(1) M. Dupont de Nemours rend compte de cette opinion de M. Maragon dans le n° 328 de l'*Historien*. « M. Maragon, disoit-il, propose de rompre le contrat
» exécuté depuis un siècle au très-notable avantage de
» la nation; de couvrir Riquet de gloire, et de ruiner
» sa famille. Il vous propose d'envoyer le père au Pan-
» théon, et les enfans à l'hôpital ».

» gloire. Les finances du royaume étoient au » dernier degré d'épuisement ; il donna les » moyens de trouver les fonds nécessaires à » la construction de cet ouvrage immense, » sans pressurer le peuple, sans exciter le » moindre murmure. Il eut beaucoup à souf- » frir de la part des envieux et des contradic- » teurs.... En un mot, ce fut un grand homme. » Le Canal du Midi parle assez haut pour sa » gloire ».

Ce que cette discussion a d'heureux pour nous, c'est qu'elle nous offre enfin l'occasion d'en fixer exactement les limites. Chaque jour, des livres succèdent à des livres ; les uns copient les autres ; et la confusion qui naît de leur multitude, empêche souvent de discerner celui qui répète de celui qui dépose le premier. De là vient qu'on est quelquefois induit à regarder comme autant de témoins, ceux qui ont redit ce qu'un seul avoit dit avant eux. Ici, pendant soixante ans, tous les témoins contemporains ont décerné à Riquet, sans partage, la gloire de l'invention que personne ne lui avoit contestée. La première tentative pour l'en dépouiller n'a eu lieu qu'en 1718. M. Piganiol de La Force lui a donné un rival de sa propre autorité, et

sans l'étayer d'aucune preuve. Quelques écrivains ont répété cette allégation ; et ils forment une chaîne, dont le premier anneau ne se rattache à aucune opinion contemporaine. Nous n'en dirons pas davantage ; c'est assez pour la mémoire de Riquet, que d'avoir renfermé cette discussion dans un cercle dont, suivant les apparences, elle ne sortira plus.

CHAPITRE VII.

Examen d'un Mémoire de M. François Andréossy, publié récemment. — Cartes du Canal de Languedoc, publiées par le même Auteur. — Légende et épître dédicatoire de ces Cartes. — Examen de quelques probabilités au sujet du véritable inventeur du Canal. — Court résumé de cette discussion.

Il nous reste à examiner la réclamation que M. le Général Andréossy a formée en faveur de son bisaïeul. Aucun intérêt d'état ou de fortune n'est lié pour lui à une semblable discussion : elle eût été écartée de cet écrit, si elle avoit pu compromettre le moindre de ses avantages personnels. La gloire est acquise à un prix trop cher, lorsqu'elle ne peut l'être sans causer à quelqu'un un assez grand préjudice.

Suivant le nouvel historien du Canal du Midi, « François Andréossy, l'ingénieur de » ce Canal, se vit enlever la gloire d'en être » l'inventeur, par Paul Riquet, qui en avoit

» été l'entrepreneur, et le crédit obtint les
» honneurs et les récompenses auxquels le
» génie seul avoit droit de prétendre ». C'est
ainsi que la proposition est nettement énoncée dans la première édition de l'Histoire du Canal du Midi. Pour la prouver, il semble que l'auteur, *fort*, comme il le dit, *des nombreux témoignages qui déposent en faveur de François Andréossy,* va en rapporter de tellement imposans, qu'ils ne laisseront aucun doute. Néanmoins il se borne à citer des vieillards qu'il ne nomme point; et des écrivains qui, postérieurs au siècle de Louis xiv, et ne s'appuyant sur aucune autorité, ne peuvent eux-mêmes en former une: ce qu'il faut sur-tout remarquer, c'est que malgré les nombreuses recherches auxquelles il paroît s'être livré, il n'a pas découvert un seul témoin contemporain qui ait attribué à son bisaïeul l'invention du Canal de Languedoc.

Le seul titre qu'il ait pu faire valoir en sa faveur, est un écrit émané de M. François Andréossy lui-même (1). C'est une espèce de

---

(1) « *Extrait des mémoires concernant la construction*
» *du Canal royal de communication des deux mers*

compte qu'il se rend, et dans lequel il fait l'histoire de la part qu'il a eue à l'invention

» Océane et Méditerranée, en Languedoc, par François
» Andréossy, en 1675.

» Plusieurs raisons d'intérêt m'ayant éloigné de Paris
» pour me fixer en Languedoc auprès de M. de Riquet,
» j'eus occasion de lui parler d'un projet du Canal de
» communication des mers pour cette province, que
» j'avois à peine ébauché. Cet ouvrage fut présenté à
» M. de Riquet en 1660, dans un temps où l'art de
» conduire et de conserver les eaux étoit à peine
» connu en France. Ce petit essai se sentant de ma trop
» grande jeunesse et de mon peu d'expérience, fut ce-
» pendant jugé très-avantageusement par M. de Riquet ;
» mais ne pouvant m'instruire, en profitant des fautes
» qu'on auroit pu faire dans la conduite d'un Canal
» exécuté, je fus obligé de devenir créateur, et mon
» plus grand embarras a toujours été de persuader ceux
» qui ne pouvoient ou ne vouloient m'entendre.

» Le premier projet que j'ai fait pour joindre les
» deux mers, ne prouvoit seulement que la possibilité
» de son exécution ; il manquoit à cette idée d'enseigner
» les moyens d'en surmonter les obstacles.

» Au commencement de l'année 1660, je fis un
» voyage à Lucques, en Italie, pour recueillir la suc-
» cession de signora Claire Massei, femme de J. B. An-
» dréossy, sénateur de la république de Lucques. Je
» parcourus, avec autant de plaisir que d'intérêt, la
» patrie de mes ancêtres, et visitai très-attentivement

du Canal. Cet écrit, entièrement ignoré, a été publié, pour la première fois, en l'an

---

» tous les canaux dont ce beau pays abonde. La dé-
» couverte des écluses et des retenues d'eau faite dans le
» quinzième siècle, et mise en pratique dans le Padouan,
» prépara la jonction que Léonard de Vinci fit à Milan,
» des deux canaux navigables de l'Adda et du Tésin.
» Ces modèles m'ont fourni plusieurs matériaux que je
» rassemblai, et qui m'ont servi pour faire le projet du
» Canal de Languedoc, que je ne pouvois perdre de
» vue. A la fin de l'année 1660, à mon retour en France,
» je fis part à M. de Riquet de mes observations sur les
» canaux que je venois de visiter; je détaillai différens
» ouvrages hydrauliques, qui pouvoient s'adapter à
» toute espèce de Canal de navigation. Ces observations
» firent impression sur M. de Riquet, et depuis ce mo-
» ment, il a toujours cru à la possibilité du Canal de
» jonction des deux mers en Languedoc.

» Il manquoit à M. de Riquet, pour former un projet
» de cette étendue, les connoissances préliminaires des
» mathématiques; quoique doué d'un esprit vif et fin
» qui le décidoit bientôt pour tout ce qui est vrai, son
» âge déjà fort avancé, son éducation totalement con-
» traire au seul mot science, l'ont toujours empêché
» de donner de son chef un projet. Mais il lui restoit le
» doux plaisir d'être utile à sa patrie; et c'est dans cette
» espérance qu'il a agi de tout son pouvoir, et mis en
» avant toute sa fortune, pour faire réussir un projet
» où tout autre que lui auroit peut-être échoué.

huit, par son arrière-petit-fils, qui en a garanti l'authenticité.

» Je m'occupai, dès aussi-tôt mon arrivée en Lan-
» guedoc, de mon premier projet du Canal, qui fut fini
» dans le mois de février 1664. Ce projet ne prouvoit
» seulement que la possibilité d'un Canal de navigation;
» le profil désignoit la longueur qu'il devoit avoir par
» retenues, l'emplacement et le nombre des écluses né-
» cessaires pour conduire les eaux du point de partage
» désigné à Naurouse, et que par différens nivellemens
» que j'avois pris, j'avois trouvé élevé de plus de six
» cents pieds au-dessus des deux mers. Je conduisois ce
» Canal du côté de Toulouse, depuis le point de par-
» tage jusqu'à la rivière de Lers, que je rendois navi-
» gable sur une assez grande étendue jusqu'auprès de
» la Garonne; et du côté de Carcassonne, je me servois
» de la rivière de Fresquel, que je rendois aussi navi-
» gable jusqu'au point où j'entrai dans l'Aude, dont je
» diminuois la rapidité par le moyen des écluses jusqu'à
» Moussoulens. A ce point, j'abandonnois la rivière
» d'Aude pour me servir de la Robine, où j'ajoutois
» quelques écluses pour conserver le niveau dans les
» différentes retenues jusqu'à Narbonne.

» Ce projet fut d'abord goûté par M. de Riquet, qui
» communiqua son enthousiasme à M. de Colbert, et
» celui-ci à son maître. On nomma, en conséquence,
» des commissaires, des experts, des niveleurs et des
» arpenteurs pour procéder à la vérification des endroits
» par où devoit passer le Canal projeté. Cette vérifica-

En le réimprimant nous-mêmes, nous allons y joindre un commentaire et un sup-

» tion fut commencée à Toulouse le 17 décembre 1664,
» et finie le 10 janvier 1665.

» L'avis des experts fut que la possibilité du Canal
» étoit suffisamment reconnue. Celui des commissaires
» étoit, qu'avant d'entreprendre ce grand ouvrage, il
» conviendroit de tracer une rigole de deux pieds de
» large pour faire couler une partie des eaux du ruis-
» seau de Sor jusqu'au point de partage situé entre
» Naurouse et la fontaine de la Grave ; et de ce point
» de partage, d'une part, jusqu'à Toulouse, et de
» l'autre, jusqu'à Narbonne.

» Ce rapport, fait avec tant d'appareil, étoit plus
» imposant que savant, et démontra, 1°. que les experts
» avoient raison de reconnoître la possibilité d'un Canal
» de communication, et 2°. que les commissaires ne
» connoissoient seulement pas l'état de la question. En
» effet, puisque la fontaine de la Grave auprès de Nau-
» rouse, partageoit ses eaux entre l'Océan et la Médi-
» terranée, le point de partage du Canal étoit trouvé ;
» il ne s'agissoit donc plus que de ramasser un assez
» grand volume d'eau des différens ruisseaux de la mon-
» tagne Noire, et de le conduire à Naurouse pour s'as-
» surer de la réussite du Canal. De plus, la rivière de
» Fresquel se jetant dans l'Aude, l'essai d'une rigole
» depuis Naurouse jusqu'à Narbonne, étoit de toute
» inutilité pour prouver la possibilité du Canal, attendu
» que le cours de ces deux rivières le prouvoit naturelle-

plément, qui ne sera pas inutile. Dans ce mémoire, M. François Andréossy annonce

---

» ment, sans avoir recours, pour s'en convaincre, à
» une rigole factice : de même, du côté de Toulouse, la
» rivière de Lers se jetant dans la Garonne, la question
» de savoir si Naurouse étoit plus élevé que les rivières
» de Lers et de Fresquel, se trouvoit résolue. Ces rai-
» sons, que je présentai plus au long dans un mémoire
» détaillé que je remis aux commissaires, et auxquelles
» ils ne purent répondre, furent présentées à M. de
» Colbert par M. de Riquet. Il fut en conséquence or-
» donné à M. le chevalier de Clerville, commissaire-
» général des fortifications de France, de dresser un
» devis des ouvrages à faire pour un Canal communi-
» quant de l'Océan à la Méditerranée dans la province
» de Languedoc.

» Au commencement de l'année 1665, M. le chevalier
» de Clerville s'occupa du devis dont il étoit chargé : il
» parcourut la montagne Noire pour s'assurer des sources
» d'eau qu'il étoit nécessaire de rassembler, et de con-
» duire jusqu'à Naurouse pour alimenter le Canal. Il
» parcourut ensuite les points par où devoit passer le
» Canal de communication depuis Naurouse jusqu'à
» Toulouse, d'un côté, et jusqu'à Narbonne de l'autre.
» Je l'accompagnai dans tous les endroits où j'avois dési-
» gné la route que ce Canal devoit tenir suivant mon pro-
» jet. Il parut si satisfait de mon idée, qu'il m'en demanda
» copie, et m'engagea à m'occuper du devis, pour savoir

d'abord, *que plusieurs raisons d'intérêt l'éloignèrent de Paris pour le fixer en Lan-*

» à-peu-près la somme à laquelle devoit monter ce grand
» ouvrage.

» Mon intention étoit de ne point me défaire de mes
» papiers; mais j'y fus engagé par M. de Riquet, qui
» voyoit clairement que M. de Colbert ne vouloit en-
» tendre parler de l'exécution de ce Canal, qu'au-
» tant que M. le chevalier de Clerville, premier ingé-
» nieur de France, lui remettroit un devis qui démon-
» treroit non-seulement la possibilité, mais encore l'uti-
» lité du Canal à construire.

» Le projet et devis du Canal que j'avois fini au com-
» mencement de l'année 1664, fut remis, en ma pré-
» sence, à M. le chevalier de Clerville par M. de Riquet,
» en 1665, et a servi à cet ingénieur pour former son
» premier devis du Canal de communication au com-
» mencement d'octobre 1666. Dans le rapport qu'il en
» fit au Roi, il ne fut point fait mention de l'auteur ni
» de M. de Riquet. Ce défaut de mémoire, pour un com-
» missaire-général qui avoit tout crédit auprès du Roi
» et de son Ministre, m'engagea à me tenir en garde
» contre toutes les attaques qui m'ont été faites. Je ne
» réclamai point mon projet, parce que, dans le fond,
» je le trouvois peu susceptible d'être exécuté, attendu
» les inconvéniens des rivières qui devoient servir de
» canaux sur plus des deux tiers de la longueur du
» Canal. Je travaillai de nouveau à faire un second devis,
» que j'entortillai de manière que la route que devoit

guedoc auprès de *M. de Riquet*. Cette phrase laisse quelque chose à deviner. Etait-ce

» tenir le Canal fût trouvée impraticable dans l'exécu-
» tion. Je jugeai que c'étoit le seul moyen de mettre en
» défaut les talens de M. de Clerville. M. de Riquet,
» après avoir approuvé mon idée, me recommanda le
» plus grand secret, afin d'empêcher les commissaires
» du Roi de se mêler, en aucune manière, de ce grand
» ouvrage; et afin de conserver par ce moyen, non-
» seulement la gloire de l'invention, mais encore celle
» de l'exécution, s'il avoit le bonheur d'en avoir l'en-
» treprise générale. Dès ce moment, les intérêts de M. de
» Riquet et les miens furent inséparables.

» Il ne me restoit, pour unique ressource, qu'à faire
» échouer le devis, *signé le chevalier de Clerville*. Pour
» y réussir, il falloit en présenter un meilleur; mais la
» crainte où j'étois que mon travail ne lui fût renvoyé
» pour en dire son avis, et qu'il ne s'appropriât le fond
» de mon ouvrage, fut cause que je ne pris point ce
» parti. Je me déterminai donc, après avoir consulté
» M. de Riquet, à morceler le devis général que je divisai
» en deux parties. La première comprenoit depuis Tou-
» louse jusqu'à trois cent cinquante toises au-dessus du
» pont de Trèbes, et les rigoles de la montagne Noire
» pour conduire les eaux de différens ruisseaux au point
» de partage. Je laissois la seconde partie depuis Trèbes
» jusqu'à Narbonne, à la prudence et au savoir du com-
» missaire-général, sans m'expliquer, en aucune ma-
» nière, des différentes routes que j'avois déjà projetées,

comme ingénieur, qu'il étoit venu se placer auprès de Riquet? Mais comment ce dernier

---

» et qui n'étoient connues, dans ce temps, que de moi
» seul. Ce qui m'obligea à garder un profond silence,
» c'est que je savois positivement que M. de Colbert
» trouvoit qu'il étoit d'une absolue nécessité que tous
» les devis du Canal fussent faits et présentés par M. de
» Clerville. Je fus convaincu, dès ce moment, que
» toute la gloire de mon travail, si je le mettois au jour,
» seroit réservée au commissaire-général, que l'entre-
» preneur en auroit tout le profit, et qu'il ne me reste-
» roit, pour mon lot, que la peine de l'exécution, après
» en avoir démontré le premier la possibilité.

» La première adjudication du Canal, depuis la
» Garonne jusqu'à trois cent cinquante toises au-dessus
» du pont de Trèbes, sur l'Aude, fut adjugée à M. de
» Riquet, le 14 octobre 1666. Mon premier soin fut
» d'exposer un nouveau projet qui fît oublier à jamais
» celui de M. de Clerville. J'établis des principes jus-
» qu'alors inconnus en France; je démontrai, 1°. que
» la meilleure manière d'entreprendre, avec le plus grand
» succès, la construction du Canal de communication
» des mers en Languedoc, et l'unique moyen pour en
» venir à bout, étoit de rassembler les eaux des différens
» ruisseaux de la montagne Noire, qu'on appelle Alzau,
» Coudier, Cautamerle, Bernassonne, Lampy, Lan-
» pillon, Rieutort et Sor, lesquels ruisseaux se jettent
» partie dans la rivière d'Aude, et partie dans l'Agout.

» 2°. De réunir et de conduire toutes ces eaux par le

eût-il appelé un ingénieur auprès de lui, s'il n'eût été occupé d'un projet, pour lequel

» moyen d'une rigole excavée, une partie dans la mon-
» tagne, et l'autre partie dans la plaine, jusqu'à Nau-
» rouse, point de partage, et par conséquent le plus
» élevé du Canal à construire.

» 3°. De faire un seul bassin dans le vallon de Laudot,
» au lieu appelé Saint-Fériol, au-dessus du vallon de
» Vaudreuille, pour tenir en réserve une assez grande
» quantité d'eau pour fournir aux besoins de la naviga-
» tion d'un Canal entièrement tracé dans l'intérieur des
» terres, afin de pouvoir rejeter les rivières de Lers et
» de Fresquel sujettes à de fréquentes inondations, e
» capables, par conséquent, d'ensabler le Canal dans la
» plus grande partie de sa longueur, sans pouvoir le
» recreuser qu'avec des grappins ou pontons, ne pou-
» vant détourner les rivières de leur cours naturel.

» *Nota.* Ma première idée fut d'établir un magasin
» d'eau au vallon de Lampy; mais après avoir comparé
» les volumes d'eau que devoient contenir les deux bassins
» de Lampy et de Saint-Fériol, qui étoient dans le rap-
» port de 1 à 3, Lampy fut rejeté, et il ne fut plus ques-
» tion que de Saint-Fériol.

» 4°. De construire un Canal depuis Naurouse jusqu'à
» la Garonne, en conservant la hauteur du terrain pour
» le mettre à l'abri des inondations des rivières et ruis-
» seaux.

» 5°. De tracer un Canal depuis Naurouse jusqu'à
» trois cent cinquante toises au-dessus du pont de Trèbes

un tel secours eût été utile? Et quel autre projet eût pu l'occuper que celui de la jonc-

» (sur l'Aude) dans l'intérieur des terres, en laissant
» Fresquel sur la gauche.

» Tous ces moyens donnoient occasion de changer en
» tout ou en partie les différens points de la première adju-
» dication de M. de Riquet; ce qui occasionna le change-
» ment de la route du Canal auprès de Castelnaudary,
» au lieu de suivre le cours de la rivière de Fresquel,
» porté sur le devis, la construction du bassin de Saint-
» Fériol, au lieu de douze ou quinze réservoirs portés
» dans le devis, &c. Ce projet prévalut, et M. de Cler-
» ville ne fut point consulté cette fois, parce que M. de
» Riquet offrit à M. de Colbert d'exécuter cette idée de
» préférence à celle portée dans le devis, aux mêmes prix
» et conditions, pourvu qu'on le laissât maître de tra-
» vailler selon ses connoissances, et qu'il ne fût détourné
» dans ses opérations par aucun commissaire qui pût
» l'obliger à tenir la route du premier projet. M. de Col-
» bert acquiesça à toutes les demandes faites par M. de
» Riquet, et dès-lors le ministre ne connut que lui seul
» pendant l'exécution de cette partie du Canal.

» En 1668, M. de Riquet sollicita, avec instance,
» M. de Colbert pour faire procéder au second devis du
» Canal qui restoit à exécuter, depuis trois cent cinquante
» toises au-dessus du pont de Trèbes jusqu'à l'étang de
» Thau, sans rendre navigable la rivière d'Aude, laquelle
» se trouvant sujette à de grandes inondations, risquoit
» de rendre le Canal impraticable la plus grande partie

tion des mers ? Ce n'eût donc point été par occasion que M. Andréossy eût présenté à Riquet un plan de canal ; ou il faudroit supposer que d'autres fonctions l'avoient attiré en Languedoc.

Quoi qu'il en soit, il est difficile de concilier les diverses circonstances de son récit avec les époques constantes dans l'Histoire du Canal. Ainsi, c'est en 1662 que Riquet fit à M. Colbert ses premières propositions ; c'est en 1663 qu'un arrêt du Conseil ordonna l'examen de son projet. L'art étoit déjà assez avancé en France pour qu'on pût

---

» de l'année, et sujet à un entretien trop considérable.
  » M. le chevalier de Clerville se rendit en conséquence » à Trèbes, et parcourut les endroits par où le Canal » devoit passer ; il désigna la route qu'il devoit tenir, » dans un devis contenant vingt-huit articles. Le Canal » devoit 1°. traverser la rivière d'Aude par le moyen » d'une chaussée, à trois cent cinquante toises au-dessus » du pont de Trèbes ; 2°. le Canal repassoit cette même » rivière avec de semblables moyens, auprès du village » de Puicherie.
  » Il étoit aussi essentiel pour moi que pour M. de » Riquet, que M. de Clerville s'en tînt à cette idée, et » qu'il formât son devis en conséquence, parce qu'il » étoit très-aisé, en combattant ce projet, d'en présenter » un meilleur et beaucoup moins dispendieux, mais

en suivre l'exécution. Déjà le Canal de Briare offroit des écluses destinées à faire monter et descendre les bateaux, et entretenues par les eaux de sept étangs qui répondoient à un point de partage situé entre la Loire et la rivière de Loing. Déjà même, sous le règne de Henri iv, et dans tous les projets antérieurs à celui de Riquet, les Pierres de Naurouse avoient été désignées comme le point de partage des eaux entre l'Océan et la Méditerranée. Ce n'étoit donc ni à la connoissance de ce point, ni à celle des écluses, que tenoit la possibilité du Canal. Mais ce qui avoit occupé vainement tous les faiseurs de pro-

» comme M. de Riquet vouloit se charger de cette entre-
» prise à forfait depuis Trèbes jusqu'à l'étang de Thau,
» il accepta les conditions portées dans le devis de M. le
» chevalier de Clerville, avec la condition expresse de
» pouvoir changer la route du Canal désignée par le
» devis, si la nécessité l'y obligeoit pendant la construc-
» tion de cet ouvrage. Sa proposition fut acceptée.

» Il ne restoit plus qu'à donner un projet pour la con-
» tinuation du Canal depuis trois cent cinquante toises
» au-dessus du pont de Trèbes, jusqu'à l'étang de Thau,
» sans me servir d'aucune manière de la rivière d'Aude;
» et de faire ensuite un état estimatif de la dépense à
» laquelle devoient monter ces deux projets, pour en
» pouvoir faire la comparaison ».

jets, ce qui seul en pouvoit rendre l'exécution praticable, c'étoit d'amener l'eau en quantité suffisante au point de partage; c'est ce que Riquet prétendit avoir découvert; et il le déclara en présence des commissaires, des experts et des hommes d'art, parmi lesquels étoit M. François Andréossy lui-même. « Les experts, est-il dit dans le procès-verbal » de 1664, ont représenté aux commissaires, » qu'à moins d'amener d'autres eaux au point » de partage, il n'y avoit pas moyen de faire » un Canal de navigation. Alors M. Riquet » a dit, que par son dessin on a pu voir » *qu'il avoit découvert,* dans la montagne » Noire, des eaux qu'on pouvoit conduire à » la fontaine de la Grave; que tous ceux qui » depuis tant de siècles avoient proposé la » construction d'un Canal, ne s'en étoient » jamais apperçu, attendu qu'elles étoient fort » cachées; et presque hors de vraisemblance » de pouvoir être amenées à la fontaine de la » Grave; que néanmoins, il y avoit fait passer » le niveau, et croyoit que la chose étoit » possible ».

Ce fut une heureuse conception, que celle d'emprunter à la montagne Noire les eaux qu'il falloit rassembler à Naurouse. C'est

l'idée mère du Canal, c'est le trait de l'inventeur; et s'il falloit renoncer même aux témoignages des contemporains, la simplicité avec laquelle Riquet s'attribua publiquement le mérite de cette découverte, présente le plus sûr caractère de la vérité.

M. François Andréossy assure de son côté, qu'il a fourni le projet dont la vérification fut faite par *des commissaires, des experts, des niveleurs et des arpenteurs*. Par quel hasard a-t-il oublié de marquer qu'il a été lui-même un de ces niveleurs et arpenteurs : c'étoit une circonstance assez remarquable, que celle de l'auteur d'un projet, admis lui-même au nombre de ceux qui devoient le vérifier. Comment a-t-il pu négliger de faire mention du devis dressé par les experts, et du plan que lui-même avoit levé de concert avec Cavalier? Cette omission paroît inconcevable.

Mais M. François Andréossy, après avoir remarqué *qu'il avoit été obligé de devenir créateur, et que son plus grand embarras avoit toujours été de persuader ceux qui ne vouloient ou ne pouvoient l'entendre*, semble ne s'être expliqué clairement qu'après le 14 octobre 1666. « Alors, dit-il, j'établis des

» principes jusqu'alors inconnus en France;
» je démontrai, 1°. que la meilleure manière
» d'entreprendre, avec le plus grand succès,
» la construction du Canal, et l'unique moyen
» pour en venir à bout, étoit de rassembler
» les eaux des différens ruisseaux de la mon-
» tagne Noire; 2°. de réunir et de conduire
» toutes ces eaux par le moyen d'une rigole
» jusqu'au point de partage, &c. ». Mais
cette démonstration avoit été faite par Riquet
dans le procès-verbal de 1664; elle avoit été
vérifiée par les experts, et confirmée en 1665
par l'expérience de la rigole d'essai.

L'historien du Canal du Midi a fait graver
dans sa seconde édition, une Carte qui, suivant lui, « indique le premier projet du
» Canal : c'est, dit-il, celle qui fut présentée
» à Colbert, mise sous les yeux du Conseil,
» et livrée à l'examen de la commission nom-
» mée en 1664 pour la vérification du projet.
» Cette Carte n'a jamais été publiée ; elle a
» été trouvée dans la famille, dans un tas
» de papiers qu'on croyoit inutiles ; elle
» n'existe point à la Bibliothèque impériale ;
» et je doute qu'elle se trouve aux archives du
» Canal. Elle prouve qu'il y avoit, dès l'ori-
» gine, un projet arrêté; on y voit, en effet,

» non-seulement l'intention, mais le tracé
» du projet de la direction des canaux de
» dérivation de la montagne Noire jusqu'au
» point de partage, la position de ce point,
» son élévation au-dessus des deux mers, le
» nombre et l'emplacement des écluses, et
» les longueurs des retenues, la position des
» aqueducs, et enfin les deux seuils. Ces der-
» niers points et celui de partage des eaux
» donnoient la direction du Canal, indi-
» quoient conséquemment les points inter-
» médiaires, et faisoient connoître la nature
» des terrains dans lesquels il devoit être
» creusé, élément essentiel pour l'estimation
» du devis ».

Cette description ne s'accorde guère avec l'idée du dessin soumis au Conseil, telle que Riquet l'a donnée dans le procès-verbal de 1664. « Le sieur Riquet, y est-il dit, a exposé
» une copie du dessin par lui remis à nos-
» seigneurs du Conseil, et a exposé qu'encore
» qu'il ne soit pas fort régulier, il explique
» assez sa pensée ; s'étant plus curieusement
» appliqué à rechercher les eaux de la mon-
» tagne Noire pour fournir ledit Canal, et les
» chemins pour les conduire au point de par-

» tage et distribuer dans Garonne et Aude
» qu'à toute autre chose ».

En effet, Riquet, dans son dessin, avoit fait aboutir le Canal dans le bras de la Garonne qui sert de décharge aux moulins du Bazacle. Les commissaires et les experts décidèrent que l'embouchure du Canal devoit être placée cent toises plus bas que l'île des Moulins. C'est ainsi qu'elle est marquée dans la Carte que l'historien du Canal du Midi a fait graver. Donc cette carte n'est pas le plan que Riquet avoit présenté au Conseil d'État.

Riquet, dans son dessin, suivoit le cours du petit Lers. Les commissaires déterminèrent que, pour éviter l'inconvénient des sinuosités et des débordemens de cette rivière, on *traceroit un Canal de navigation le long du Lers*. Riquet, dans son dessin, avoit indiqué l'Aude, comme devant, au moyen de quelques écluses, servir à la navigation. Les commissaires décidèrent qu'il falloit abandonner le cours de cette rivière; et ils *chargèrent les experts de faire toute diligence pour trouver les moyens de mener et de construire un canal hors du lit de l'Aude, en se servant de ses eaux*. Et c'est ainsi que la route du Canal est tracée dans la Carte gravée par

les soins du général Andréossy. Donc cette Carte n'est pas le plan que Riquet avoit présenté au Conseil.

Qu'est-ce donc que cette carte? C'est une copie du plan qui fut levé par ordre des commissaires. Le 23 décembre 1664, ils ordonnèrent *aux experts de faire le devis de tous les ouvrages nécessaires pour la navigation, et aux géomètres de faire le plan dudit Canal avec les dimensions nécessaires.* Le 19 janvier 1665, les commissaires examinèrent le devis du Canal *qui leur avoit été remis par les experts, et le plan géométrique qui en avoit été dressé avec exactitude.* Ce plan, auquel on peut donner indifféremment la date de la fin de 1664 ou du commencement de 1665, a été annexé au recueil des pièces originales concernant le Canal de Languedoc, et est conservé à la Bibliothèque impériale. Ce plan est en deux cartes : l'une est signée par Cavalier et Andréossy ; l'autre ne porte que le nom de Cavalier ; elle représente la côte de la mer aux environs de Narbonne, par où l'on vouloit alors diriger le Canal.

La première carte est d'une proportion un peu plus grande que celle qui est gravée

dans l'Histoire du Canal du Midi sous la date de 1664; mais le tracé de la direction du Canal y est le même; les ruisseaux, les rivières affluentes, la direction des canaux de dérivation de la montagne Noire, y sont désignés de la même manière. Les lieux par où le Canal devoit passer, y sont aussi marqués et figurés en perspective, quoique d'une manière un peu différente quant au dessin.

La principale différence entre les deux cartes, est que dans celle de la Bibliothèque impériale, on n'a marqué ni emplacement d'écluses, ni longueurs de retenues. L'espèce de profil qui désigne ces objets sur la carte gravée en 1804, n'est qu'un dessin figuré, destiné uniquement à présenter à l'œil une idée des échelons à monter pour arriver de la Garonne à Naurouse, et des degrés à descendre de l'autre côté du point de partage. On n'y voit point indiquée l'élévation du point de partage au-dessus des deux mers. Cette donnée eût été véritablement importante pour déterminer le nombre des écluses. Il est très-singulier, que si la carte gravée est réellement antérieure au plan levé en 1665, ce plan soit moins complet quant à la désignation des détails du

projet. L'étonnement augmente encore, lorsqu'on voit que l'un des auteurs de ce plan est le même M. François Andréossy, dans la famille duquel s'est trouvée la carte publiée récemment sous la date de 1664.

Quoi qu'il en soit, des cartes quelconques dessinées à cette époque, soit par Cavalier, soit par M. Andréossy, soit par d'autres, ne prouvent rien dans la discussion élevée sur l'invention du projet. On peut en conclure seulement, que Riquet a employé diverses personnes pour dessiner ses plans. Mais ces plans étoient de son invention, et c'est M. François Andréossy qui a eu soin de nous en laisser la preuve. Il existe dans le dépôt des Relations extérieures une carte de la rigole qui servit comme d'essai au projet du Canal. Elle est intitulée : « Plan géométrique » de la rigole *faite de l'invention de mon-» sieur Riquet*, pour conduire les rivières » de la montagne Noire au point de partage, » afin de montrer la possibilité de la com-» munication des mers par Garonne et Aude » en Languedoc, 1666, par François An-» dréossy ».

Et cependant, en lisant le mémoire de M. François Andréossy, on n'y découvre

qu'un seul objet, celui de s'attribuer l'invention du Canal. « Il manquoit, dit-il, à
» M. de Riquet, pour former un projet de
» cette étendue, les connoissances prélimi-
» naires des mathématiques. Quoique doué
» d'un esprit vif et fin qui le décidoit bien-
» tôt pour tout ce qui est vrai, son âge déjà
» avancé, son éducation totalement contraire
» au mot science, l'ont empêché de donner
» un projet de son chef. Mais il lui restoit le
» doux plaisir d'être utile à sa patrie, et c'est
» dans cet espoir qu'il a mis toute sa fortune
» en avant pour faire réussir un projet, où
» tout autre que lui auroit peut-être échoué ».

Après avoir tracé ce portrait, l'écrivain a senti qu'il seroit inconcevable qu'un homme aussi évidemment incapable de former un aussi grand projet, s'en fût déclaré publiquement l'inventeur, tandis que le véritable auteur sembleroit avoir confirmé l'usurpation par son silence. Ce silence avoit besoin d'être expliqué. « M. de Riquet, continue
» l'écrivain, après avoir approuvé mon idée,
» me recommanda le plus grand secret, afin
» d'empêcher les commissaires du roi de se
» mêler en aucune manière de cet ouvrage ;
» et afin de conserver par ce moyen, non-

» seulement la gloire de l'invention, mais
» même celle de l'exécution, s'il avoit le
» bonheur d'en avoir l'entreprise générale ».
Ainsi Riquet étoit alors regardé comme ayant
la gloire de l'invention; et pour qu'il la pût
conserver, M. Andréossy se vouoit au plus
profond silence.

Ce n'est point assez d'un rival, M. Andréossy en trouve un autre dans M. de Clerville. Il le peint comme un homme jaloux de s'approprier le travail d'autrui, incapable de juger les plans qu'on lui présente, et se hâtant d'y mettre son nom, quoiqu'ils soient inexécutables. M. de Clerville a été le prédécesseur immédiat de Vauban dans la charge de commissaire-général des fortifications; pendant vingt ans, il a dirigé les travaux soit des ports, soit des forteresses. Tous les projets des grands ouvrages exécutés en France à cette époque, lui ont été soumis par Colbert; et lorsqu'on se rappelle avec quel discernement Louis XIV choisissoit dans chaque partie les homme les plus capables, on peut, sans témérité, croire au mérite de M. de Clerville. Jamais cet homme, si avide d'usurper la gloire due à l'inventeur du Canal, n'a prétendu y avoir le moindre droit.

Jamais il ne s'est même montré jaloux de faire prévaloir ses idées dans l'exécution de l'ouvrage. Dans ses devis, il annonce que la pratique et l'expérience indiqueront des changemens nécessaires; il les laisse à la prudence de l'entrepreneur. Si ces changemens exigent une augmentation de dépense, alors le commissaire du roi se réserve le droit d'être consulté. Et comment a-t-il usé de ce droit? Toutes les fois que Riquet a cru devoir corriger dans l'exécution les plans de M. de Clerville, il n'a éprouvé de sa part aucune opposition; le concert le plus parfait a toujours existé entre eux; la présence de M. de Clerville étoit desirée par l'auteur de ce grand projet, et c'est avec son secours que Riquet fixoit la confiance de Colbert et du Roi.

Quel est donc le tort de M. de Clerville? *c'est de n'avoir nommé dans son premier rapport ni M. Andréossy, ni M. Riquet.* Quant à ce dernier, le tort n'est pas inexcusable. M. de Clerville donnoit son avis sur le rapport d'une commission nommée pour examiner le projet de M. Riquet. Il étoit inutile de rappeler cette circonstance qui n'étoit ignorée de personne. Mais pour M. Andréossy,

l'oubli de son nom ne peut être excusé qu'en le supposant ignoré de M. de Clerville.

Une autre phrase non moins remarquable est celle où M. Andréossy rend compte de la manière dont il cacha la seconde partie de son plan à M. de Clerville. « Ce qui m'obligea, » dit-il, à garder le silence, c'est que je savois » positivement que M. Colbert trouvoit qu'il » étoit d'une nécessité absolue, que tous les » devis du Canal fussent faits et présentés » par M. de Clerville ». Ce n'est pas sans doute un reproche adressé au ministre, puisque son devoir l'obligeoit à faire régler par un commissaire du Gouvernement les dépenses que le Roi devoit payer. « Mais, » ajoute M. Andréossy, je fus convaincu en » ce moment, que toute la gloire de mon » travail, si je le mettois au jour, seroit ré- » servée au commissaire-général, que l'en- » trepreneur en auroit tout le profit, et qu'il » ne me resteroit, pour mon lot, que la » peine de l'exécution ».

Puisque M. Andréossy a raisonné ainsi, il est évident qu'il n'a dû mettre son travail au jour, que lorsqu'il a été sûr de ne point en laisser la gloire à M. de Clerville, et le profit à M. Riquet. Aussi atteste-t-il que lors-

qu'il publia son projet, il *fit échouer le devis signé Clerville*. Mais par quelle fatalité un triomphe préparé avec tant d'art est-il demeuré inconnu? Et comment, au milieu de tant de témoins, M. Andréossy a-t-il été réduit à déposer seul dans sa propre cause? Comment concevoir que, si quelqu'un lui eût dérobé la gloire de son plan, il n'eût eu pour lot que la peine de l'exécuter? N'étoit-il pas le maître de la rejeter? Qui l'empêchoit de réclamer son propre ouvrage? Lui qui se montre dans cette note posthume si jaloux du titre d'inventeur, comment a-t-il souffert que M. Riquet le portât seul? comment a-t-il gardé le silence, tandis qu'autour de lui ceux qui dirigeoient ou partageoient les travaux du Canal, n'en attribuoient la conception qu'à Riquet? Supposerons-nous avec lui que, regardant ses intérêts comme inséparables de ceux de Riquet, il lui ait abandonné *non-seulement la gloire de l'invention, mais encore celle de l'exécution?* Cette abdication de l'amour-propre n'est pas inconcevable, tant que celui en faveur de qui elle a lieu, vit et peut en profiter. Mais Riquet mourut plusieurs années avant Andréossy; et s'il est vrai que *ce dernier ait eu à se plaindre des*

enfans de l'autre, si la reconnoissance de cette famille pour l'auteur d'un ouvrage qui la combloit tout-à-coup de richesses et de considération, devenoit un fardeau trop pesant pour elle, si elle aimoit à se dissimuler qu'elle dût à un étranger de si grands avantages ; si enfin M. Andréossy ne put voir avec indifférence disparoître le fantôme de sa renommée, comment ne s'est-il pas empressé de réclamer alors ses justes droits ? comment n'a-t-il pas alors publié cette note qu'il avoit écrite quelques années avant la mort de Riquet, et qui est restée dans son portefeuille jusqu'en 1800 ? C'est alors que sa réclamation auroit eu pour témoins et pour juges tous les compagnons de ses travaux, les Albus, les Goutigny, les Gilade, les Rousset ; et si elle eût été fondée, rien ne s'opposoit à ce qu'il la rendît publique : il n'avoit à craindre de blesser aucun amour-propre ; Colbert, Clerville et Riquet étoient morts, il pouvoit parler d'eux, comme l'Histoire (1).

―――

(1) *Lettre de MM. de Caraman aux Auteurs du Journal de Paris.*

Monsieur, dans votre feuille du 10 brumaire, vous

DE LANGUEDOC.

Et en effet, il en a parlé comme elle dans la seule occasion qu'il ait eue de s'expliquer publiquement sur le mérite de Riquet. Après la mort de ce dernier, il publia une nouvelle Carte du Canal de Languedoc; elle fut gravée en 1682 à Castelnaudary, où il étoit directeur particulier du Canal. La légende de cette Carte est en françois et en italien; tout,

---

avez répété que M. F. Andréossy étoit l'auteur du Canal de Languedoc, et qu'on lui devoit *ce monument, l'un des plus utiles et des plus magnifiques de l'empire.* Cette opinion, qui n'est appuyée sur aucune pièce authentique, n'a point été celle de ses contemporains; et c'est à Pierre-Paul Riquet que tous, sans exception, tels que MM. Colbert et d'Aguesseau, les commissaires du Roi, les agens des Etats, et même les simples historiens, tous ont attribué la gloire d'avoir conçu et achevé ce grand ouvrage. Nous nous proposons de publier incessamment les pièces originales qui le constatent.

Nous vous ferons simplement observer aujourd'hui, que dans une inscription gravée en 1667 sur les premières pierres de l'écluse de Toulouse, M. Riquet y fut qualifié d'inventeur de ce Canal.

Ludovico XIV *semper augusto regnante.... molem immensi alvei gemini maris Commercio suffecturi sustentaturum saxum, instante viro clarissimo Petro Riquet,* tanti operis inventore *posuerunt, anno 1667.*

Cette inscription fut imprimée la même année, dans une relation qui fut distribuée avec profusion dans toutes

en un mot, atteste qu'il y déposa ses véritables sentimens. La voici toute entière :

« Au lecteur,

» Ce n'est pas d'aujourd'hui que l'on a cru
» possible la jonction ou communication des
» mers : on est toujours demeuré d'accord
» qu'elle l'étoit même en plusiturs façons,

---

les parties de la France. M. Riquet y portait publiquement le titre d'inventeur du Canal. Il ne s'éleva aucune voix pour lui disputer cette gloire. Ce silence a quelque chose de remarquable.

Lorsqu'en 1669, le Canal fut en partie achevé, la Carte en fut dressée par M. François Andréossy, et il la dédia à Louis XIV : il termina ainsi son épître dédicatoire. « Votre Majesté permettra que je mette à ses pieds le » plan que j'ai tracé de ce prodigieux ouvrage, comme » ayant eu l'honneur d'y être employé pendant tout ce » travail, afin que s'il a quelque rapport à la sublimité » de ses idées, et le bonheur de lui agréer, je puisse me » vanter d'être le plus satisfait des hommes ». Ces expressions de M. F. Andréossy fixent bien nettement la part qu'il a eue *à ce prodigieux ouvrage; il a eu l'honneur d'y être employé pendant tout le travail.*

Si donc on ne consulte que les déclarations publiques de MM. Riquet et Andréossy, il en résulte que le premier a conçu le projet et que le second a participé à son exécution.

Nous aimons à penser qu'il s'est glissé quelque erreur

» sans sortir de la France, et sans aucune
» dépendance ni participation des pays voi-
» sins. La chose a été même souvent propo-
» sée sous les règnes d'Henri IV et de Louis XIII,
» de très-glorieuse mémoire. Mais soit qu'elle
» ait toujours été jugée trop difficile et de
» trop grande dépense, soit que ces grands
» princes aient eu des affaires plus pressantes,

dans les notes manuscrites, d'où l'on a conjecturé que les héritiers de M. Riquet avoient manqué de reconnoissance envers M. F. Andréossy. Il est certain qu'il occupa jusqu'à sa mort une place dans l'administration du Canal, et un emploi semblable a été depuis constamment rempli avec distinction, par ses descendans héritiers, de son mérite comme de son nom. Il a toujours existé entre eux et les successeurs de M. Riquet, des rapports non interrompus d'estime et de bienveillance.

Extrait de l'état général des principaux employés du Canal de Languedoc, nommés par les propriétaires du Canal.

MM. François Andréossy, directeur du département de Castelnaudary, de 1680 à 1686;

François Andréossy, fils, *idem* de 1686 à 1709.

Pierre Andréossy, receveur du département du Somail, en 1733.

Joseph Andréossy, directeur du même département, de 1732 à 1763.

Pierre Claude Andréossy, *idem en* 1767.

» soit que leurs ministres n'aient pas voulu
» s'y appliquer à bon escient, tant y a qu'elle
» a toujours été rejetée et comme réservée
» pour la gloire d'un Roi à qui Dieu a donné
» une si grande élévation de cœur et d'es-
» prit, qu'on peut dire, avec vérité, qu'il
» n'entreprend que des choses extraordi-
» naires, et qu'il ne fait les communes que
» d'une manière fort au-dessus du commun.

» M. Riquet, qui en avoit digéré dès long-
» temps la pensée et reconnu la possibilité,
» ayant fait l'ouverture à monseigneur de
» Colbert, il fut assez heureux pour la lui
» faire goûter, en lui faisant voir les avan-
» tages qui en pouvoient résulter pour le
» royaume, par la facilité du commerce, et
» lui expliquant les difficultés qui s'y ren-
» controient avec les moyens qu'il y avoit
» de les surmonter. Ce grand Ministre, qui
» veille incessamment à la gloire de son Roi
» et aux intérêts de l'Etat, et qui ne laisse
» point échapper d'occasions de les procurer,
» ne manqua point d'en informer Sa Majesté,
» qui n'ayant pas moins d'ardeur pour tout
» ce qui peut rendre son règne heureux et
» florissant, l'écouta fort volontiers, mit
» l'affaire en délibération; et l'ayant conclue,

» en donna la commission générale à M. Ri-
» quet comme à la personne du monde qu'il
» en croyoit la plus capable : et l'on voit au-
» jourd'hui, par l'événement, qu'il ne s'est
» pas trompé, puisqu'il a surmonté tous *les*
» *obstacles qui se sont rencontrés* (1) *tant de*
» *la part des hommes à qui la plupart on ne*
» *fait du bien que malgré eux, que de la*
» *part de la nature qu'il a toujours fallu*
» *combattre et toujours forcer* pour achever
» ce grand ouvrage : et si c'est sur ce pied
» que l'on doit mesurer l'obligation que lui
» en a toute la France, il est sans doute qu'il
» ne jouira jamais lui-même que d'une très-
» petite partie du fruit que ce travail lui de-
» vroit produire, à moins que de concevoir
» par anticipation d'esprit ceux qu'en doit
» recevoir toute la postérité et la reconnois-
» sance qu'elle en aura dans la suite des
» temps. Je ne dis rien du détail de cet ou-
» vrage ; le devis qui borde cette Carte doit
» servir à cela. Mais quelque discours qu'on
» en puisse faire pour en donner l'intelli-
» gence, il est certain qu'il n'y a que ceux

---

(1) Cette dernière phrase de la légende est citée dans l'Histoire du Canal du Midi par le général Andréossy.

» qui le voyent qui soient capables de l'ad-
» mirer au point qu'il le mérite ».

Que peut-on desirer de plus? c'est M. François Andréossy lui-même qui, par un témoignage public, a annullé d'avance les assertions de sa note inédite; et c'est lui que nous opposons à lui-même.

N'oublions pas de remarquer que si M. Andréossy eût été l'auteur du plan suivi dans la seconde partie du Canal, la Carte qu'il publia en 1669 se seroit encore trouvée exacte après l'achèvement entier de cet ouvrage; et cependant la seconde édition de sa Carte diffère entièrement de la première, non-seulement dans les détails, mais même dans la direction du Canal.

L'épître dédicatoire à Louis XIV est également imprimée dans l'une et l'autre Carte. L'historien du Canal du Midi a cru y trouver une preuve de ce fait, le principal objet de son ouvrage; c'est-à-dire, *que son aïeul a conçu et fourni les idées relatives à la construction du Canal.* Une courte analyse de cette épître mettra nos lecteurs à portée d'en juger eux-mêmes. L'auteur y débute par appeler le Canal de jonction des deux mers le *prodige de l'art*. On peut louer ainsi les

productions d'un autre ; on est plus modeste sur les siennes ; et cette emphase avec laquelle l'écrivain vante le Canal, feroit seule présumer qu'il ne prétendoit pas alors en avoir donné le projet. Il félicite ensuite Louis XIV d'avoir réuni les deux mers sous le joug d'un heureux hyménée, et d'avoir fait construire ce Canal immense où se devoit bientôt consommer ce grand mariage, le souhait de tous les siècles passés, l'étonnement de tous les siècles futurs : « Vos
» peuples, ajoute-t-il, se flattent de l'espé-
» rance d'en recueillir de grands fruits, et
» d'en jouir avec plaisir à l'abri d'une si haute
» protection. C'est le sentiment de tous vos
» sujets ; c'est le sujet de tous leurs vœux :
» et comme je n'en puis mieux juger que par
» moi-même, Votre Majesté me permettra,
» s'il lui plaît, que je l'en assure au nom de
» tous, et que pour gage de mon zèle et de
» ma fidélité en mon particulier, je mette
» sous ses yeux le plan que j'ai tracé de ce
» prodigieux ouvrage, comme ayant eu l'hon-
» neur *d'y être employé pendant tout ce tra-*
» *vail,* afin que s'il a quelque rapport à la
» sublimité de ses idées, et le bonheur de lui
» agréer, je puisse me vanter d'être le plus

» satisfait des hommes, aussi bien que d'être
» de Votre Majesté, &c. ».

C'est dans ces mots, *s'il a quelque rapport à la sublimité de ses idées*, que l'historien du Canal du Midi découvre la preuve que le plan du Canal étoit de l'invention de son aïeul; *car s'il n'en étoit pas le créateur, en quoi le rapport de ce plan avec la sublimité des idées de Louis XIV auroit-elle pu rendre François Andréossy le plus satisfait des hommes ?* Ce raisonnement est réfuté par la lecture entière de l'épître; la pompe du style, et les ornemens que l'auteur recherche, donnent de l'exagération à sa pensée; mais là où il est simple, c'est dans l'énonciation formelle de la part qu'il a prise à *ce prodigieux ouvrage*; c'est d'y avoir été *constamment employé depuis le commencement de ce travail*.

On a desiré, à cette occasion, de déterminer à quelle époque François Andréossy avoit été appelé auprès de Riquet. Les archives du Canal n'ont fourni aucun renseignement précis à cet égard. Le nom d'Andréossy paroît pour la première fois dans le procès-verbal des commissaires assemblés au mois de novembre 1664, pour examiner le

projet de Riquet. Ces commissaires appellent des experts *et personnes savantes et expérimentées*. Ils leur adjoignent, pour travailler sous eux, quatre géomètres, savoir, les sieurs Andréossy, Pelafigue, Cavalier et Bressieux. Il n'est pas naturel de penser que si Andréossy eût été déjà l'ingénieur de Riquet, il eût été admis au nombre de ceux qui devoient préparer le jugement des commissaires. Que dans une discussion entre des particuliers, chacun d'eux nomme des experts, ce sont des arbitres qu'ils se donnent. Mais que le Gouvernement voulant faire examiner un projet important, *appelle, pour en vérifier la possibilité, celui-là même qui l'auroit fait*, c'est contraire aux règles vulgaires de la prudence. Riquet se plaignoit de ce que les commissaires et les experts lui cachoient le résultat de leur examen. Est-il vraisemblable que ces commissaires, si réservés à son égard, eussent, d'un autre côté, porté la confiance jusqu'à mettre en part de leurs opérations son ingénieur lui-même? Une lettre de Riquet à M. Colbert, que nous avons citée dans le second chapitre, semble indiquer que François Andréossy n'a commencé à travailler auprès de lui qu'après

l'adjudication de la première entreprise. Cette indication est même confirmée par ces mots de la note manuscrite d'Andréossy : *Alors mes intérêts devinrent inséparables de ceux de M. Riquet*. De part et d'autre, c'est la même époque.

Que reste-t-il donc de cette accusation si solennellement intentée contre la mémoire de Riquet ? Elle est unanimement contredite par tous les témoins contemporains. La note manuscrite, trouvée dans les papiers de François Andréossy, et publiée cent vingt ans après sa mort, étoit présentée comme devant servir de pièce de conviction. Et cependant cette note est annullée par les déclarations publiques de celui même auquel elle est attribuée. Ainsi lorsqu'en 1666, Fr. Andréossy dessina le cours de la rigole destinée à conduire jusqu'au point de partage les eaux de la montagne Noire, il l'intitula : *Plan géométrique de la rigole faite de l'invention de M. Riquet.* Ainsi lorsqu'en 1669 il publie sa première Carte du Canal, il y trace, depuis Trèbes jusqu'à Cette, une route entièrement différente de celle que Riquet a suivie ; et il détruit d'avance cette assertion de sa note, par laquelle il se dé-

clare auteur de ce dernier plan. Ainsi lorsqu'en 1682 il donne sa seconde Carte du Canal, il en attribue le projet à M. Riquet, qui déjà n'existoit plus; il exalte sa capacité, et lui rend ce beau témoignage: « *M. Riquet* » a surmonté tous les obstacles qui se sont » rencontrés tant de la part des hommes, à » qui la plupart on ne fait de bien que mal- » gré eux, que de la part de la nature qu'il a » fallu toujours forcer et combattre pour » achever ce grand ouvrage ». Est-ce de cette manière que l'on s'exprime au sujet d'un usurpateur qui nous a ravi le bien dont l'amour-propre nous rend le plus jaloux (1)? Est-ce après sa mort, qu'on reconnoît publiquement ses titres de gloire, et *la juste obligation que lui a toute la France*, et qu'on promet à sa mémoire *la reconnoissance de la postérité*?

---

(1) La Fontaine a dit avec autant de finesse que de vérité :

L'or se peut partager, mais non pas la louange.

CHAPITRE VIII.

Rapports du Gouvernement avec l'administration du Canal de Languedoc. — Régime intérieur de cette administration. — Tous les directeurs établis et nommés par les propriétaires seuls. — Leurs fonctions et la distribution des travaux. — Régie des finances du Canal. — Receveurs et contrôleurs nommés par les propriétaires. — Fonds de réserve, et exemple de leur utilité. — Résultat général du plan d'administration établie par les propriétaires du Canal. — Conclusion de l'ouvrage.

Lorsque le Conseil de Louis XIV, voulant assurer à la fois la construction du Canal de Languedoc et son entretien perpétuel, eût préféré au système d'une régie publique celui d'une propriété particulière, une loi de l'Etat transporta à Riquet tous les droits du Roi sur les terreins acquis par lui, et régla le péage, dont le fonds devoit demeurer affecté aux réparations du Canal. Cet entretien fut la condition de la propriété. Il étoit juste de s'assurer par une inspection tou-

jours subsistante, qu'elle seroit remplie. C'est dans cet objet, qu'un agent du Gouvernement fut chargé chaque année d'inspecter le Canal.

De leur côté, les Etats de Languedoc, administrateurs de leur province, avoient le droit de surveiller un établissement, dans lequel ils avoient versé des fonds considérables, et duquel dépendoit la prospérité de leur agriculture et de leur commerce. Ils nommoient aussi un inspecteur, qui en faisoit chaque année la visite, et en rendoit compte à l'assemblée des Etats.

Cette double inspection avoit pour objet de reconnoître si les propriétaires du Canal l'entretenoient avec soin; elle servoit aussi à préparer les projets d'ouvrages relatifs à son amélioration, lorsque les dépenses devoient en être supportées en partie par les Etats ou par le Roi. Elle n'étoit point inutile à la conciliation des affaires contentieuses entre les propriétaires du Canal et les propriétaires riverains, lorsque de nouveaux ouvrages étoient commandés par la nécessité de la navigation.

Ce fut une idée utile, que d'ériger sur les bords du Canal même un tribunal de justice

civile et criminelle, pour assurer la conservation des ouvrages, la perception des droits, la liberté de la navigation, et la sûreté du commerce. Cette police vigilante, et cette justice prompte, prévenoient les délits, et terminoient les contestations aussi-tôt qu'elles étoient nées. Tous les officiers de ce tribunal étoient nommés par les propriétaires du Canal. Douze gardes, chargés de l'exécution des sentences, avoient été établis par le même édit, qui avoit fondé cette juridiction : ils étoient aussi nommés par les propriétaires du Canal (1).

Voilà les rapports que la régie du Canal avoit avec l'administration générale des Etats et avec l'autorité royale. Son organisation intérieure avoit été réglée par les propriétaires seuls. Lorsque Riquet mourut, comme il avoit été le seul directeur général des travaux, ses héritiers le remplacèrent par un directeur général, sous lequel devoient travailler sept directeurs particuliers. Tous ces emplois furent créés par les propriétaires seuls ; et ils y ont nommé seuls. Ainsi leur administration étoit composée d'un direc-

---

(1) L'appel de ce tribunal étoit porté au parlement de Toulouse.

teur général, de sept directeurs particuliers, d'un contrôleur général, de huit contrôleurs particuliers, d'un receveur général, de dix-huit gardes et de cent éclusiers.

Le directeur général, le contrôleur général et le receveur général étoient fixés à Toulouse. Ils y formoient un conseil, qui rendoit compte aux propriétaires, de toutes les affaires du Canal, qui recevoit leurs décisions, et les transmettoit aux sept directeurs particuliers chargés de les exécuter. Ces sept directeurs avoient leurs résidences à Toulouse, Castélnaudary, Trèbes, le Somail, Beziers, Agde et Saint-Fériol.

Les directeurs particuliers avoient sous eux des contrôleurs pour les seconder dans leur travail; ils pouvoient en augmenter le nombre, lorsque le bien du service l'exigeoit.

Chaque ouvrage d'art, tel qu'un réservoir, une écluse, ou un épanchoir, avoit un garde particulier : ces emplois étoient à la nomination des directeurs; et ils avoient le droit de destituer les gardes qui remplissoient mal leurs fonctions.

On procédoit chaque année à la formation et à l'exécution des projets, soit pour l'entretien, soit pour l'amélioration du Canal.

Chaque directeur particulier dressoit l'état des dépenses à faire dans sa division. Cet état étoit vérifié sur les lieux, lorsque les propriétaires ou leur procureur fondé faisoient avec le directeur général l'inspection annuelle. Elle avoit lieu après l'ouverture de la navigation. Tous les projets étoient ensuite visés par le directeur général. Les propriétaires en déterminoient l'exécution, et en ordonnoient les dépenses. Lorsque les états étoient définitivement arrêtés par eux, ils étoient envoyés, six mois avant le chômage de la navigation, au directeur général, qui en transmettoit des extraits certifiés aux sept directeurs. Chacun d'eux les détailloit aux entrepreneurs et aux chefs d'ateliers par des instructions et des dessins : les contrôleurs recevoient un double de ces instructions; ils étoient chargés de surveiller l'exécution des travaux, de faire peser et mesurer les matériaux fournis par la régie du Canal, et de tenir un registre de la main-d'œuvre. Le double de ce journal étoit remis au directeur, qui le vérifioit ; il devoit lui-même assister aux opérations importantes, et se fixer auprès des grands ateliers.

Chaque directeur particulier étoit autorisé

à pourvoir, sans délai, aux réparations imprévues et urgentes : il rédigeoit les états des toisés d'après ses notes, et les journaux des contrôleurs signés des entrepreneurs. Comme il étoit responsable du succès des ouvrages, il avoit le droit de choisir les entrepreneurs, les contrôleurs, les chefs d'ateliers et les piqueurs. Ces trois dernières classes d'employés étoient, comme les autres, payées par des appointemens fixes.

L'entretien des ouvrages publics ne peut être confié par une administration publique, qu'à des entrepreneurs au rabais. Toute autre méthode est sujette à des abus. Il est néanmoins hors de doute que les ouvrages construits par économie sous les yeux d'un propriétaire, coûtent moins et sont plus solides que ceux exécutés par la voie de l'adjudication au rabais. Un entrepreneur ne peut gagner beaucoup, qu'en diminuant son travail. Son intérêt est d'en faire le moins possible; et il est par conséquent opposé à celui du public. Au contraire, le propriétaire cherche toujours à rendre ses ouvrages assez solides pour n'avoir jamais à les réparer; et c'est ainsi que, suivant une remarque de Riquet dans une de ses lettres à M. Colbert,

l'intérêt particulier d'une famille propriétaire, est le meilleur garant de l'intérêt général. Aussi les propriétaires du Canal avoient-ils rejeté le mode des adjudications au rabais. Ils s'attachoient, dans l'exécution des travaux, non à se procurer le meilleur marché, mais à donner le plus de perfection possible aux ouvrages. Une attention suivie à l'entretien journalier, évitoit quelquefois de grands accidens; mais s'il en survenoit d'extraordinaires, la meilleure économie aux yeux des propriétaires étoit de payer davantage, afin d'unir à la fois une plus grande célérité à une meilleure exécution. Ce n'étoit pas assez de réparer les désastres imprévus, il falloit prévenir ceux qui paroissoient simplement possibles. Des administrateurs publics seroient taxés d'une prévoyance chimérique, s'ils demandoient des fonds pour prévenir un danger incertain. Mais les propriétaires du Canal étoient conduits par l'honneur et l'intérêt, à faire souvent une dépense considérable pour prévenir un malheur regardé comme probable, quoique dans un grand éloignement.

C'est d'après le même système qu'ils avoient formé une régie pour rassembler d'avance

les matériaux les plus nécessaires à la solidité des ouvrages. Elle avoit à Castelnaudary un entrepôt de tous les bois destinés aux constructions exigées par le Canal. Les avantages qui en résultoient avoient fait naître l'idée d'en former de semblables pour les pierres, soit à Trèbes, soit à Agde. A Trèbes, ce magasin se seroit rempli en élargissant la partie du Canal qui est creusée dans le roc, et dont la voie est trop étroite. A Agde, l'exploitation des carrières voisines eût été dirigée de manière à ouvrir au Canal un débouché dans la rade de Brescou.

Les propriétaires du Canal s'étoient prescrit, dans leur administration, des règles générales dont ils ne s'écartoient jamais. Elles ont été tracées par l'un d'eux (1), dans un mémoire qui a été imprimé dans l'Histoire des Canaux navigables; nous en rapporterons ici un fragment.

« Lorsque les propriétaires du Canal feront
» leurs tournées, ils seront accompagnés du
» directeur-général et du contrôleur-général,

---

(1) M. de Caraman, lieutenant-général et commandant en Provence, principal propriétaire qui a administré pendant trente ans cette grande régie.

» du directeur du département, du cultiva-
» teur des terrains ou francs-bords, des jar-
» diniers chargés des plantations, des entre-
» preneurs de charpente et maçonnerie du
» département, et du garde à bandoulière.
» Le procureur chargé des affaires litigieuses
» doit aussi s'y trouver ; mais il importe de
» n'y admettre aucun étranger, si l'on veut
» s'occuper solidement d'un travail qui ne
» permet aucune distraction.

» Le propriétaire portera avec lui le mé-
» moire de la tournée précédente, et lira
» d'avance les instructions et les observations
» faites dans le cours de cette année sur cha-
» que retenue ou écluse. Il examinera si
» tout ce qui a été ordonné a été fait; il
» apprendra les motifs qui auront fait différer
» l'exécution de certains ouvrages ; et il ré-
» glera les travaux de la campagne suivante.
» Il louera et récompensera ceux qui l'auront
» mérité par leur activité et par la précision
» avec laquelle ils auront exécuté les ordres :
» il ne recevra aucune excuse sur la difficulté
» de trouver des ouvriers, ou sur ce que les
» matériaux seroient arrivés tard, parce que
» la grande activité qui doit animer les tra-
» vaux du Canal, exige que les directeurs

» prévoient ce qu'ils ont à faire assez à temps,
» pour que les moyens en soient préparés
» d'avance. Il écoutera et jugera définitive-
» ment toutes les plaintes ; accordera aux
» riverains leurs justes demandes, évitant
» tout procès, et signant tout de suite les
» accords sur les discussions, afin qu'elles
» soient décidées sans retour.

» Les considérations morales influent aussi
» beaucoup sur une pareille administration ;
» la régie doit être la plus nerveuse et la plus
» absolue que l'on puisse imaginer ; mais
» comme l'autorité absolue ne se soutient
» que lorsqu'elle est accompagnée d'une jus-
» tice exacte et précise, que cette forme porte
» à l'extrême du bien ou du mal, selon que
» le chef est juste ou injuste, il faut que les
» propriétaires, ainsi que le directeur-géné-
» ral, et les autres directeurs, soient d'une
» équité parfaite. Les réprimandes et les pu-
» nitions sévères sans humeur, sont les
» moyens de contenir ceux qui se négligent ;
» de même que les louanges et les récom-
» penses accordées sur le champ excitent l'ac-
» tion des hommes en général et doublent
» celle des gens actifs. Il ne faut point de
» profusion dans les bienfaits ; mais il faut

» en augmenter le prix par les formes agréa-
» bles dont ils peuvent être susceptibles.

» Dans cette régie, comme dans toute
» autre, les règles doivent être écrites et si
» claires, qu'elles puissent servir de condam-
» nation à ceux qui s'en écartent.

» Tout employé qui se conduit bien doit
» être l'ami des propriétaires ; ses besoins,
» ses malheurs, ses enfans, doivent les occu-
» per ; ils ne doivent rien épargner pour
» leur tranquilliser l'esprit ; car on ne peut
» remplir des devoirs de cette importance, si
» l'on a des chagrins qui donnent des dis-
» tractions.

» C'est à tenir les employés dans le calme
» heureux qui laisse à l'esprit toutes ses
» facultés, que les propriétaires doivent
» s'attacher. Leur douceur, ainsi que leur
» attention à prévenir la timidité qui n'ose
» se plaindre et à pénétrer les besoins, sont
» des moyens de captiver des cœurs honnêtes,
» et à tenir l'intérêt des employés réuni à
» celui des propriétaires, pour la conserva-
» tion de ce grand et important ouvrage ».

C'est d'après ces principes, que les propriétaires du Canal s'attachoient à perpétuer
les emplois de leur administration dans les

familles des premiers employés. Suivant la remarque de l'historien du Canal du Midi, ils avoient étendu ce système d'hérédité jusqu'aux fonctions des entrepreneurs et des éclusiers. *C'est ainsi que les familles des employés se regardoient comme associées à l'entreprise du Canal, et y portoient le zèle d'un intérêt permanent et héréditaire.*

Le choix des divers directeurs-généraux (1) compose une liste où l'on ne trouve que des talens reconnus et des services honorables. Ce tableau n'est pas ce qui honore le moins l'administration du Canal. Les propriétaires, jaloux de perpétuer la génération des talens, avoient institué en 1760 une école particulièrement destinée à former des ingénieurs

---

(1)   *Directeurs généraux.*

M. Albus...................................	1680 à 1683
M. Gilade...................................	1684 à 1698
M. de la Servière.........................	1699 à 1714
M. de Rousset............................	1715 à 1727
M. de Palmas.............................	1728 à 1746
M. de Marle...............................	1747 à 1762
M. Serres..................................	1763 à 1766
MM. Pin et Clausade...................	1767 à 1773
M. Pin.......................................	1774 à 1802
M. Clausade fils.........................	1802

pour le Canal. Elle ne subsista que trois ans, d'autres considérations obligèrent de la supprimer; mais dans ce court espace de temps, elle eut l'avantage de former d'excellens élèves (1).

Les propriétaires du Canal avoient établi à Toulouse, sous la garde d'un archiviste, un dépôt où étoient conservés tous les papiers relatifs, soit à la construction primitive du Canal, soit à son entretien, soit à son administration. Nous laisserons parler à ce sujet l'orateur que nous avons déjà cité, et qui en rendoit compte en ces termes dans l'une des

---

(1) *École du Génie érigée en 1760.*

PROFESSEURS de MATHÉMATIQUES.	PROFESSEURS de DESSIN.	ÉLEVES de LA 1ère CLASSE.	ÉLEVES de LA 2e CLASSE.
Le P. Fontenilles, jésuite, 1761 à 1762. M. Lespinasse, 1763.	M. Dejoux, de l'Académie de sculpture et d'architecture, 1761 à 1762. M. Pin, 1763.	M. Pierre-Claude Andréossy, 1761 à 1763. M. J. M. D. Adhemar, 1761 à 1763. M. J. H. Lespinasse, 1761 à 1762.	M. Louis-El. La Fourcade, 1761 à 1763. M. G. Et. J. Geoffroy, 1761 à 1763.

assemblées législatives. « Consultez un de vos
» collègues, il vous racontera avec quelle
» admiration il entra dans les archives du
» Canal; avec quelle intelligence, quel ordre
» simple et régulier les titres, les plans, les
» comptes depuis l'origine y sont rangés; il
» vous dira quel secours facile et prompt il
» en a tiré pour dresser, en 1791, le compte
» du revenu d'une année commune au nom
» des départemens dont il étoit commissaire.
» Si les archives actuelles étoient livrées à des
» fermiers, ou confondues dans d'autres
» dépôts, bientôt toutes les parties du Canal
» seroient assaillies par des usurpateurs qu'il
» seroit impossible de repousser faute de
» trouver les titres qui doivent servir à les
» condamner. Compterez-vous pour rien les
» journaux météorologiques tenus dans les
» bureaux de recette, et envoyés aux archives
» pour y servir à prévoir les années où les
» orages et les crues d'eau seront plus ou
» moins à craindre? Ces recherches pré-
» cieuses par l'exactitude et l'époque dont
» elles datent, peuvent un jour être utiles
» aux sciences, indépendamment des ser-
» vices importans qu'en retire l'administra-
» tion du Canal. Comptez-vous pour rien la

» facilité de consulter les plans, mémoires et
» devis d'ouvrages, soit d'entretien, soit de
» construction? savez-vous les secours qu'on
» obtient, lorsqu'un ouvrage établi depuis
» cent ans vient à chanceler, et qu'il est
» nécessaire de connoître comment il est
» fondé? La famille de Riquet a tellement
» senti la nécessité d'avoir des archives, elle
» a mis une si grande importance à cette
» partie de son administration, qu'elle a fait
» construire exprès un bâtiment isolé pour y
» placer des papiers si utiles et si multipliés;
» et malgré l'intérêt qu'elle avoit à écono-
» miser, elle a constamment préposé un
» employé uniquement pour la garde de ce
» dépôt précieux (1) ».

Les propriétaires du Canal n'avoient pas établi un ordre moins régulier dans l'administration de leurs finances. Un receveur général les dirigeoit; sous lui, sept receveurs faisoient la perception des revenus du Canal dans sept divisions, dont les chefs-lieux étoient Toulouse, Castelnaudary, Foucaud près de Carcassonne, le Somail, Beziers et Agde. C'étoient autant de bureaux pour

---

(1) Opinion de M. Marragon.

les expéditions, les recettes et les paiemens.

Chaque bureau étoit composé d'un receveur, d'un contrôleur et d'un visiteur. Le receveur étoit en même temps le payeur et l'économe des revenus. Le contrôleur chargé d'assister le receveur dans son travail, étoit vérificateur des opérations du bureau. Il devoit, dans la saison des travaux, être présent aux réceptions des ouvrages, et surveiller les ateliers qui lui étoient confiés par le directeur. Le visiteur vérifiait les chargemens et connoissemens, il secondoit les premiers employés dans les opérations de l'intérieur du bureau, et étoit employé, pendant le chômage, au contrôle des travaux. Les douze gardes établis par l'édit de 1666 étoient distribués de manière qu'il y en eût toujours un résidant auprès des bureaux.

La perception des droits de navigation étoit simple ; tout particulier pouvoit fréter des barques. Le patron et la barque répondoient des droits du Canal ; le patron déclaroit la marchandise au bureau de la recette ; le visiteur sondoit le chargement pour vérifier la déclaration ; le receveur expédioit et donnoit un passavant, sans lequel on n'auroit point ouvert la première écluse. Les gardes-

écluses retiroient les passavans, et les portoient tous les mois au bureau de la recette, où ils étoient comparés avec le nombre des expéditions qui avoient eu lieu. Les chargemens pouvant s'accroître ou diminuer en route, la vérification en étoit répétée à chaque bureau intermédiaire ; elle étoit renouvelée au dernier. Dix jours au plus tard après le déchargement des marchandises, le patron étoit tenu d'effectuer le paiement des droits du Canal. Ainsi les opérations des bureaux se correspondoient et se vérifioient mutuellement.

Chaque mois les receveurs particuliers envoyoient au bureau de la recette générale l'état des droits perçus et des revenus recouvrés, la note des chargemens expédiés, et un état de situation de la caisse, qui devoit s'accorder avec les états de recettes et de dépenses constatés par le directeur particulier et le contrôleur. D'après la situation de chaque caisse particulière, le receveur-général ordonnoit les mouvemens de fonds relatifs à l'état arrêté pour les dépenses. Ainsi le service étoit toujours assuré ; l'inégalité des recettes et des dépenses entre les différentes divisions, étoit corrigée par le

versement d'une caisse dans l'autre, suivant les besoins.

Toute dépense devoit être préalablement autorisée, sauf le cas des accidens imprévus : aucun état de dépense ne pouvoit être ordonnancé sans le certificat d'un contrôleur, et aucun ne pouvoit être payé sans l'ordonnance du directeur particulier. Une pièce comptable devoit être revêtue du certificat du contrôleur des travaux, de l'ordonnance de l'ingénieur, du vérifié d'un des employés au bureau de la recette, avec la quittance de la partie prenante, ou le vu à payer d'un contrôleur, d'un piqueur de l'atelier, ou de tout autre employé de la division, pour l'acquit des états de journées. Ces formalités n'étoient point exigées, lorsqu'il y avoit des marchés faits par traité authentique.

Le receveur étoit tenu de faire les paiemens individuellement et par lui-même. Les à-comptes étoient acquittés sur l'ordonnance et sous la responsabilité de l'ingénieur-directeur des travaux. On rapportoit les à-comptes sur l'état définitif. Les entrepreneurs n'étoient soldés qu'après l'arrêté et la vérification du compte général de l'année. La reddition de ce compte étoit accompagnée des des-

sins, des pièces justificatives et de tous les détails nécessaires : il étoit envoyé au directeur-général, qui le vérifioit. Lorsque les erreurs, s'il y en avoit, étoient corrigées, on arrêtoit les décomptes de chaque entrepreneur : on expédioit ensuite une ordonnance générale signée du directeur général, des directeurs particuliers, et du contrôleur général, qui étoit soldée par le receveur de la division.

Les comptes de chaque division formoient les pièces justificatives de la dépense générale. Chaque directeur particulier étoit obligé de joindre à son état général de l'année un état de comparaison de la dépense projetée avec la dépense effective.

Le droit de navigation sur le Canal avoit été fixé en 1684 à six deniers par quintal, et par lieue de 3200 toises. Un tiers de ce droit avoit été abandonné aux patrons des barques ; les propriétaires avoient laissé à chaque particulier la faculté de les fournir, sans néanmoins renoncer à l'exercice de leur privilége exclusif, si le bien du service leur en faisoit un jour la loi. Le second tiers étoit affecté à l'entretien du Canal, et le dernier tiers, après avoir soldé les réparations extraor-

dinaires, formoit le revenu des propriétaires. C'est avec ce tiers qu'ils ont fait les grandes améliorations du Canal, qu'ils ont acquis des fonds contigus, qu'ils ont formé sur les bords de vastes plantations, et qu'ils ont établi diverses usines.

Ce revenu fut estimé, en 1768, à 360,000 l. par an sur le produit calculé des trente années précédentes. Dans cette somme, étoit comprise celle de soixante mille livres provenant des usines et des accessoires du Canal. Ce revenu n'étoit pas néanmoins exempt de charges; car lorsque les deux deniers affectés à l'entretien du Canal ne produisoient pas une somme égale aux frais des réparations, le revenu des propriétaires étoit employé tout entier pour cet objet. C'est ce qui est arrivé en 1766, en 1769, en 1770, et en 1789.

Les accidens extraordinaires auxquels ce grand ouvrage est exposé, exigent impérieusement, qu'un fonds de réserve soit préparé d'avance pour y porter un prompt remède. Ce fonds de réserve avoit été formé par les propriétaires, d'un côté par le revenu d'une année qui restoit en caisse jusqu'à l'année suivante, et de l'autre, par la valeur des soixante mille livres de rente établies sur les

accessoires du Canal. Ajoutez-y leur crédit personnel fondé sur l'ordre de leurs affaires, et sur leurs propriétés particulières : il en résultoit la facilité et la certitude de trouver en un instant les sommes nécessaires aux dépenses imprévues : elles ont quelquefois passé huit cent mille francs, et elles ont été payées comptant. Sans ce fonds de réserve, les réparations les plus urgentes eussent été infailliblement retardées ; la circulation des denrées, qui a lieu par le Canal, eût été interrompue, ou bien auroit dû se faire par terre. Dans les deux cas, la stagnation du commerce, ou l'augmentation de ses frais, eût rompu l'équilibre qui s'établit avec le temps entre le prix des choses de première nécessité. En cela, l'intérêt public étoit d'accord avec l'intérêt des propriétaires du Canal ; ceux-ci étoient d'autant plus pressés de réparer les brêches faites au Canal, que c'étoit le seul moyen de ne pas suspendre la navigation, et d'assurer ainsi la rentrée de leurs revenus. Un détail succinct des accidens auxquels le Canal est sujet, montrera combien il exige de vigilance, et de quelle importance il est de pouvoir y appliquer au besoin les ressources promptes d'un grand crédit.

Ce Canal traverse le centre de la province de Languedoc, depuis Toulouse jusqu'à l'étang de Thau près de Cette. Le centre de cette province, depuis Toulouse jusqu'à Carcassonne, est un vallon entre les montagnes des anciens diocèses de Mirepoix, d'Alet et de Rieux, qui forment le commencement des Pyrénées, et les montagnes des anciens diocèses de Castres, Saint-Papoul et Carcassonne, que l'on appelle communément la montagne Noire. Depuis Carcassonne jusqu'à la hauteur de Narbonne, le Canal coule sur la pente d'une montagne qui s'élève vers Saint-Pons et Saint-Chinian. Il est en quelques endroits resserré entre cette montagne et la rivière d'Aude, dont les inondations redoutables et fréquentes viennent baigner les bords du Canal. Cette rivière qui prend sa source vers les Pyrénées, est également le réservoir unique des fontes de neige d'une partie de ces montagnes, et de toutes les rivières, ruisseaux et torrens, depuis Naurouse jusqu'à Beziers. Il est aisé de concevoir les effets dangereux d'un aussi grand volume d'eau, et les précautions que l'on doit prendre pour s'en garantir.

Le Canal coule donc dans cette partie entre

les torrens qui descendent des montagnes sur sa gauche, et les inondations dangereuses de l'Aude sur sa droite.

A Beziers, il traverse la rivière d'Orb, dont les inondations, moins fréquentes et moins considérables que celles d'Aude, exigent cependant une attention continuelle, et souvent de grandes réparations. Vers Agde, le ruisseau de Libron et la rivière d'Hérault couvrent quelquefois entièrement le pays qui se trouve entre Agde et Portiraignes.

Il est aisé de voir, par cet exposé, que le Canal est dans un danger continuel sur toute son étendue. Dans le Haut-Languedoc, les torrens et ruisseaux qui descendent de droite et de gauche, attaquent souvent ses bords, malgré les aqueducs destinés à leur donner un écoulement. Dans le Bas-Languedoc, il faut se défendre contre les ravins et les éboulemens des montagnes sur la gauche, et contre les inondations de l'Aude qui *sappent* les bords du Canal sur la droite. Il faut réparer sans cesse les désordres causés par les crues de l'Orb, de Libron et de l'Hérault ; il faut continuellement prévoir, construire, consolider ; et si l'on n'a jamais de repos sur un entretien aussi difficile et aussi continu,

on n'a presque jamais aussi le temps nécessaire pour achever les réparations, parce que la navigation ne peut être interrompue que pendant un mois et demi ou deux mois au plus par an. Il faut souvent forcer les moyens, et augmenter les dépenses pour y parvenir : tout est affaire d'industrie et de génie, pour ne jamais suspendre cette navigation pendant le temps où elle doit être ouverte ; et c'est pour remplir cet objet qu'il faut sans cesse doubler et tripler les moyens et les dépenses.

En 1732, la rivière de Beziers emporta une partie des épanchoirs qui traversent son lit, et qui soutiennent ou évacuent les eaux nécessaires à la navigation. Ce malheur arriva dans le temps où le commerce étoit le plus animé. Les propriétaires s'y transportèrent, après avoir emprunté soixante-six mille liv. ; et ils animèrent si bien les ouvriers par leur présence, par les fonds qu'ils prodiguèrent sur les ateliers, que malgré la rigueur de la saison et le danger du travail, les épanchoirs furent rétablis en quinze jours de temps, sans interrompre la navigation.

En 1744, la montagne de Roquemalane, entre Poilles et Capestan, s'éboula en entier

dans le Canal, et en interrompit la navigation sur cent quatre-vingt-une toises de longueur. C'étoit au mois de janvier ; la navigation étoit dans toute sa force. Les propriétaires du Canal empruntèrent les sommes nécessaires en vingt-quatre heures, et à huit pour cent. Ils se transportèrent encore sur les lieux, et en quinze jours de temps la montagne fut déblayée ; le pied de l'éboulement fut fortifié par un mur soutenu de contre-forts sur quatre-vingt-huit toises de longueur, et la navigation fut rétablie.

Le 16 novembre 1766, un orage dont on n'avoit point vu d'exemple, vint fondre sur le Languedoc : les chaussées furent renversées, les rivières entrèrent dans le Canal, et le comblèrent en partie ; les bords du Canal crevèrent en différens endroits ; les ouvrages de la rivière de Béziers, qui avoient coûté tant de peines et de soins, furent presque détruits : enfin, il se fit près de Capestan une brèche si horrible, qu'elle avoit vingt-trois toises de largeur sur trente-six pieds de profondeur. La plus grande partie des eaux du Canal s'étoit écoulée par cet abîme ; il étoit impossible d'en changer le lit, et il ne restoit d'autre ressource que de

fermer la brèche en maçonnerie. Capestan est dans une espèce de désert : on n'avoit ni matériaux, ni ouvriers, ni chaux : ce qui restoit dans le Canal étoit gelé ; la terre étoit couverte de neige ; on n'avoit aucune ressource pour les subsistances des ouvriers. Les propriétaires du Canal, avertis de tous ces désordres, commencèrent par s'assurer, sur leur crédit, de cinq cent mille francs à six pour cent. Ils répandirent ces fonds par-tout où le besoin l'exigeoit, assemblèrent près de dix mille ouvriers sur la longueur du Canal, firent un établissement de vivres et de fours à Capestan, ouvrirent dans la glace un Canal qu'il falloit renouveler tous les jours, pour faire passer une barque qui alloit chercher des matériaux ; construisirent des fours à chaux, assemblèrent des soldats pour mettre la police ; et en deux mois de temps tout fut rétabli, moyennant des ouvrages de maçonnerie prodigieux, dont la construction paroissoit impossible avec le froid et la neige. On séchoit le mortier avec des brasiers et des fers rouges ; on déblayoit la neige le matin, et le lendemain on ne pouvoit plus distinguer les ouvrages sous celle qui étoit tombée pendant la nuit. On

construisit sur le Canal, pendant cet espace de temps, un nombre infini de toises cubes de maçonnerie en pierre, qui fut arrachée des carrières, taillée, voiturée et employée. Le reste des cinq cent mille francs fut consumé en journées d'ouvriers et en ouvrages de charpente, et en recreusemens extraordinaires faits en 1766, 1767 et 1768. Les propriétaires étoient sur les lieux; ils n'admirent aucun plan d'économie; l'objet étoit de finir promptement et sans perte de temps; aussi les moyens les plus dispendieux furent toujours préférés lorsqu'ils étoient trouvés les plus courts.

En 1770, le 14 janvier, une explosion souterraine rompit la rigole nourricière du Canal dans la montagne Noire, près de la ferme appelée Labourdette, et ouvrit un précipice affreux, dans lequel furent englouties les eaux avec les digues de la rigole, ainsi que la ferme. Plusieurs phénomènes semblables se sont répétés dans cette montagne à diverses époques: mais ni l'aspérité des lieux d'un si difficile accès, ni la rudesse du climat, ni l'éloignement des ressources, n'ont jamais arrêté l'activité des propriétaires;

toujours mêmes moyens et même célérité dans les réparations.

Telle a été, pendant plus d'un siècle, l'administration du Canal de Languedoc : elle a été honorée par des suffrages imposans. Les administrateurs du département de l'Aude, les négocians de Toulouse, de Castelnaudary, de Carcassonne, de Beziers et d'Agde, s'empressèrent de lui rendre, en 1796, le témoignage le plus honorable et le moins suspect. « Il est tout simple, disoit à cette occasion » M. Guyton de Morveau, rapporteur d'une » commission nommée dans le Conseil des » Cinq-Cents, que les habitans du Langue- » doc, animés d'une juste reconnoissance » pour la mémoire de celui qui leur a pro- » curé le grand avantage de cette navigation, » et témoins des heureux résultats de l'ad- » ministration paternelle que ses descendans » y avoient établie, en aient desiré la con- » servation » (1).

Un dernier témoignage vient d'être rendu en faveur de cette administration, par un ancien administrateur du département de

---

(1) Rapport de M. Guyton de Morveau au Conseil des Cinq-Cents.

l'Aude, qui est aujourd'hui préfet du Léman; ses talens, ses lumières et son expérience le rendent en pareille matière un juge irrécusable. Il s'explique en ces termes dans son Mémoire officiel sur le département de l'Aude (1). « Il seroit difficile de desirer une
» régie plus parfaite que celle du Canal du
» Midi depuis le milieu du dernier siècle jus-
» qu'à l'année 1792. Elle réunissoit à l'atten-
» tion vigilante d'un propriétaire, les vues
» libérales d'un véritable ami de son pays :
» et les soins du présent s'allioient toujours
» à l'intérêt de l'avenir ; c'est une justice qui
» est due à celui des descendans de Riquet,
» qui le dernier a joui des effets de la con-
» cession faite à son aïeul (2). J'aime à répé-
» ter ici les témoignages unanimes des habi-
» tans de ce département, et sur-tout des
» hommes qui ont eu ou qui ont encore à pré-
» sent quelques rapports à l'administration
» du Canal ».

En recueillant ces éloges, nous croyons les devoir rapporter à Riquet ; ils n'appar-

---

(1) Mémoire sur le département de l'Aude, par M. Barante, préfet du département du Léman.

(2) M. de Caraman.

tiennent qu'à lui ; inventeur et créateur du Canal, il conçut en même temps le plan d'une administration propre à le conserver et à le perfectionner ; il en traça les règles à ses enfans ; il en fit une loi à ses descendans; et c'est ainsi qu'il s'est survécu à lui-même pour se rendre utile à son pays. Ses héritiers, en remplissant fidèlement ses intentions, n'ont fait que leur devoir ; heureux, si leur patrie daigne attacher quelque prix à leur zèle, et leur tenir compte, moins de ce qu'ils ont fait, que de ce qu'ils auroient desiré de faire ?

Si l'on considère combien peu de grands établissemens se perpétuent pendant un siècle entier, et s'il en est moins encore où dans cet intervalle de temps il ne se glisse des abus, on sera porté sans doute à mieux apprécier le génie de celui qui, après avoir créé le Canal de Languedoc, avoit imaginé pour sa conservation un système de régie, tel que par un ressort toujours agissant, celui de l'intérêt personnel, le bien public étoit opéré, les abus presque impossibles, et les améliorations infaillibles et nécessaires. On peut en regarder le succès comme une

belle expérience en économie politique ; et peut-être est-il glorieux pour la France d'en avoir fourni le modèle.

FIN.

PIÈCES JUSTIFICATIVES.

N° I.

Extrait du manuscrit de Colbert, n° 262, à la Bibliothèque impériale.

Procès-verbal des Commissaires.

L'an mil six cent soixante-quatre, et le 7ᵉ jour du mois de novembre, dans la ville de Toulouse, nous, commissaires soussignés, nommés tant par le Roi que par les gens des trois Etats de la province de Languedoc, étant assemblés pour l'exécution de l'arrêt du conseil du 18 janvier 1663, par lequel Sa Majesté nous commet la vérification de la possibilité ou impossibilité d'un canal propre pour la communication de la mer Océane avec la Méditerranée, en dresser notre procès-verbal, et en donner notre avis, afin que le tout étant rapporté au conseil de Sa Majesté, il y soit ordonné ce qu'il appartiendra.

Le sieur de Boyer, syndic général, nous auroit exposé, qu'en conséquence dudit arrêt, les Etats de ladite province ayant nommé des commissaires de tous les ordres, ils se seroient assemblés avec S. A. S. monseigneur le prince de Conty, et MM. les autres commissaires du Roi, et ensuite rendu ordon-

nance le 5 février dernier, portant qu'on se rendroit dans la ville de Toulouse le dernier du mois de septembre, et que, pour donner connoissance de cette entreprise, on la feroit publier et afficher partout où besoin seroit ; que depuis mondit seigneur le prince de Conty auroit assemblé en sa présence, dans la ville de Paris, ceux de MM. les commissaires nommés par le Roi et par les Etats qui s'y seroient trouvés, lesquels auroient délibéré de différer au 4 du mois de novembre, l'assemblée qui devoit être faite à la fin de septembre à Toulouse, en vertu de la première ordonnance, et qu'on en feroit des affiches aux portes des églises et carrefours de la ville de Paris, portant en outre que ceux qui voudroient entendre à l'entreprise de ce canal, se trouveroient en ladite ville de Toulouse pour y faire leurs offres ; lesquelles affiches furent faites : que cette assemblée néanmoins avoit été depuis différée et retardée pour des considérations importantes, qu'il avoit travaillé pour l'exécution des ordres qu'il avoit reçus, et fait publier et placarder cette ordonnance dans la plupart des villes du royaume, ainsi qu'il se justifie par les certificats qui étoient remis au greffe ; qu'il ne parleroit pas de la grandeur et de l'importance de cet ouvrage, parce que chacun en connoissoit l'utilité ; qu'il lui suffisoit de dire que Sa Majesté témoignoit le desirer, par la seule considération de ses sujets ; qu'il étoit non-seulement utile aux habitans de la province en particulier,

mais encore très-avantageux à tout le commerce du royaume; que la communication des mers par les rivières du Languedoc n'étoit pas un nouveau projet; qu'il avoit été commencé sous le règne de François Ier et d'Henri-le-Grand, et continué sous celui de Louis XIII, mais toujours sans exécution, par les grandes guerres qui seroient survenues à l'Etat en ce temps-là ; que le Languedoc nous regardoit, en cette occasion, comme les restaurateurs de la patrie, puisque, par l'accomplissement de ce travail, nous rétablissions son commerce et facilitions la vente de ses denrées, et que toute la France attendoit de nos soins et de l'assiduité de notre application, la consommation de ce grand ouvrage; et par ces considérations, ledit sieur de Boyer, syndic général, nous auroit requis d'ordonner qu'il seroit procédé à la vérification des ouvrages par les ingénieurs, géomètres, niveleurs, arpenteurs et autres experts, qu'il nous plaira prendre d'office, pour se transporter incessamment sur les lieux, et y travailler en notre présence ou d'aucuns de nous.

Nousdits commissaires, ayant égard aux réquisitions du syndic général, aurions ordonné qu'il seroit fait descente sur les lieux pour aviser aux moyens de parvenir à ladite communication, et que, pour cet effet, noble Hector Boutheroue, écuyer, sieur de Bourgneuf, l'un des intéressés au canal de Briare et des acquisitions y jointes, et maître Etienne Jacquinot, sieur de Vaurose, directeur général des

gabelles de Provence et Dauphiné, assistés de MM. Marc de Noé, sieur de Guitaud de Noé, maréchal-de-camp ès armées du Roi, lieutenant de Sa Majesté au gouvernement d'Aigues-Mortes; noble Joseph Avessens, sieur de Tarabel, personnes capables et expérimentées; les sieurs Andréossi, Pelafigue, Cavalier et Bressieux, géomètres que nous avons pris et nommés pour travailler avec lesdits experts à la vérification desdits ouvrages, suivant l'indication qui leur en sera faite par le sieur Pierre-Paul Ricquet, baron de Bonrepos; et à ces fins, qu'à la diligence dudit syndic général, lesdits experts et autres susnommés se présenteront pour prêter le serment en tel cas requis.

Dudit jour septième novembre 1664.

MM. les commissaires étant assemblés dans la ville de Toulouse, le sieur de Boyer, syndic général, nous auroit présenté lesdits experts et autres, à l'effet de prêter le serment.

A quoi ayant satisfait, nous aurions ordonné qu'en notre présence lesdits experts, par nous nommés et pris d'office, examineroient le dessein desdits ouvrages faits par le sieur Riquet, et après les avoir longuement entendus, nous aurions délibéré de nous transporter demain samedi sur les lieux, pour mieux reconnoître l'état des ouvrages à faire, suivant ledit devis, et ordonné que lesdits experts, géomètres, niveleurs, arpenteurs, maçons, charpentiers et au-

tres personnes nécessaires, se rendroient demain samedi hors la porte du Basacle, pour commencer, en notre présence, ladite vérification, de laquelle ils dresseront leur devis en forme de relation, pour être remis devers nous.

Du samedi matin huitième dudit mois de novembre 1664.

Nousdits commissaires, assistés desdits experts, ingénieurs, géomètres, arpenteurs, niveleurs et autres personnes nommées pour travailler à ladite vérification, nous serions rendus hors la porte du Basacle et à l'endroit où ledit canal doit entrer dans la Garonne, et lieu appelé le Pré de Sept-Deniers, auquel lieu les experts nous auroient fait remarquer les difficultés qui se rencontroient dans le dessein fait par ledit sieur Riquet, de faire aboutir ledit canal de navigation dans le bras de Garonne, qui est le plus près du bastion, et aurions jugé les raisons desdits experts pertinentes ; et pour se garantir des inconvéniens qu'ils nous auroient fait voir, nous jugeâmes à propos de faire aboutir ledit canal de navigation dans le grand lit de la rivière, cent toises plus bas que la pointe de l'île desdits moulins, auquel lieu nous aurions ordonné auxdits experts de faire prendre le niveau et alignement dudit canal, et procéder à la vérification des endroits par où il doit passer, depuis ladite rivière de Garonne jusqu'à la métairie dite de Rafanel, située dans le Gardiage de Toulouse, dans la route duquel nous

ordonnâmes aussi qu'il seroit planté des jalons et piquets, duquel lieu nousdits commissaires serions retournés en ladite ville de Toulouse, et renvoyé la continuation de ladite vérification à lundi prochain, ayant ordonné aux experts de tenir registre du nombre des toises pour la longueur du canal, et des élévations et pentes du terrein, voir et examiner la qualité des terres par où ledit canal doit passer, et en charger leur devis.

Du lundi dixième dudit mois de novembre 1664.

Nousdits commissaires serions partis de ladite ville de Toulouse pour retourner à ladite métairie de Rafanel, continuer ladite vérification, et serions allés, en remontant vers la petite rivière du petit Lers, jusqu'à la métairie d'Aigds, auquel lieu nous aurions considéré ladite rivière du petit Lers, où il n'y avoit que très-peu d'eau, et laquelle ne pouvoit servir pour le canal de navigation, à cause de ses fréquens contours et des débordemens ordinaires. Sur quoi lesdits experts nous auroient représenté que, pour éviter tous ces inconvéniens, il falloit faire un canal de navigation le long de ladite rivière du petit Lers, ce qui nous auroit paru nécessaire ; auquel effet on auroit, à notre présence, pris le niveau, pour continuer ledit canal depuis ladite métairie d'Aigds jusqu'au moulin des Jassarts, duquel lieu en hors nous serions retournés à Toulouse, et renvoyé à continuer ledit travail à demain mardi.

Du mardi onzième dudit mois de novembre 1664.

Nousdits commissaires serions partis de la ville de Toulouse pour nous rendre au moulin des Jassards, et à l'endroit d'où nous étions partis le jour précédent, en continuant ladite vérification, serions allés, en remontant par la prairie jusqu'au moulin de Montéal; la nuit s'approchant, nous serions retirés au lieu de Baziéges, et renvoyé à continuer ladite vérification à demain, 12 dudit mois.

Du mercredi matin 12ᵉ dudit mois de novembre 1664.

Nousdits commissaires serions partis dudit Baziéges, reprendre le travail au moulin de Montéal, où nous l'aurions laissé le jour précédent, assistés des experts, géomètres, niveleurs, arpenteurs et autres que dessus, en continuant ladite vérification, jusqu'à la fontaine de la Grave, proche les pierres de Naurouse, où l'on prétend conduire les eaux venant du côté de Revel pour remplir le canal de communication, et qui seront distribuées à ladite fontaine de la Grave pour prendre leurs cours, une partie du côté de Toulouse, et l'autre du côté de Carcassonne, où sera proprement le point de partage desdites eaux, auquel ayant fait procéder à notre présence, au calcul de l'élévation du terrain et de la longueur du toisé sur le registre des stations qui a été tenu par lesdits experts, il s'est trouvé, depuis la rivière de Garonne jusqu'à la fontaine de

la Grave, point de partage pour la distribution des eaux, 26,299 toises de longueur sur 25 toises 3 pieds 11 pouces et demi de pente, jusqu'à la rivière de Garonne, auquel lieu nous avons remarqué, par le niveau que nous avons examiné et même à l'œil, que la pente est visible, tant du côté de ladite rivière de Garonne que de celle d'Aude, par l'assiette naturelle où est située ladite fontaine de la Grave; après quoi nous serions retirés au lieu de Villefranche de Lauragois, et renvoyé à demain jeudi pour continuer ladite vérification.

Du jeudi matin treizième novembre 1664.

Nousdits commissaires serions partis dudit Villefranche Lauragois pour retourner à ladite fontaine de la Grave, point de partage, auquel lieu nous étant assemblés, après avoir fait procéder à une exacte vérification des terres et du lieu où est située ladite fontaine de la Grave, et fait examiner la pente qui se trouve, suivant les toisés et élévations prises par les experts, depuis Toulouse jusqu'à ladite fontaine, et que d'ailleurs nous avons vu, à l'œil et au niveau, que la pente se trouve naturellement de ladite fontaine de la Grave, tirant vers la rivière d'Aude à Carcassonne, nous aurions cru qu'il étoit à propos, avant que de s'engager plus avant à aucune autre vérification, de voir d'où l'on pourroit tirer la quantité d'eau nécessaire pour conduire à ladite fontaine de la Grave, point de partage, et

d'autant que ledit sieur Riquet, suivant son dessein, prétend tirer toute l'eau nécessaire pour le canal de communication de la montagne Noire près de la ville de Revel, nous aurions résolu de nous y acheminer; sur quoi ledit sieur de Boyer, syndic général, nous auroit requis pour accélérer ladite vérification, qu'étant non-seulement nécessaire de trouver la quantité d'eau pour le canal de communication, mais qu'il falloit aussi faire un canal pour conduire les eaux qui se trouveront dans ladite montagne Noire jusqu'au point de partage, il étoit important d'ordonner aux experts de vérifier exactement les lieux par lesquels ledit canal pourra être conduit, suivant le projet d'indication du sieur Riquet.

Nousdits commissaires aurions ordonné que lesdits experts continueroient ladite vérification suivant l'indication qui leur en sera donnée par ledit sieur de Riquet, en présence d'aucuns de nous, dudit sieur de Boyer, syndic général, et du sieur Pujol, secrétaire et greffier du Roi, en remontant vers la ville de Revel et rivière de Sors, leur enjoignons d'y travailler incessamment, et de nous en venir rendre compte audit Revel, où il a été arrêté qu'on s'y achemineroit pour y faire le séjour nécessaire pour ladite vérification.

Le vendredi 14, samedi 15, dimanche 16, lundi 17, mardi 18, dudit mois de novembre 1664, aucuns de nous accompagnés de l'indicateur, ex-

perts et autres, ont vaqué à la vérification des endroits par où le canal de conduite des eaux doit être construit jusqu'au point de partage; et le mercredi 19, nousdits commissaires ayant été avertis que lesdits experts avoient porté le travail au pied de la montagne Noire, proche du lieu de Durfort et du moulin de Purgatoire,

Nousdits commissaires aurions résolu de nous transporter sur les lieux, pour, en notre présence, faire mesurer l'eau de ladite rivière de Sors, et prendre sur les lieux les éclaircissemens qu'on jugeroit nécessaires.

Le même jour mercredi de relevée, nousdits commissaires serions partis de ladite ville de Revel pour nous acheminer audit lieu de Durfort, distant d'une lieue où ladite rivière de Sors tombe entre deux montagnes fort élevées, prenant sa source dans la montagne Noire, et son cours du côté de l'Océan, au bas de laquelle ladite rivière fait moudre plusieurs moulins et martinets à cuivre; où étant arrivés, aurions fait appeler devant nous les consuls et principaux habitans dudit lieu, pour informer de la quantité d'eau qu'il y peut avoir dans ladite rivière de Sors, dans le temps de l'année où elle est plus basse, lesquels nous auroient attesté que, dans les mois d'août, septembre et octobre, qui est le temps auquel ladite rivière est le plus bas, elle étoit moindre d'un tiers qu'elle n'est à présent; et ayant fait avertir le sieur Vignier, seigneur dudit lieu de

Durfort, pour avoir témoignage de lui sur le même sujet, nous auroit certifié la même chose que dessus, et ajouté qu'on pouvoit faire état, neuf mois de l'année, de la même quantité d'eau que nous y avons trouvée présentement; et pour être plus particulièrement informés de l'état de ladite rivière, nous aurions fait ouvrir la chaussée, afin que la rivière ayant son cours naturel et ordinaire, on pût avoir plus de certitude même les eaux d'icelle. A quoi ayant fait travailler à notre présence par les experts, ils nous auroient assurés y avoir trouvé quinze pouces en bas d'eau; après quoi nousdits commissaires serions retournés avec les experts audit lieu de Revel.

Du jeudi vingtième novembre 1664, dans la ville de Revel.

Nousdits commissaires étant assemblés, le sieur de Boyer, syndic général, nous auroit représenté que les experts ayant porté leur travail au pied de la montagne Noire, et mesuré en notre présence la quantité d'eau qui se trouve dans la rivière de Sors, il étoit expédient, avant que procéder plus avant, d'entendre le rapport desdits experts, pour prendre les résolutions nécessaires.

Nousdits commissaires aurions fait venir lesdits experts, qui nous auroient dit qu'ils ont vaqué fort exactement à la vérification des endroits par où le canal, pour porter les eaux de la rivière de Sors

jusqu'au point de partage, doit être construit; qu'ils ont trouvé, depuis ladite rivière de la Grave, point de partage, jusqu'au moulin de Purgatoire, au bas de la montagne Noire, la quantité de 22,747 toises sur 11 toises de pente, depuis ledit moulin de la fontaine de la Grave, et qu'assurément on pourroit tirer une rigole ou canal suffisant pour porter les eaux de la rivière de Sors jusqu'au point de partage, nonobstant les diverses et fréquentes sinuosités qui se rencontrent sur la route dudit canal de distribution, depuis le moulin de Purgatoire jusqu'au point de partage, mais bien que ladite rivière de Sors, puisse fournir une bonne quantité d'eau perpétuelle, il s'en perdroit beaucoup par les raisons qu'ils nous ont déduites, et qu'ainsi il étoit nécessaire de voir, dans la montagne Noire, les autres rivières, que le sieur Riquet prétend, dans son dessein, pouvoir conduire dans la rivière de Sors. Sur quoi ledit sieur de Boyer, syndic général, nous auroit requis qu'avant passer outre à aucune autre vérification, il étoit préalable, conformément à l'avis des experts, de travailler à la vérification et mesure des autres sources d'eau, dont on peut tirer du secours pour fortifier celle de la rivière de Sors, et de faire examiner s'il y a de la possibilité à la conduite d'icelles, suivant le projet du sieur Riquet.

Sur quoi nousdits commissaires aurions ordonné que nous nous transporterions, avec lesdits experts

et autres, demain vendredi, dans la montagne Noire, vers les lieux où les rivières indiquées par ledit sieur Riquet, prennent leur source.

Du vendredi matin vingt-unième novembre 1664, audit lieu de Revel.

Nousdits commissaires, suivant la délibération du jour d'hier, serions partis de la ville de Revel pour nous acheminer vers les rivières de Rieutort et Lampy, situées dans la montagne Noire, et dans notre route, nous aurions premièrement rencontré celle de Rieutort, distant d'une lieue dudit Revel et une lieue au-delà de celle de Lampy, toutes deux prenant leurs cours du côté de la mer Méditerranée, auquel lieu nous aurions ordonné que les experts mesureroient les eaux qui sont dans lesdites rivières, et dans celles de Lampillon, Vernassone et Alzeau qui sont aussi dans ladite montagne, et examineroient avec aucuns de nous la possibilité de la conduite d'icelles jusques dans la rivière de Sor; et d'autant qu'il n'y a nul logement dans ladite montagne, nous aurions résolu de nous en retourner dans ladite ville de Revel, pour de là nous acheminer en celle de Carcassonne, ayant enjoint auxdits experts de nous y venir rendre compte de leur travail.

Du samedi matin vingt-deuxième novembre 1664.

Nousdits commissaires serions partis de la ville de Revel pour nous acheminer en la ville de Car-

cassonne, suivant la délibération qui fut prise le jour d'hier, pour y faire le séjour nécessaire pour les vérification et exécution de notre commission.

Le samedi 22e, dimanche 23e, lundi 24e et le mardi 25e novembre 1664, aucuns de nous, accompagnés de l'indicateur, experts, géomètres, niveleurs, arpenteurs, maçons, charpentiers, pionniers et autres, ont vaqué à la vérification des endroits par où on peut conduire les eaux de la montagne Noire dans celles de Sor, et se seroient rendus dans la ville de Carcassonne.

Du mercredi vingt-sixième novembre 1664, dans la ville de Carcassonne.

Le sieur de Boyer, syndic-général, nous auroit avertis que les experts étant arrivés et fait les vérifications dans la montagne Noire, ainsi qu'il leur avoit été ordonné; il étoit nécessaire d'entendre leur rapport pour régler là-dessus notre conduite : surquoi lesdits experts ayant été introduits dans l'assemblée, nous auroient dit que suivant l'ordre qui leur avoit été donné, ils avoient procédé à la vérification des lieux par lesquels la conduite des eaux des rivières d'Alzeau, Vernassonne, Lampillon, Lampy et Rieutort dans celle de Sors, et que nonobstant toutes les difficultés qui se rencontroient par les élévations et sinuosités qui se rencontrent dans cette montagne, on pouvoit les surmonter et faire la conduite; savoir, de celles d'Al-

zeau, Vernassonne et Lampillon, dans Lampy, et Lampy dans Rieutort, et toutes ensemble dans le Sor; et que pour la facilité de cette conduite, il falloit construire plusieurs digues et autres ouvrages qu'ils marqueroient dans leur devis, et que pour la quantité de l'eau, ces cinq rivières fourniroient deux fois autant pour le moins que le Sor, et toutes ensemble donneroient suffisamment d'eau pour entretenir le grand Canal de navigation.

Sur quoi, nousdits commissaires, aurions ordonné que lesdits experts en chargeroient leur devis en forme de relation.

Dudit jour de relevée.

Nousdits commissaires étant assemblés, le sieur de Boyer, syndic-général, nous auroit dit que pour faire les choses dans l'ordre, il seroit nécessaire que les experts se transportassent à la fontaine de la Grave, lieu destiné pour la distribution des eaux, pour reconnoître le terrain et examiner les lieux pour être conduites jusqu'à la rivière d'Aude; mais que néanmoins, puisque MM. les commissaires étoient si près de l'embouchure du Fresquel dans Aude, il étoit à propos de s'y transporter pour là voir et vérifier avec les experts ladite rivière d'Aude, sauf à les renvoyer à ladite fontaine de la Grave après que la vérification seroit faite.

Nousdits commissaires, ayant égard aux réquisitions dudit syndic-général, avons ordonné que

demain jeudi vingt-septième, accompagnés desdits experts, nous nous transporterions au pont de Conques, et à l'endroit où la rivière de Fresquel s'embouche dans celle d'Aude.

Du jeudi matin vingt-septième novembre 1664.

Nousdits commissaires, accompagnés des experts, géomètres et autres, serions partis de la ville de Carcassonne pour nous rendre au pont de Conques et en l'endroit où la rivière de Fresquel s'embouche dans celle d'Aude, auquel lieu nous aurions ordonné auxdits experts de vérifier la profondeur et la largeur de ladite rivière, et ensuite de continuer leur travail par la vérification de la rivière d'Aude et Canal, en présence d'aucuns de nous, et en venir rendre compte dans la ville de Narbonne, où nous allions les attendre.

Le vendredi vingt-huitième novembre, nousdits commissaires serions arrivés dans la ville de Narbonne.

Du dimanche dernier novembre 1664, dans la ville de Narbonne.

Nousdits commissaires étant assemblés, le sieur de Boyer, syndic-général, nous auroit dit que les experts ayant porté leur travail jusqu'à cette ville, il étoit expédient d'entendre leur rapport pour prendre les résolutions nécessaires.

Sur quoi nousdits commissaires aurions fait venir

lesdits experts, qui nous auroient dit qu'ils avoient vaqué depuis jeudi dernier à la vérification de la rivière d'Aude, laquelle ils ne jugeoient pas pouvoir servir pour la navigation, à cause du peu d'eau qu'il y a en tout temps, et de la grande quantité de rochers qui sont élevés à travers son lit, et du nombre des paisseries, et que mal aisément peut-on la rendre navigable, à moins de faire des dépenses très-considérables, lesquelles mêmes, par les inondations qui sont fréquentes, se ruineroient de temps à autre ; qu'ils croyoient enfin qu'on ne pouvoit pas faire aucun fondement pour la navigation du lit de la rivière d'Aude, et que quand même on s'en voudroit servir, la dépense seroit aussi grande que de faire un nouveau canal, au moyen duquel, sans difficulté, la navigation seroit plus libre en tout temps ; et après plusieurs autres raisons déduites par les experts,

Nousdits commissaires aurions ordonné qu'ils chargeroient leurs devis, en forme de relation, de toutes les raisons, et ensuite aurions ordonné, pour accélérer notre commission, de nous transporter demain avec lesdits experts, pour connoître le canal ou robine de Narbonne.

Du lundi matin premier décembre 1664, dans la ville de Narbonne.

Nousdits commissaires, accompagnés des experts, géomètres et autres, nous serions embarqués au

port de Narbonne jusqu'à Sainte-Lucie, ayant fait sonder en divers endroits ladite Robine, et ensuite continué la route par le canal que conduit ladite Robine dans l'étang de Bages que nous fîmes pareillement sonder, et passant plus avant, nous allâmes jusqu'au lieu dit Goule Taillade, et de là, par le même étang, nous entrâmes dans le Canal qu'on appelle Royal, et dans ledit Canal jusqu'à deux ou trois cents toises de l'embouchure de la mer proche le Gros de la Nouvelle, dans tous lesquels endroits nous fîmes pareillement sonder la profondeur qu'il y peut avoir par-tout, et n'ayant du temps que pour retourner à Narbonne, nous aurions pris terre pour nous y en retourner, ayant ordonné aux experts de faire mention dans leur devis de toutes les vérifications, de se transporter de là en hors au port de la Franqui, pour voir s'il est possible, de le bonnifier et de nous en venir rendre compte dans la ville de Béziers, où il fut arrêté que nous nous y acheminerions pour l'ouverture des Etats.

Du jeudi quatrième décembre 1664, dans la ville de Béziers.

Nousdits commissaires étant assemblés, aurions appris, par le rapport qui nous fut fait par lesdits experts, qu'ils avoient vaqué à la vérification du port de la Franqui, et autres ouvrages à faire, depuis lundi dernier.

Sur quoi nous aurions ordonné qu'ils en chargeroient leur avis en forme de relation.

Dans laquelle séance M. de Bezons, l'un de nous, auroit dit que par la connoissance qu'il a de cette province, par le séjour qu'il y a fait, il avoit vu que la plupart des marchands qui font transporter leurs marchandises dehors par la mer ne craignent rien tant que le golfe de Lion qui tient toute la côte de la province, où il arrive de très-fréquens naufrages ; que cela lui avoit fait concevoir un dessein de rendre les étangs communicables par des canaux qui se tireront des uns aux autres par le moyen des rivières d'Héraut et d'Orb ; ce qui lui sembloit d'autant plus facile, que le plus important étoit fait par le moyen des brassières qui portent l'eau du Rhône dans l'étang de Perols ; que si ce dessein pouvoit réussir, les marchandises de Bourgogne, Lyon et partie de Provence, pourroient être transportées à Bordeaux sans passer par la mer, et que par les mêmes canaux, les marchandises qui viennent de l'Occident pourroient être facilement conduites à la foire de Beaucaire, et éviter le détroit de Gibraltar et tous les risques de la mer, ce qui bonnifieroit extrêmement le commerce, et apporteroit de très-grands avantages à toute la province par la communication qu'elle auroit avec les pays étrangers, et qu'il croyoit qu'avant clore notre procès-verbal, les experts se devoient transporter

sur les lieux pour faire cette vérification, et de nous en venir rendre compte.

Sur quoi nousdits commissaires aurions annoncé auxdits experts de se transporter sur les lieux, pour examiner la possibilité dudit dessein, en dresser le plan et en charger leur devis, et de tous nous en rendre compte pour en donner avis à Sa Majesté.

Du mardi 11ᵉ décembre 1664, dans la ville de Béziers.

Nousdits commissaires étant assemblés, lesdits experts nous auroient dit avoir vaqué depuis le cinquième dudit mois jusqu'à cejourd'hui, par la vérification qui leur avoit été ordonnée depuis l'étang de Thau jusqu'à celui de Vendres, et nous auroient assuré qu'on pouvoit facilement faire un canal de l'une à l'autre des rivières d'Héraut et d'Orb, pour l'accomplissement du dessein de la communication des étangs, le terrain et les hauteurs étant fort à propos.

Sur quoi nous leur aurions ordonné d'en charger leur devis, et qu'ils s'achemineroient incessamment vers la fontaine de la Grave, point de partage, pour faire le mesurage des ouvrages à faire pour la conduite des eaux depuis ladite fontaine de la Grave jusqu'à la rivière d'Aude, à l'endroit où Fresquel entre dans Aude, et de là jusqu'à Narbonne, et d'examiner soigneusement les endroits plus aisés pour la conduite desdites rivières hors de leur lit, et de nous en venir rendre compte.

Du dimanche vingt-huitième décembre 1664, dans la ville de Béziers.

Le Sr de Boyer nous auroit dit avoir travaillé à la dernière vérification, depuis la fontaine de la Grave jusqu'à la rivière d'Aude, et de là jusqu'à Narbonne, étant un préalable de les ouïr, et ayant été introduits dans le lieu de l'assemblée, nous auroient fait un exact rapport de la vérification qu'ils avoient faite des endroits où le Canal de communication doit être construit depuis le point de partage jusqu'au moulin de Fériol, où doit aboutir le Canal dans Aude, et de là jusqu'à Narbonne, y ayant 58,936 toises de longueur sur 80 toises 9 pouces de pente depuis ladite fontaine de la Grave jusqu'à la muraille de la ville de Narbonne, et en l'endroit où la Robine entre dans ladite ville.

Sur quoi nousdits commissaires aurions ordonné auxdits experts de travailler incessamment au devis desdits ouvrages, et aux géomètres de faire le plan dudit Canal avec toutes les dimensions nécessaires pour être remis devers nous, pour sur le tout pouvoir donner avis à Sa Majesté.

Du samedi dixième janvier 1665, à Béziers.

Nousdits commissaires étant assemblés, les experts auroient présenté leur devis, duquel nous aurions ordonné la lecture, après laquelle ils l'auroient signé en notre présence et remis devers nous.

Et plus n'a été procédé au fait de notre commission, et nous sommes signés à Béziers le dix-septième du mois de janvier mil six cent soixante-cinq.

Signés,

BAZIN DE BEZONS.

L'abbé DE CHAMBONAS.

BOUDONT, trésorier de France à Montpellier, commissaire du Roi.

D'ANGLURE, archevêque de Toulouse.

PIERRE DE BERTIER, évêque de Montauban.

HYACINTHE SERRONS, évêque de Mende.

DE MONTPERAT, évêque de Saint-Papoul.

CASTRIES.

GRAMMONT.

SAUGÉE.

LE MOLARD DAGRAIN, vicaire-général du Puy.

BRESSOL DE REF.

DUGAULT, député de Narbonne.

BOSARD, député de Carcassonne.

HUSSON, député de Carcassonne.

ROCHEMIERE.

DE LA BORRE, consul du Puy.

CODER, député de Castres.

FRAISSINET, syndic du diocèse de Toulouse.

SALANZE, député du diocèse de Saint-Pons.

RIVAL, secrétaire du diocèse de Saint-Papoul.

DELOYER, syndic-général de Languedoc.

Par MM. les Commissaires députés par le

Roi et par l'assemblée des Etats de Languedoc.
Signés, PUJOL et ROGUIER.

Nous Hector de Boutheroue, écuyer, sieur de Bourgneuf, l'un des propriétaires de Briare, du canal de Loire en Seine et dépendances, et Etienne Jacquinot, sieur de Vauroze, directeur-général des gabelles de Dauphiné et Provence, experts nommés par le Roi et nosseigneurs commissaires députés par Sa Majesté, et par les gens des trois Etats de la province de Languedoc, pour vérifier et examiner la proposition du Canal à faire pour la communication des mers Océane et Méditerranée par les fleuves de Garonne et Aude, *sur le devis et dessin présentés à Sa Majesté par Pierre-Paul Riquet, seigneur et baron de Bonrepos*, rendre raison de la possibilité ou impossibilité d'icelui; dresser le devis des ouvrages qu'il y conviendra faire, et les estimer ainsi qu'il est plus amplement porté par l'arrêt du Conseil du dix-huitième janvier mil six cent soixante-trois. Certifions au Roi, nosseigneurs de son Conseil, nosdits seigneurs les commissaires, et autres qu'il appartiendra, que le vendredi septième jour de novembre mil six cent soixante-quatre, M. Boyer, seigneur d'Odarts, syndic-général de ladite province, auroit dit que Sa Majesté ayant vu la proposition que ledit sieur Riquet lui avoit faite de construire ledit Canal de communication des

mers, et considère que ce seroit le véritable moyen d'attirer le commerce de toute l'Europe dans son royaume, et éviter les pirates et naufrages, auroit ordonné par ledit arrêt du dix-huitième janvier mil six cent soixante-trois, qu'il seroit incessamment procédé par gens experts en cette matière, à la vérification de la possibilité ou impossibilité dudit Canal, et estimation de la dépense des ouvrages, à l'effet de quoi nous aurions été appelés, et à l'instant, sur la réquisition dudit sieur Boyer, nous aurions prêté serment entre les mains de M. de Bezons, conseiller du roi en tous ses conseils, intendant de justice, police et finances en Languedoc, et commissaire par Sa Majesté esdits Etats, de bien et soigneusement vaquer au fait de ladite commission.

Sur quoi ledit sieur Riquet ayant exposé la copie du dessin par lui remis à nosdits seigneurs du Conseil, et dit qu'encore qu'il ne soit pas fort régulier, il explique assez sa pensée, et le desir qu'il a de servir le Roi et la province en cette occasion si importante, s'étant plus curieusement appliqué à rechercher les eaux de la montagne Noire pour fournir ledit Canal et les chemins pour les conduire au point de partage et distribuer dans Garonne et Aude, qu'à toute autre chose, offrant de nous assister, en qualité d'indicateur, durant le cours de cette commission : ce que lesdits seigneurs commissaires auroient accepté.

Et parce que depuis plusieurs années l'on a proposé de faire ledit Canal par diverses voies, et que les plans et devis ont passé par les mains desdits seigneurs commissaires, l'on en auroit représenté un qui veut que l'on prenne l'eau de Garonne au-dessus de Pech d'Avid, près Toulouse, pour la faire remonter par regonflement jusqu'aux Pierres de Naurouse, un autre où l'on prenne l'eau de l'Ariège au-dessus de Sainte-Gabelle, pour la porter à Castanet et la faire remonter auxdites Pierres de Naurouse ; un troisième, qui se servant des eaux du Sor pour les conduire dans les rivières d'Agoust, de là dans le Tarn et la Garonne, puis reprennent l'eau de la rivière de Tano qui passe à la Bruyère, l'amène dans Aude par les montagnes de Saint-Pons, et ce dernier, qui prend l'eau de Sor, l'amène à Greissens, l'autre point de partage, et la descend comme dessus dans Agoust, pour aller dans l'Océan, et de l'autre côté, par Fresquel et Aude, dans la mer Méditerranée ; sur lesquels plans et propositions ayant été pleinement discouru, les deux premiers fussent condamnés comme impossibles, la Garonne et l'Ariège ne pouvant être forcées, par regonflement, de remonter contre leur source, sans courir risque de noyer tout le pays, la troisième de même ; car outre que du côté d'Agoust le Sor se précipite par des lieux où il faudroit trop d'écluses, et que la rivière d'Agoust est interrompue par de trop fréquens rochers, il est certain que Thau ne sauroit

descendre dans Aude par des chemins commodes à la navigation, et la dernière, par cette même raison, du Sor et d'Agoust, et que du point de Greissens, le chemin jusqu'à Aude seroit plus grand et plus incommode que par le vallon de Vignonnet à Toulouse, où il semble que la nature se soit disposée à recevoir le Canal, tellement qu'il fut unanimement conclu par lesdits seigneurs commissaires qu'on s'arrêteroit à l'examen et vérification du dessin dudit sieur Riquet, autant que faire se pourra, cherchant toujours par nousdits experts les voies plus assurées et plus avantageuses pour parvenir à la perfection de ce grand ouvrage, et délibérer que le lendemain huitième dudit mois de novembre, en présence desdits seigneurs commissaires, nous procéderions à ladite reconnoissance, assistés de plusieurs géomètres, niveleurs, arpenteurs, maçons, charpentiers, pionniers, et autres personnes nécessaires à cette vérification.

Avenu ledit jour samedi huitième dudit mois, lesdits seigneurs commissaires s'étant transportés hors la porte du Basacle de ladite ville de Toulouse et au-dessous du bastion qui couvre les moulins (où nousdits experts, assistés comme dessus, les attendions pour jeter le premier coup de niveau), ledit sieur Riquet auroit dit que son dessein étoit de faire aboutir le Canal de navigation dans le bras de Garonne qui est le plus près dudit bastion, et qui sert de décharge auxdits moulins, dans la croyance qu'il

avoit qu'il seroit bien; sur quoi nous aurions représenté auxdits seigneurs commissaires, que l'embouchure dudit Canal dans la Garonne seroit mal posé sur la décharge du moulin, pour plusieurs raisons: la première, que ledit Canal de décharge n'étoit ni assez profond, ni assez large pour recevoir et tourner de grandes barques; la seconde, que l'on dépendroit de la discrétion du meûnier qui abaissant ses empélemens, mettroit à sec ladite décharge quand il lui plairoit; et la troisième, que si la peissière qui soutient l'eau de Garonne et la porte auxdits moulins venoit à rompre (comme il arrive assez souvent), il n'y auroit pas une goutte d'eau dans ledit canal de décharge; mais que pour s'assurer contre tous ces inconvéniens, il étoit à propos (sauf meilleur avis) de faire aboutir ledit Canal de navigation dans la Garonne, environ cent toises plus bas que la pointe de l'île desdits moulins; quoi faisant, l'embouchure seroit dans le grand lit de la rivière, et non sujette aux incommodités susdites; ce que lesdits seigneurs commissaires ayant jugé raisonnable, les nivelleurs auroient posé et dressé leur niveau sur le bord de ladite rivière de Garonne, quatre-vingt-trois toises plus bas que la pointe de ladite île, lieu dit Prat de Sept-Deniers, droit entre l'église des pères Minimes et la Maladrerie du faubourg d'Arnaud-Bernard, où fut la première station; disant ledit sieur Riquet, qu'il n'avoit point trouvé de chemin plus court et plus commode pour faire passer

ledit Canal de communication jusqu'à la rivière de Lers qui y doit servir; sur quoi furent rapportés par lesdits seigneurs commissaires plusieurs et divers sentimens de ceux qui auroient autrefois eu la pensée de travailler à ce Canal; les uns dirent qu'au lieu de mettre l'embouchure du Canal de navigation au-dessous du basacle, éloigné de la ville et du commerce, l'on auroit cru alors qu'il falloit le conduire depuis Castanet, village situé à une lieue au-dessus de ladite ville, par un ruisseau appelé du Saurat, derrière le faubourg Saint-Michel, jusques dans le fossé au-dessous de la porte du château, et ainsi continuer le long dudit fossé, et à l'entour de ladite ville jusqu'au basacle; quoi faisant, les habitans en seroient plus soulagés : les autres répliquèrent que si l'on mettoit l'eau dans le fossé, les caves, de ce côté-là, seroient toujours submergées, ainsi qu'on l'a vu lors des grandes inondations; mais que pour s'en assurer, il seroit plus à propos de tirer ledit Canal par les faubourgs de Montaudran droit à la chapelle Saint-Salvy, et de là au basacle, d'autant que par ce moyen il ne seroit ni trop près, ni trop éloigné de la ville, dont lesdits seigneurs commissaires nous demandèrent notre avis, qui fut que, par la connoissance que nous avions du pays, l'un et l'autre étoit faisable; que Sa Majesté en ordonneroit à sa volonté, et que ladite rivière de Lers n'étant guère plus éloignée de nous par le chemin que ledit sieur Riquet indiquoit, il nous sembloit plus à propos de conti-

nuer notre travail, ce qui fut ainsi délibéré ; de sorte que les géomètres et agrimanseurs ayant posé leurs instrumens, et les niveleurs leur niveau, l'on continua pendant tout ce jour, passant à la main gauche du Maraillon, château du sieur président de Bonneville, jusqu'à la Merterie de Bassanel, près du grand chemin de Toulouse à Castres, en dix-sept stations, revenant à trois mille cent cinquante-huit toises de longueur, et cinq toises un pied dix pouces et demi d'élévation depuis le bord de Garonne jusques-là : ce fait, nous nous retirâmes en ladite ville de Toulouse, attendu l'heure tarde, avec lesdits seigneurs commissaires.

Le lendemain neuvième de novembre 1664, jour de dimanche, ne fut en aucune chose procédé.

Le lundi dixième dudit mois, en présence desdits seigneurs commissaires, et assistés comme dessus, nousdits experts reprirent notre travail audit lieu de Raffanel, où nous l'avions quitté le huitième, et laissant le château de Balma à la gauche, aboutîmes à la rivière du petit Lers, sous la métairie d'Aigues, distante d'onze cent vingt-neuf toises de celle de Raffanel sans aucune élévation ; de sorte qu'il est vrai de dire, que depuis le bord de Garonne, et quatre-vingt-trois toises au-dessous de l'île des moulins dudit basacle, jusqu'à la rencontre ou embouchure du Petit-Lers, il y a quatre mille trois cent quatre-vingt-sept toises de longueur, et cinq toises un pied dix pouces et demi d'élévation.

Mais puisque nous avons déjà joint, par nos dimensions, la Garonne à la rivière de Lers, il semble très à propos de parler ici de leurs qualités. Garonne est un fleuve qui prend son origine des Pyrénées, et recevant beaucoup de rivières, grossit et descend avec une grande rapidité dans la mer Océane, il n'est navigable que depuis Muret, ville distante de trois lieues au-dessus de Toulouse (et ce, pour des barques d'un port fort médiocre), à cause de plusieurs bas-fonds qui se rencontroient dans son cours; mais encore que nous n'ayons pas ordre exprès d'en dire nos sentimens, nous ne laisserons pas d'avancer que Sa Majesté desirant que le Canal de navigation soit de profondeur capable de porter les plus grandes barques, l'on pourra par le temps rendre Garonne navigable, avec un fonds d'eau suffisant, attendu que son lit, en plusieurs endroits, est profond, le marche-pied bon; et que si en quelques endroits il échappe dans la plaine, il ne sera pas impossible de le resserrer : d'ailleurs que si l'on desiroit quitter son lit et tirer un canal depuis Oudes, où Lers s'embouche dans la Garonne jusqu'à la pointe de Moissac, cela ne seroit pas mal aisé; mais cela cessant, il est certain que quatre ou cinq fois en l'année, par les pluies et la fonte des neiges, Garonne grossit et déborde de telle sorte, que prenant ces occasions, l'on pourra descendre et remonter les plus grandes barques.

Il y a deux rivières qui portent le même nom de

Lers, et qu'on distingue par le grand et le petit ; mais parce qu'il n'est pas question du premier, qui passe à Mirepoix, nous nous contenterons de dire que l'autre est une petite rivière qui descend du vallon de Vautreville en celui de Reneville, Villefranche, Bariéges, Castanet, Montaudran, Balma, Castelgineste et jusques dedans la Garonne au-dessous d'Ondes ; elle reçoit plusieurs autres petites rivières ou chutes des montagnes, de sorte que son lit étant étroit, profond de six à sept pieds seulement et fort sinueux, elle déborde à toutes les crues et demeure long-temps à s'écouler, tant à cause du peu de pente qu'elle a jusqu'à Garonne, que du grand nombre de moulins dont elle est entrecoupée ; mais elle ne conserve de l'eau que pendant quatre ou cinq mois de l'année, les meûniers et habitans des lieux nous ayant assuré que les moulins chôment faute d'eau pendant six ou sept mois, ce qui n'empêchera pas que retenant ses eaux dans les canaux d'écluse en écluse, l'on ne les conserve long-temps, pour, peu qu'elles soient rafraîchies de celles dont sera parlé ci-après.

Considérant donc l'état de ladite rivière où il n'y avoit point d'eau, et les fréquentes sinuosités de son lit, nousdits experts représentâmes auxdits seigneurs commissaires qu'elle ne pouvoit servir à la navigation à cause de ses contours et de ses débordemens, et qu'il falloit de nécessité, pour conserver les eaux et éviter les ruines qu'y causent les

inondations, construire un nouveau Canal de navigation le long de ladite rivière, conservant toujours les hauteurs où l'on seroit obligé de traverser l'ancien lit; qu'on feroit des fossés pour rejoindre les sinuosités de part et d'autre, qui serviroient de contre-canaux pour porter les eaux inutiles et superflues dans la Garonne, à quoi lesdits seigneurs commissaires ayant donné les mains:

Le même jour dixième novembre 1664, nous continuâmes notre travail avec lesdits géomètres et niveleurs, depuis ladite métairie d'Aigues ou embouchure dans Lers, jusqu'au pont du moulin des Issards, appartenant à M. de Madron, conseiller en parlement, et en huit stations tirâmes trois mille six cent soixante-quatre toises de longueur, et cinq pieds et demi d'élévation, laissant à main droite le moulin de Reseradon, et à main gauche, celui du sieur de Madron; ce fait, nous serions retirés audit Toulouse, faute par nous de trouver logement sur cette route.

Et le lendemain mardi onzième jour de novembre, en présence desdits seigneurs commissaires, et assistés comme dessus, nousdits experts aurions repris notre travail depuis ledit pont du moulin de Madron jusqu'à celui de Montcal, remontant par la prairie depuis Castanet jusqu'au-delà de Bazièges, et en vingt-une stations, aurions trouvé huit mille trois cent quatre toises de longueur, avec six toises deux pieds deux pouces d'élévation, laissant les moulins

de la Vege, Escalguens, d'Ayme, les Barthes, Barièges, les Tours, et de Montcal à main droite, et parce que la nuit s'approchoit, nous serions retirés audit lieu de Barièges.

Le mercredi douzième dudit mois de novembre 1664, nousdits experts, en présence desdits seigneurs commissaires, assistés desdits géomètres, niveleurs, arpenteurs et autres ouvriers, serions retournés audit moulin de Montcal de grand matin, et continuant notre travail contre-mont de la prairie jusqu'à la fontaine de la Grave, lieu de partage sous les Pierres de Naurouse, pendant tout le jour, aurions trouvé, en trente-une stations, que depuis ledit moulin de Montcal jusqu'à ladite fontaine de la Grave, il y avoit neuf mille cinq cent quarante-quatre toises de longueur, et treize toises cinq pouces d'élévation, laissant à main droite les moulins de Bigot, Sabastié et Barelles : ce fait, nous nous retirâmes à Vigonnet, tellement que calcul fait de toutes les dimensions, élévations et dépressions, il est vrai que depuis le bord de Garonne, et lieu où l'on a commencé le niveau et le toisage, jusqu'à ladite fontaine de la Grave, il y a en tout vingt-six mille deux cent quatre-vingt-dix-neuf toises de longueur, et vingt-cinq toises trois pieds onze pouces et demi d'élévation.

Et parce qu'il étoit nécessaire de reconnoître le terrain depuis Toulouse jusqu'au point de partage, nousdits experts aurions fait faire par les pionniers

divers puisets de jour à autre et en plusieurs endroits, au moyen desquels nous aurions vu que le terrain depuis Toulouse jusqu'à la jonction du Lers, notamment vers les bords de Garonne, est un peu graveleux, et par toute la prairie jusqu'à la fontaine de la Grave, de très-bonne terre grasse et ferme, le tout propre à contenir les eaux, sans crainte qu'elles se puissent perdre, parce qu'à huit ou neuf pieds de profondeur l'eau sort par-tout entre deux terres.

Le jeudi treizième dudit mois de novembre 1664, lesdits seigneurs étant retournés à la fontaine de la Grave, lieu de partage où nous les attendions pour recevoir leurs ordres, avec lesdits géomètres, agrimanseurs et autres, l'on fit très-exacte visitation du lieu; et fut reconnu que ladite fontaine de la Grave, qui est enfermée dans un puits d'environ quinze pouces de largeur sur trois pieds ou environ de longueur, où à peine peut entrer un seau, avoit environ sept pieds de superficie et dix pieds d'eau, et que derrière ledit puits il y avoit un fossé d'où, quand il pleut, moitié des eaux descend du côté de Toulouse, et l'autre vers Narbonne; de façon que ce tertre étant élevé de vingt-cinq toises trois pieds onze pouces et demi par-dessus la Garonne, il est indubitable que si l'on y peut porter de l'eau à suffisance pour remplir et entretenir un Canal de navigation, il y aura assez de pente pour le construire à plaisir: l'on remarque encore, que sur ledit tertre il y a un

grand terre-plein pour y creuser un canal de communication de l'un à l'autre penchant dudit tertre, et y faire de grands réservoirs, s'il est besoin, pour être l'eau distribuée de chaque côté des deux mers, suivant la nécessité.

Mais parce que l'eau est la matière des canaux, et qu'hors de ladite fontaine il y en a que des pluies qui s'écoulent en peu de temps, nousdits experts représentâmes auxdits seigneurs commissaires, qu'à moins d'amener d'autres eaux audit lieu de partage, il n'y avoit pas apparence de faire un Canal de navigation ; sur quoi ledit sieur Riquet ayant dit que par son dessin l'on avoit pu voir qu'il avoit découvert des eaux dans la montagne Noire, qu'on pouvoit conduire à ladite fontaine de la Grave, et que tous ceux qui depuis tant de siècles avoient proposé la construction dudit Canal, ne s'en étoient jamais apperçus, attendu qu'elles sont fort cachées et presque hors de vraisemblance de pouvoir être amenées à ladite fontaine de la Grave ; que néanmoins il y avoit fait passer le niveau, et croyoit que la chose étoit possible : lesdits seigneurs commissaires délibérèrent qu'au lieu de descendre dudit point de partage du côté de Narbonne, il falloit plutôt aller vers la montagne Noire, et chemin faisant, passer le niveau par-tout pour en reconnoître la possibilité, parce qu'autrement nous travaillerions en vain.

Pour à quoi satisfaire, nous susdits experts, à l'indication dudit sieur Riquet, aurions fait tourner

les niveaux du côté des Pierres de Naurouse et de coteau en coteau, entrecoupés de diverses sinuosités, reconnu le même jour treizième novembre, nonobstant la rigueur de la saison, que le niveau étoit égal jusqu'à la grange des Alvian ou Carriés, à la réserve qu'entre ces trente et trente-unième stations, où se rencontre une élévation de neuf pieds de terre, il faudra creuser, pour faire la rigole du canal de dérivation des eaux de ladite montagne Noire, plus qu'ailleurs ; lesquelles trente-une stations montent à trois mille trois cent quarante-une toises en plusieurs contours de collines et montagnettes de terre et gravier ; et d'autant que la nuit s'approchoit, nous fûmes obligés de nous retirer à Vignonnet.

Le lendemain vendredi quatorzième dudit mois de novembre 1664, nousdits experts, en présence desdits seigneurs commissaires, et assistés comme dessus, reprîmes notre travail à la dernière station près la grange des Alvias ou Carrières ; et menant nos niveaux égaux de colline en colline comme le jour précédent, trouvâmes en quarante stations, trois mille trois cent quinze toises jusqu'au Bousquet, et d'autant que les sinuosités des collines rendent ce travail long et difficile, ne fut plus avant procédé, et nous retirâmes pour coucher à Saint-Félix de Caraman.

Le lendemain samedi quinzième du mois de novembre, ès présence et assistance susdites, nous continuâmes le même travail depuis le Bousquet jusques

sous le village de Saint-Paulet, et parce que le pays n'est pas moins sinueux et entrecoupé de collines, il nous fut impossible de faire plus de quarante-huit stations, qui montent à deux mille huit cent cinquante-une toises de cours, et la nuit nous pressant, retournâmes coucher audit Saint-Félix.

Le dimanche seizième dudit mois de novembre, après avoir ouï la sainte messe, en présence desdits seigneurs commissaires, assistés comme dessus, nous reprîmes notre travail à la dernière station du jour précédent, sous Saint-Paulet, et menant notre niveau de colline en colline, tirâmes, en quarante-sept stations, deux mille quatre cent cinquante-trois toises dudit Saint-Paulet jusqu'à la Martigue, et fûmes coucher audit Saint-Félix.

Le lundi dix-septième du même mois de novembre 1664, en présence de partie desdits seigneurs commissaires, assistés desdits géomètres, agrimanseurs et niveleurs, nous continuâmes, ainsi qu'il est dit ci-dessus, de mener nos niveaux égaux sur les contours des collines, pour construire la rigole propre à la conduite des eaux de ladite montagne Noire audit point de partage, et trouvâmes que depuis la montagne, dernière station du jour précédent, jusqu'à Mont-Causson, il y avoit quatre mille deux cent quatre-vingt-sept toises en soixante-sept stations, entre les quinze et seizième desquelles s'est rencontré le point de partage de Greissens dont a été parlé ci-dessus, et entre les quarante-sept et

quarante-huitième stations, près la métairie de Sen-cabin, est une élévation ou heurt de terre de quarante pieds, comme aussi entre les cinquante-six et cinquante-sept stations, près la métairie de Lambreosse, il y a une autre élévation de quatre pieds deux pouces qu'il faudra creuser plus qu'aux autres endroits de ladite rigole : ce faisant, nous nous retirâmes audit lieu de Mont-Causson.

Le mardi dix-huitième dudit mois de novembre, en la présence d'aucuns desdits seigneurs commissaires, avec lesdits géomètres et niveleurs, nous experts susdits retournâmes à ladite station dudit jour précédent, sous ledit Mont-Causson, et continuâmes le même travail jusqu'au bois de la Bombardelle, pendant trois mille deux cent trente-quatre toises, en soixante-treize stations, dans le cours desquelles et entre les trois et quatre stations, est un tertre élevé de quatre pieds près le moulin, et entre la cinquante-deuxième et la cinquante-troisième desdites stations près la Boriobasse, un autre de trois pieds deux pouces qu'il faudra pareillement fouiller plus bas que le fonds ordinaire de ladite rigole : et parce que l'heure étoit tarde, nous allâmes coucher à Revel.

Le lendemain dix-neuvième de novembre 1664, nousdits experts, assistés des géomètres, arpenteurs et niveleurs susdits, et en présence desdits seigneurs commissaires, partîmes du grand matin dudit Revel, et allâmes reprendre notre travail audit lieu de la

Bombardelle, où il avoit fini le jour précédent, et coloyâmes la montagne qui porte blé et vin, laissant la plaine de Revel à main gauche avec les mêmes niveaux; arrivâmes sur le soir en soixante-deux stations de trois mille deux cent soixante-six toises de cours, au-dessous du moulin du Purgatoire, où doit être prise l'eau de la rivière de Sor, pour être portée à la fontaine de la Grave, point de partage; mais il faut remarquer qu'entre les dix et onze stations près la Bombardelle basse, il y a une élévation de terre de quatre pieds cinq pouces, et entre les trente-troisième et trente-quatrième desdites stations près les Chaussinières, une autre de quatre pieds quatre pouces sur seize toises de longueur, qu'il faudra creuser comme il a été dit ci-dessus. La nuit s'approchant, nos assistans se retirèrent audit Revel, et nousdits experts montâmes au village de Durfort, distant environ huit cents toises dudit moulin de Purgatoire, pour reconnoître ladite rivière de Sor en son lit, et avant qu'elle soit surdivisée dans ladite plaine de Revel, et trouvâmes qu'au-dessus dudit Durfort, par la mesure de sa superficie et de la différente profondeur de son lit, elle pouvoit faire quatorze à quinze pouces cubes d'eau perpétuellement coulante, après quoi pressés de la nuit, nous fûmes coucher audit Revel.

Le jeudi vingtième dudit mois de novembre 1664, en l'assemblée desdits seigneurs commissaires tenue

andit Revel, nousdits experts fîmes notre rapport de ce qui s'étoit fait et de ce que nous avions vu depuis celle tenue à la fontaine de la Grave, et dîmes que suivant les niveaux et mesures susdits, l'on pouvoit assurément tirer une rigole ou canal de largeur et profondeur suffisante pour porter les eaux du Sor durant vingt-deux mille sept cent quarante-sept toises jusqu'au point de partage ou canal de distribution, avec onze toises de pente, nonobstant les diverses et fréquentes sinuosités qui se rencontrent depuis le moulin de Purgatoire jusqu'audit point de partage; mais qu'encore que le Sor pût fournir une assez bonne quantité d'eau perpétuelle et qui ne tarît jamais, il s'en perdroit beaucoup dans la longueur de ces contours de ladite rigole, pour abreuver les terres nouvellement remuées, en des penchans de montagnes, et par le soleil et les vents, et que ladite rivière descendant de Durfort à Sorèze, l'on en avoit tiré un bras pour laver la plaine de Revel, sur lequel, depuis le moulin de Purgatoire, il y en avoit d'autres à blé ou à foulon, dont les peuples auroient peine à se passer; de sorte qu'avant penser à autre travail, il nous sembloit nécessaire d'aller visiter les autres rivières dont ledit sieur Riquet faisoit mention dans son dessin, pour en reconnoître les eaux et les chemins par où l'on pourroit les jeter dans le Sor, pour de là descendre confusément audit point de partage; ce que ledit sieur Riquet, présent, ayant

offert de faire et nous y conduire, lesdits seigneurs commissaires assemblés auroient délibéré, qu'attendu que tout autre travail seroit inutile sans avoir préalablement visité les eaux, nous nous transporterions incessamment sur les lieux avec ledit sieur Riquet, et à son indication ferions toutes visitations et reconnoissances nécessaires desdites rivières, et de leur conduite dans le Sor et au point de partage de la fontaine de la Grave.

Le vendredi vingt-deuxième dudit mois de novembre 1664, nousdits experts partîmes de Revel avec partie desdits seigneurs commissaires, ledit sieur Riquet, arpenteurs, géomètres, niveleurs, pionniers et ouvriers, et ayant pris notre dernière station au moulin du Purgatoire, fîmes mesurer l'espace entre ledit moulin jusqu'au village de Durfort, qui se trouve de huit cent trente-deux toises de longueur, puis montâmes la montagne de Revel; et après avoir passé au village de Campmaze, arrivâmes à un talon où descend un ruisseau appelé Rieutort, qui traverse le grand chemin qui va dudit Revel à Carcassonne. Là, ledit sieur Riquet dit que ledit ruisseau de Rieutort étoit un des cinq marqués dans son dessin, qui naturellement descend dans la mer Méditerranée, et qu'il falloit forcer par diverses digues et chaussées, pour par leur regonflement être jetées dans le Sor, et avec lui portées au point de partage ; que cela passoit pour impossible dans l'esprit de plusieurs personnes ;

mais qu'après de longues méditations pour leur trouver chemin, et y avoir par deux fois passé le niveau, il estimoit la chose faisable, et que nous procédassions à cette reconnoissance sur son discours, qui fut qu'Alzau, rivière qui prend son origine au-dessous de la montagne Noire, dans le bois de Remondin, et se précipite, par des vallons affreux, dans le Fresquel, Vernassonne, qui descend de ladite montagne, et fait séparément le même cours; Lampillon, qui a la même origine, et se joint à Lampy, puis ensemble tombent par un autre endroit par ledit Fresquel, et ledit ruisseau de Rieutort, qui y a sa chute séparée, ne doivent faire qu'une rivière et être portées dans le Sor, pour parvenir à nos fins par ce moyen, que soutenant Alzau qui est le plus haut, on le conduira dans Vernassonne, qu'on forcera l'une et l'autre de se jeter dans Lampillon, qui descend naturellement dans Lampy; que le tout étant renfermé dans le vallon de Lampy, l'on construira une digue ou chaussée à travers ledit vallon, au lieu dit le Pas-de-Lampy, d'hauteur et largeur suffisante, afin que lesdites eaux étant regonflées jusqu'à la superficie de la terre en lieu commode, elles puissent être conduites dans le vallon de Rieutort qu'on fermera, comme celui du Pas-de-Lampy, d'une puissante et forte digue pour élever toutes lesdites eaux le plus haut que faire se pourra, et les conduire à un col ou gorge de montagne qu'il nous

montroit, qu'il faudra creuser ou percer pour jeter le tout dans le Sor, descendre à Durfort, de là au moulin du Purgatoire, puis dans la rigole jusqu'à la fontaine de la Grave.

Cela bien entendu et conçu, nous passâmes du vallon de Rieutort à celui de Lampy, distant du premier de soixante toises, où étant et au lieu dit le Pas-de-Lampy, nous reconnûmes qu'il y passoit assez d'eau pour faire moudre un moulin, et que si l'on bâtissoit une chaussée de l'un à l'autre rocher de huit toises en fond, soixante-cinq de superficie et vingt toises de hauteur, l'on feroit regonfler l'eau jusqu'au-dessus du terrain, et par une rigole passer dans le vallon de Rieutort, où bâtissant pareillement une digue de cinq toises en fond, quarante-huit de superficie et douze de hauteur; toutes lesdites eaux ensemble pourroient être conduites à la montagne ou col de l'Alquier, par une rigole de quatre cent quarante-six toises, et parce que ladite montagne est élevée de vingt-cinq toises par-dessus ladite rigole, la faudra percer ou couper pendant cent-dix toises seulement; après lesquelles lesdites eaux trouveront leur pente et chute dans le Canal du lac de Sor, de deux cents toises de profondeur parmi des rochers.

Cette reconnoissance ainsi faite, nous demeurâmes d'accord de la possibilité desdits ouvrages, et ne resta qu'à vérifier que lesdites rivières de Lampillon, Vernassonne et Alzau pourroient des-

cendre dans Lampy; à l'effet de quoi nous remontâmes contre-mont de ladite rivière de Lampy, qui incertaine en un lit extrêmement scabreux et raboteux, se divise entre plusieurs branches, et est coupée en divers endroits, suivant la commodité des habitans des lieux, et faisant mesurer sous niveau (car le cours de l'eau nous faisoit assez connoître sa pente), nous trouvâmes en longueur deux mille six cent seize toizes jusqu'à la jonction de Lampillon, contre le cours duquel remontant pareillement pendant deux cent trente toises, nous rencontrâmes un endroit propre à recevoir les rivières de Vernassonne et Alzau, si elles pouvoient y être amenées, et entrant dans la forêt de Remorendin trente-neuf toises plus haut que ledit Lampillon, nous fîmes notre première station à l'indication dudit sieur Riquet, pour aller chercher Vernassonne et Alzau, soutenant nos niveaux de hauteur en hauteur pour conserver une pente raisonnable, nous ne fîmes qu'une autre station de trente-trois toises jusqu'à un gros chêne creux qui est à un carrefour de ladite forêt, au lieu dit le Pas-de-Nespouille, et nous retirâmes à Arfons.

Le samedi vingt-deuxième novembre 1664, en présence et assistance que dessus, nous retournâmes à Arfons, à la station du jour précédent du chêne creux au Pas-de-Nespouille, et ayant fait poser nos niveaux à la hauteur nécessaire, continuâmes dans le bois, par le penchant des montagnes, notre-

dit travail jusqu'à la rivière de Vernassonne, et la rencontrâmes en cinquante-une stations de sept cent quatre-vingt-onze toises de longueur, et entre les vingt-cinq à vingt-six desdites stations trouvâmes une hauteur de terre de cinq pieds sur trente toises de longueur qu'il faudra creuser plus bas que le fond de ladite rigole pour lui donner sa pente ; ce fait, parce que le temps étoit très-mauvais, et qu'il y avoit loin jusqu'audit Arfons, nous nous retirâmes.

Le lendemain dimanche vingt-troisième dudit mois, après la sainte messe, nousdits experts, en présence desdits seigneurs commissaires et assistés desdits géomètres, niveleurs, agrimanseurs et autres ouvriers, partîmes dudit Arfons, et retournâmes à ladite rivière de Vernassonne, au lieu où nous avions laissé notre travail le jour précédent, où ayant considéré que si par une digue ou chaussée l'on soutenoit ladite rivière, il ne seroit pas trop malaisé de la faire descendre dans le Lampillon, nous continuâmes de niveler et mesurer dans le bois, à dessein de rencontrer la rivière d'Alzau, et en cinquante-deux stations, courûmes de coteau en coteau pendant douze cent vingt-sept toises jusqu'au Pas de la Maison Grave ; mais parce que le mauvais temps nous pressoit, et qu'Arfons étoit trop loin, nous nous retirâmes en la grange de Remondin, au milieu du bois, où nous passâmes la nuit jusqu'au lendemain neuf heures du matin sans pouvoir sortir.

Le lundi vingt-quatrième dudit mois de novembre, étant retournés avec lesdits seigneurs commissaires et nos assistans, à la dernière station de la Maison Grave, qui étoit autrefois un parc des comtes de Toulouse, nous, experts, fîmes reprendre notre travail, et après trente-cinq stations de neuf cent dix-huit toises de longueur dans les bois, par des endroits mal-aisés, et des penchans de rochers que nous marquâmes, nous nous retirâmes à Arfons.

Le mardi vingt-cinquième dudit mois de novembre, en présence et assistance que dessus, nous susdits experts retournâmes reprendre le travail du jour précédent, et continuâmes de poser nos niveaux et faire mesurer à l'ordinaire, en quarante-deux stations, onze cent cinquante-trois toises de cours; nous arrivâmes enfin à la rivière d'Alzau, près et au-dessous du moulin à scie de Caez, de sorte que depuis la rivière de Vernassonne jusqu'à celle d'Alzau, il y a trois mille deux cent quatre-vingt-treize toises de longueur par où il faut conduire la rigole : cette reconnoissance ainsi faite, nous descendîmes avec ledit sieur Riquet et tous les ouvriers à Carcassonne.

Le mercredi vingt-sixième dudit mois de novembre 1664, où étant, et en l'assemblée desdits seigneurs commissaires, nousdits experts rapportâmes qu'on pourroit conduire lesdites rivières d'Alzau, Vernassonne et Lampillon dans Lampy, et Lampy dans Rieutort, et le tout dans Sor, ainsi

qu'il a été dit ci-devant ; et qu'à cet effet il falloit construire une digue au-dessus du moulin à scie de Caéz, de soixante-cinq toises de longueur entre les deux montagnes qui composent le vallon, de telle hauteur et épaisseur qu'il sera jugé à propos pour faire regonfler ladite rivière d'Alzau, une autre à Vernassonne, et celles de Lampy et Rieutort, ainsi qu'il a été dit ci-dessus ; mais que la rigole seroit assez difficile à faire dans les bois, au penchant de diverses montagnes et parmi des rochers, ce qui se pouvoit surmonter ; et quant à la quantité de l'eau que ces cinq rivières, deux fois autant et plus que le Sor ; de sorte que hors quelqu'inconvénient que nous ne pouvions prévoir, toutes ensemble en fourniroient assez pour remplir et entretenir ce grand Canal de navigation.

Après que lesdits seigneurs commissaires, en leurdite assemblée à Carcassonne, délibérèrent si nous retournerions à la fontaine de la Grave pour reconnoître le terrain et les eaux depuis là jusqu'à Carcassonne, ou si nous irions plutôt voir l'état du fleuve d'Aude depuis l'embouchure du Fresquel en icelui, et fut résolu que nous irions visiter Aude, et leur en rendrions compte à Narbonne chemin faisant.

En exécution de ladite délibération du jeudi vingt-septième dudit mois de novembre 1664, lesdits seigneurs commissaires s'étant transportés au-dessous du pont de Conquet, distant dudit Carcas-

sonne d'un quart de lieue, et nousdits experts à leur suite avec les géomètres, niveleurs et autres ouvriers, il fut délibéré d'aller voir l'endroit où la rivière de Fresquel s'embouche dans Aude, où étant, l'eau ayant cru de beaucoup, trois radeaux de bois de Quilla descendirent assez facilement, mais fort peu chargés, et au plus profond pouvoit y avoir quatre pieds d'eau; l'on mit alors en question par où l'on pourroit faire entrer Fresquel dans Aude, et si l'on se serviroit de son lit pour la navigation : quelqu'un du pays dit qu'il falloit se tenir dans le lit de Fresquel, et traverser Aude droit à une pointe de montagne à main droite ; sur quoi, nousdits experts représentâmes auxdits seigneurs commissaires, qu'avant se pouvoir déterminer là-dessus, il étoit absolument nécessaire de voir Aude en toute son étendue aussi bien que Fresquel ; attendu que ledit Fresquel nous sembloit fort peu de chose, et Aude extrêmement rapide pour une si petite crue, et fut ainsi résolu; de sorte que nous nous y retirâmes pour y travailler, et commençâmes sur la gauche d'Aude à la grange ou métairie de M. l'évêque dudit Carcassonne, et observer tous ses contours, son lit, sa largeur, sa profondeur, et la longueur de son cours ; mais parce qu'il en sera parlé plus amplement ci-après, nous nous contenterons de dire de jour à autre, quelle est sa longueur seulement, dont nous ne mesurâmes ledit jour que deux mille huit cent cinquante-une toises depuis ladite métairie

jusque sous le couvent des pères Capucins de Trèbes, et nous nous retirâmes audit Trèbes.

Le lendemain vendredi vingt-huitième de novembre 1664, ès présence desdits seigneurs commissaires, assistés desdits géomètres, agrimanseurs, niveleurs et ouvriers, nousdits experts fûmes reprendre notre travail sous ledit couvent des Capucins, à main droite de ladite rivière, où passant sous Trèbes, laissâmes le pont à main gauche, qui a soixante-seize toises de longueur; puis continuant notre mesurage pendant tout le jour, trouvâmes que depuis ledit couvent des Capucins jusqu'à Saint-Coua, en cinq stations, il y avoit neuf mille huit cent quarante-cinq toises; et parce que la nuit s'approchoit, nous nous retirâmes à Pecheyrie.

Le samedi vingt-neuvième du même mois de novembre, ès présence et assistance que dessus, nous reprîmes notre travail sous Saint-Coua, à la gauche d'Aude jusqu'au moulin de Manibert, et en quarante-six stations, mesurâmes huit mille dix toises de longueur, durant tout le jour qui finissant, nous allâmes coucher à Ouns.

Le dimanche trentième dudit mois de novembre 1664, après avoir entendu la messe, en présence d'aucuns desdits seigneurs commissaires, et assistés comme dessus, nous recommençâmes notre travail sous le moulin de Manibert, à gauche d'Aude, allant du côté de Narbonne et jusqu'à Orbiou;

rivière qui y entre près Saint-Martin de Grave, nous mesurâmes dix mille quarante-trois toises de longueur en soixante-douze stations ; puis continuâmes notre travail toujours à gauche d'Aude jusqu'à la peyssière qui soutient l'eau du Canal, ou Robine qui passe à Narbonne, et laisse passer par-dessus le reste des eaux d'Aude, qui descendent par la plaine de Coursan, et trouvâmes qu'en trente-deux stations, il y avoit deux mille quatre cent cinquante-deux toises de longueur.

Et le même jour, après avoir passé la barque et pris ledit Canal ou Robine à droite, aurions fait continuer notre mesurage par la plaine de Narbonne, et depuis l'entrée d'Aude dedans le Canal jusqu'à la ville, trouvé qu'il y avoit, en quatre-vingt-seize stations, neuf mille six cent trente toises de longueur ; ce fait, nous serions retirés audit Narbonne, la nuit s'approchant.

Et sur le soir du même jour, en l'assemblée tenue par lesdits seigneurs commissaires, nousdits experts fîmes notre rapport de l'état d'Aude comme fleuve. S'en suit que le fleuve qui prend son origine dans les Pyrénées, au-devant de Quillá, descend par des rochers si scabreux et avec une pente si précipitée jusqu'à la Robine de Narbonne, que jusqu'à cette heure il n'a été navigable que pour de petits radeaux pendant ses crues et débordemens ; étant entre-coupé en divers endroits, de rochers élevés à travers son lit, et de treize peyssières de moulins,

dont deux sont ruinées, ainsi qu'on verra sur le plan, que depuis la métairie de M. l'Évêque, où nous avions cru pouvoir nous en servir pour la navigation jusqu'à ladite Robine en ses sinuosités, elle a trente-trois mille six cent vingt-neuf toises de cours, et ladite Robine jusqu'à Narbonne, neuf mille six cent trente-trois ; qu'il est vrai qu'on la pourroit rendre navigable avec trois ou quatre pieds d'eau, en y construisant de fréquentes chaussées et écluses, pour mettre la superficie de l'eau au-dessus des rochers et des peyssières des moulins, en resserrant son lit en divers endroits; mais que l'intention de Sa Majesté étant de faire faire un Canal de profondeur considérable, pour porter de grandes barques, et y ayant beaucoup de dépense à faire *aux ouvrages* nécessaires pour une médiocre navigation, *lesquels les inondations par trop fréquentes dudit fleuve pourroient ruiner*, il nous sembla plus à propos de chercher un chemin pour un Canal neuf de profondeur raisonnable du côté dudit fleuve d'Aude, et se servir de ses eaux, les soutenant par plusieurs digues ès lieux où il seroit trouvé nécessaire; quoi faisant, l'on auroit la navigation libre en tout temps, avec un fond suffisant.

Sur quoi, après une très-ample discussion des inconvéniens qui pourroient arriver, si l'on s'arrêtoit au lit d'Aude, il fut résolu par lesdits seigneurs commissaires, que nousdits experts ferions toute

diligence pour trouver les moyens de mener et construire un Canal hors du lit d'Aude, et nous servir de ses eaux, après toutefois avoir reconnu l'état du Canal ou Robine de Narbonne à Sainte-Lucie, de l'étang de Bages, du grau de la Nouvelle et du port de la Franqui ; il fut délibéré que le lendemain lundi premier dudit mois de décembre 1664, lesdits seigneurs commissaires descendroient en barque sur ladite Robine, et que les eaux seroient par nous visitées en leur présence.

Ledit jour lundi premier décembre, lesdits seigneurs et nous serions descendus en barque du pont de Narbonne jusqu'à Sainte-Lucie, sondant en divers endroits ladite Robine, qui à cause de la crue fut trouvée profonde d'environ quatre pieds et demi jusqu'audit lieu de Sainte-Lucie, et entre les murailles qui conduisent de ladite Robine dans l'étang de Bages, où ne furent trouvés que deux pieds et demi ou trois pieds de fond, puis entrant dans ledit étang pour tourner du côté de la Nouvelle, trouvâmes qu'il y avoit encore moins de fond pendant plus de cent toises ; de sorte que les barques, pour peu qu'elles soient chargées, ont peine ou n'y sauroient passer ; de là l'étang se trouve cinq à six pieds de profondeur jusqu'au lieu dit de Soulle-Taillad, où pendant cent cinquante toises il n'y a que trois pieds d'eau au plus ; mais passant plus avant, et dans le même étang, nous entrâmes dans un Canal profond de plus de douze pieds, qu'on

appelle Canal royal, et qu'on dit avoir été fait de main d'hommes, où les barques donnent fond du côté de l'hôtellerie de la Nouvelle, et dure ledit Canal jusques deux cents ou trois cents toises de l'embouchure de la mer dans ledit étang, qu'on nomme le grau de la Nouvelle, où la mer a fait un banc de sable, et n'y a que quatre pieds d'eau; bien est vrai qu'en un endroit où le banc semble être rompu pendant dix ou douze toises de travers, il y a six pieds d'eau; mais il est si mal-aisé, que quand la mer est agitée, les barques n'y peuvent entrer; et d'effet le jour précédent cette visitation, une s'y assabla, et en fut tirée par un coup de mer contre toute espérance : ce fait, partie desdits seigneurs commissaires se retira à Narbonne, et nousdits experts, avec les géomètres et autres ouvriers à Sijean, après y avoir employé les mardi et mercredi, second et troisième dudit mois.

Et le jeudi quatrième dudit mois de décembre 1664, nousdits experts, avec lesdits géomètres, niveleurs et ouvriers, partîmes dudit Sijean, et allâmes au port de la Franqui, où ayant fait équiper deux esquifs par des patrons et mariniers qui étoient audit port, après avoir considéré attentivement les lieux, nous nous embarquâmes pour sonder le port, l'un d'un côté et l'autre de l'autre, afin que si nos sondes et mesures se rapportoient, nous en fissions un jugement plus assuré, et trouvâmes en conformité, que depuis la plage jusqu'aux ro-

chers qui paroissent dans la mer, appelés les Frères au bout du cap, ce rideau ou montagne qui couvre ledit port des vents de ponent, labèche et septentrion, avoit trois cent cinquante toises de longueur, et qu'à deux ou trois toises des pierres qui sont tombées de ladite montagne au bord de la mer, il y a toujours dix à quinze pieds d'eau; que de la plage allant à la mer, il y a deux brasses et demie à trois brasses d'eau jusqu'à un banc de traverse, tout ledit port tirant comme un demi cercle de la plage, au milieu dudit cap, pendant trente ou quarante toises de largeur, et que sur ledit banc il y a environ deux brasses d'eau; mais qu'en un endroit et presqu'au milieu dudit banc, la mer s'abaisse et se rompt, ce qui fait connoître qu'elle y est plus profonde et que le banc y est coupé pendant douze ou quinze toises de longueur, et quatre ou cinq brasses de profondeur; d'effet nous apprîmes des anciens patrons, que quelques grands vaisseaux poussés par le mauvais temps, avoient heureusement rencontré ce trou, et s'étoient mis en assurance; mais que toutes les barques, pour grandes qu'elles fussent, passoient sur ledit banc sans aucun péril.

Dudit banc nous entrâmes dans la mer, et trouvâmes qu'elle avoit cinq, six à sept brasses d'eau; de façon que plus nous y entrions, il y avoit plus de fond: l'ouverture dudit port est exposée aux vents de levant, grec et midi; mais comme elle est plus couverte du dernier, il est inouï qu'il y ait jamais

fait dommages : ainsi, pour assurer ce port, il ne se faut défendre que du levant et du grec.

Le lendemain jeudi quatrième décembre 1664, nous experts susdits fîmes notre rapport de l'état dudit port auxdits seigneurs commissaires en leur assemblée à Béziers, ainsi qu'il est ci-dessus exprimé; après quoi nous ayant demandé si nous estimions qu'il se pût bonnifier par un môle, nous répondîmes que très-assurément ledit port pouvoit se rendre bon par deux moyens; le premier, en rompant et affoiblissant le banc qui le traverse, que nous croyons être de terre grasse mêlée de pierres comme ladite montagne ou cap; le second, en y faisant trois môles ou jetant de grosses pierres, la première de quinze ou vingt toises de longueur sur lesdits rochers appelés Frères, à la pointe dudit cap, qui servira de commencement à un quai qu'on pourra bâtir au pied de ladite montagne; la seconde, à quelle distance on jugera nécessaire sur le même alignement, opposée au vent du levant, et la troisième, à même distance, opposée au midi; le tout, de telle force qu'elles résistent aux coups de la mer, et en la meilleure manière que faire se pourra ; et d'autant que ci-devant, sur la proposition qui avoit été faite de faire un môle audit port, les experts auroient dit qu'il falloit attacher les jetées audit cap et à la plage, et ne laisser qu'une entrée au milieu pour être moins sujet aux vents, nous experts susdits, à l'objection qui nous fut faite là-

dessus, que si l'on ne faisoit qu'une ouverture du côté de la mer, le golfe de Lion étant fort sablonneux et battu des vents qui le remuent en son fond, l'on courroit risque de voir ledit port plein et comblé, ainsi que l'expérience le montre ailleurs; mais qu'en laissant plusieurs ouvertures, la mer y faisant entrer le sable d'un côté le chasseroit de l'autre et le nettoyeroit, et que de cette façon, si l'on ne pouvoit rompre le banc, l'on auroit deux ports assurés, l'un pour les vaisseaux, entre le môle et le banc, et l'autre pour les barques, depuis le banc jusqu'à la plage, et sera facile de tirer des pierres des montagnes voisines pour faire lesdits môles.

Nousdits experts représentâmes encore auxdits seigneurs commissaires, que si Sa Majesté faisoit travailler au grand Canal de communication des mers, il seroit absolument nécessaire de faire élargir et creuser la Robine de Narbonne, depuis son embouchure d'Aude en toute son étendue et jusqu'à l'étang de Bages, de dix pieds, même ledit étang, jusqu'à ce qu'on le trouve de cette profondeur, et environ cent cinquante toises de long au lieu dit Goules-Taillade, jusqu'au Canal royal, comme aussi ledit étang, depuis ledit Canal royal jusqu'au grau de la Nouvelle, ou embouchure de la mer en icelui, de telle profondeur que les barques et vaisseaux y puissent entrer et sortir librement; ce qui se pourra faire beaucoup mieux que par le passé pour une

bonne fois, et seroit de facile entretien et peu de frais par chacun an. Que si l'on vouloit ne plus se servir dudit grau de la Nouvelle, puisque la mer le comble si souvent, en cas qu'on fît travailler au môle ou port de la Franqui, l'on pourroit tirer un Canal de sept mille toises de long, largeur et profondeur suffisantes dudit port audit Canal royal, passant par la plaine et derrière l'hôtellerie de la Nouvelle, au moyen de quoi toutes marchandises seroient portées en sûreté dans ledit étang de Bages, et de là à Narbonne par la Robine.

Notredit rapport ainsi fait auxdits sieurs commissaires ainsi assemblés, mondit sieur de Bezons, intendant, dit qu'on avoit parlé autrefois de ce que nous venions de dire, et que ce chemin sembloit fort assuré; mais que cela lui remettoit en mémoire le dessein qu'il avoit ci-devant conçu de faire passer par eau les marchandises venant de Lyon destinées pour le Languedoc, sans entrer dans ce golfe de Lion qui est fort dangereux; que chacun savoit que le Rhône se divisant au-dessus d'Arles, formoit à droite ce canal ou brassière de Fourques; que ladite brassière partagée à la pointe de Sauvereal, descendoit à gauche aux marées, et à droite au Fort de Peccais; que sous ledit fort étoit tiré un autre canal ou robine, appelé la Bourgidon, qui alloit à Aiguemortes; que par la grande robine dudit Aiguemortes, l'on entroit dans l'étang de Mauguiot ou Peyroez, et que de-là, par la garre ou

petit canal de Frontignan, l'on entroit dans l'étang de Tau qui est près de Marceillan, et que s'il étoit possible de tirer un canal d'Héraut, rivière qui se jette dans la mer au-dessous d'Agde jusqu'audit étang de Tau, un autre dudit Héraut par la rivière d'Orb, qui se jette dans la mer au-dessous de Serignan; un autre de ladite rivière à l'étang de Vendres, et faire descendre un bras dans la Robine de Narbonne, dans ledit étang de Vendres, le grand Canal de navigation. En le faisant, l'on pourroit aller de Bourgogne à Bordeaux par lesdits fleuve et canaux, sans aucun risque, et seroit un ouvrage autant utile qu'admirable, et qu'il étoit d'avis, avant de retourner en ladite fontaine de Grave, que nous allassions sur lesdits étangs et rivières pour connoître la possibilité ou impossibilité de ce dessein : sur quoi lesdits seigneurs commissaires l'ayant ainsi délibéré ;

Le vendredi cinquième dudit mois, nousdits experts, avec les niveleurs et autres ouvriers, allâmes coucher à Marceillan, et le lendemain samedi sixième du même mois de décembre 1664 de grand matin, nousdits experts, en présence d'aucuns desdits seigneurs commissaires, et assistés desdits géomètres, niveleurs et autres ouvriers, partîmes de Marceillan, et ayant sondé ledit étang en lieu commode, trouvâmes qu'il avoit cinq pieds d'eau, et qu'entrant plus avant, la profondeur étoit plus grande, de là à main droite de la métairie du sieur Masseguy,

tirâmes jusqu'à neuf cent soixante-trois toises de ladite métairie ; à la première martillière ou écluse de l'étang du Bagnast, cent quatre-vingt-trois toises de ladite martillière ; à la seconde, soixante-dix toises, et de la seconde à la troisième, huit cent vingt toises ; de la dernière martillière jusqu'à la métairie du sieur Trinquaire, trois cent quatre-vingt-sept toises, et de là aux poutiles du bois appelé les Passes, trois cent cinquante toises, en remontant du long de Rieu, et desdits poutiles passant au pont de Saint-Bausely par-derrière le jardin de M. l'évêque d'Agde, au lieu dit l'Hort des Grenouilles jusqu'à la rivière d'Héraut, quatre cent soixante-dix toises, tellement que dudit étang jusques et par-dessus Agde à ladite rivière d'Héraut, il y a trois mille deux cent quarante-trois toises, avec une pente si naturelle, que ledit Rieu se décharge dans le Bagnast, et ce Bagnast dans l'étang lors des débordemens d'Héraut ; et à cause du mauvais temps, nous nous retirâmes en ladite ville d'Agde.

Où étant, l'on nous dit que l'on avoit été, depuis peu au cap de Cette, pour voir si l'on pourroit y construire un port assuré, et que du temps de M. le connétable de Montmorenci on avoit eu ce dessein ; qu'on avoit ouï-dire qu'il n'y avoit rien de plus aisé, car au moyen dudit cap, il seroit à l'abri de plusieurs vents et d'un fond tel qu'on sauroit le desirer ; ce qui nous auroit obligés de tourner nos pen-

sées de ce côté là, si notre commission le peut permettre; mais il est vrai que si l'on croit à la voix publique, l'on peut faire un très-bon port en ce lieu, même ouvrir la langue de terre ou falaise qui sépare la mer dudit étang de Tau pour y passer les barques et vaisseaux.

Le lendemain septième dudit mois de décembre, après la messe et assistés comme dessus, nousdits experts passâmes la rivière audit Agde, et reprîmes notre travail depuis le jardin du sieur de Figaret sur la droite d'Héraut, et vis-à-vis de l'Hort des Grenouilles en ligne droite jusqu'à la palus de Porqueraignes dessous Roquehaute, et trouvâmes qu'en douze stations il y avoit quatre mille neuf cent vingt-une toises; puis de ladite palus droit à une rivière appelée le Meyra, pendant autres douze cent quinze toises, et de ladite Meyra à la rivière d'Orb, quatre cents toises ou environ au-dessus de Saint-Genyes, tirâmes autres mille soixante toises : ce fait, la nuit s'approchant, nous retirâmes à Villeneuve la Cremade.

Le lendemain lundi huitième dudit mois de décembre, en présence desdits seigneurs commissaires et assistés des géomètres et autres ouvriers, recommençâmes notre travail, et trouvâmes que depuis ladite rivière d'Orb jusqu'à la métairie du sieur de Valras, il y avoit seize cents toises de longueur, et de ladite métairie jusqu'à l'étang de Vendres, autres trois mille toises; tellement qu'il est vrai de dire,

que depuis ladite rivière d'Héraut jusqu'audit étang de Vendres en ligne droite, il y a onze mille sept cent quatre-vingt-seize toises de longueur, et depuis l'étang de Tau jusqu'audit étang de Vendres, quinze mille trente-neuf toises.

Ledit jour lundi huitième décembre 1664, nous continuâmes notre travail sur le bord dudit étang jusqu'au village de Vendres, où étant, nous nous informâmes des anciens patrons et mariniers de l'état présent dudit étang, qui nous dirent, qu'à l'endroit où le Canal venant de la rivière d'Orb, aboutiroit à l'étang cinquante avant, il y a cinq à six pieds d'eau, et plus avant, quinze à vingt pieds; mais que pour entrer et sortir dudit étang à la mer, il y avoit deux graux ou ouvertures, dont la plus petite n'a guère plus que la largeur d'une barque, avec trois ou quatre pieds d'eau depuis la mer jusqu'au premier bas-fond dudit étang, pendant environ cinq ou six cents toises pleines de vase et sable sans cailloux, et que la plus grande ouverture ou embouchure à la mer, venant du levant au couchant, est fort longue en côtoyant l'étang, et a dix ou douze pieds d'eau presque par-tout, hors à son entrée, où elle n'a que deux ou trois pieds de profondeur, à cause des bancs de sable: ce fait, nous nous retirâmes à Béziers.

Le mardi neuvième décembre 1664, en l'assemblée desdits seigneurs commissaires tenue à Béziers, nousdits experts rapportâmes ce que nous avions vu

et fait depuis l'étang de Tau jusqu'à celui de Vendres, et les assurâmes qu'on pouvoit faire un Canal de l'un à l'autre, les rivières d'Héraut et d'Orb étant plus hautes que le terrain, ne pouvant être retenues en cas de besoin; que ledit terrain y étoit fort propre, hors depuis le Moyra jusqu'à l'étang de Vendres; qu'il est chargé de trois pieds de sable, et que le fond est bon; et que pour obvier au gonflement que les vents faire audit Canal, il y faudroit planter des tamarins : quant à l'étang de Vendres, que c'est un bassin fort profond, à l'abri de plusieurs vents, qui serviroit de port, si l'on approfondissoit le petit Grau pendant six ou sept cents toises; ce qui n'est pas trop mal aisé, d'autant que ce n'est que vase et sable; au contraire, le grand Grau, ou entrée de la mer à l'étang, est assablé de divers bancs de sable fort difficiles à entamer; d'ailleurs, que sitôt qu'elle seroit ouverte, la mer l'assableroit de nouveau.

Et pour ce qui regarde le Canal à faire depuis la Robine de Narbonne jusqu'audit étang de Vendres, qu'il n'y avoit rien à douter, vu que la pente y est naturelle, et qu'Aude se décharge dans ledit étang, des inondations de laquelle il faudroit défendre ledit Canal par des fortes chaussées en ses bords.

De façon que si l'on faisoit un port au cap de Cette et un autre à la Franqui, et qu'on joignît lesdits étangs de Tau et Vendres par lesdites rivières d'Héraut et d'Orb, il est constant que la navigation

seroit très-assurée par mer par lesdits étangs et par lesdits canaux en cette province.

Ledit rapport ainsi fait par nousdits experts, lesdits seigneurs commissaires délibérèrent que nous retournerions à la fontaine de la Grave, point de partage, et d'autant que nous avions déjà dit que les lits de Fresquel et Aude ne pourroient servir à la navigation (que quand même l'on s'en voudroit servir, la dépense seroit aussi grande que de faire une nouveau Canal); que nous chercherions curieusement les chemins plus aisés pour la conduite des eaux desdites rivières hors de leur lit.

Le mercredi dixième décembre audit an, nousdits experts, en présence desdits seigneurs commissaires, et assistés comme dessus par lesdits sieurs Riquet, géomètres, arpenteurs, niveleurs et autres ouvriers, partîmes dudit Narbonne, et considérant que pour amener les eaux d'Aude par un canal nouveau sous Narbonne, et de-là à la mer, nous n'avions point de plus court chemin que par le vallon de Villedagne, si cela étoit possible; nous nous transportâmes près de la grange de l'Hôpital sur ladite Robine, et y trouvâmes un ruisseau à sec, appelé Voyrez, par où descendent les eaux pluviales dudit vallon à ladite Robine; où nous fîmes poser le niveau, et remontâmes, laissant la fontaine et le village de Montredon à droite, tant et si longtemps que nous arrivâmes au bout audit vallon, tenant toujours la montagne à gauche, avec douze

toises quatre pieds quatre pouces d'élévation, et environ six mille toises de longueur; mais étant arrivés sur ledit penchant de la montagne, nous découvrîmes que la plaine dudit Villedagne étoit si basse, qu'il seroit impossible d'amener de là les eaux qui seroient descendues; et après avoir cherché si les collines et montagnes qui sont à gauche, du côté de Luc, nous pourroient servir pour les soutenir, les trouvant trop mal-aisées et le chemin trop long; de sorte que nous abandonnâmes ce dessein, et fûmes obligés d'aller reprendre la tête de la Robine de Narbonne où Aude est partagée, ainsi qu'il est dit ci-dessus; mais parce que l'heure étoit tarde, nous allâmes coucher à Moussan.

Le lendemain jeudi onzième dudit mois de décembre, en présence et assistance comme dessus, sortîmes dudit Moussan, et retournâmes à la tête de la Robine, puis au-dessous du moulin de Fériol, appartenant au chapitre de Saint-Just dudit Narbonne, où nous fîmes notre première station; et les niveaux posés, tirâmes tout le jour jusqu'à dix mille neuf cent vingt-deux toises de longueur, à travers la plaine de Villedagne à Lezignan: mais il faut remarquer qu'il faut traverser la rivière d'Orbion, avec les ouvrages, digues et écluses nécessaires, et qu'entre la treizième et quatorzième stations, vis-à-vis Montravech, jusqu'au port de Fontanech, il y a quatre toises quatre pieds d'élévation, et depuis ledit port jusqu'à Conilha, huit

toises onze pieds six pouces : quoi fait, nous nous retirâmes à Lezignan.

Le vendredi douzième dudit mois de décembre 1664, nousdits experts, ès présence et assistance comme dessus, reprîmes notre dernière station du jour précédent sous Conilha, et passant sous l'hôpital de Fontcouverte, et entre les sixième et septième stations, montâmes la montagne de Mons avec deux toises cinq pieds six pouces d'élévation depuis Conilha; de sorte que depuis le moulin de Fériol jusqu'à ladite hauteur, il y a quinze toises quatre pieds d'élévation ; ce qu'il faut remarquer, tant à cause de cette hauteur que de la qualité du terrain, qui est presque tout gravier et rocher depuis là jusqu'à Pesens, dont sera ci-après parlé, et passant sous Albas, Douzens et Campendu au penchant des montagnes, tirâmes, en soixante-neuf stations, neuf mille cinq cent vingt-quatre toises de longueur; après quoi la nuit nous pressant, nous nous retirâmes audit Mouel.

Le samedi treizième dudit mois de décembre, nous reprîmes notre travail avec partie desdits seigneurs commissaires, les géomètres et agrimanseurs susdits, sous le moulin à vent ruiné qui est sur le chemin vis-à-vis Marseillette; et passant dans Barbeyra et Floure, mesurâmes, en quarante-quatre stations, cinq mille cinq cent trente-huit toises de longueur, jusques et sous le couvent des Capucins de Trèbes; mais il faut prendre garde

qu'entre ces trente-cinq et trente-six stations au-dessus de la garenne de la Roquefonturs, il y a un rocher élevé de cinq toises un pied trois pouces qui s'oppose à notre chemin sur le bord d'Aude, qu'il faudra couper ou escarper pour passer ce Canal : ce faisant, nous retirâmes à Trèbes.

En cet endroit, sous les Capucins, et à deux cent soixante-dix-sept toises au-dessus du pont de Trèbes, il faudra traverser Aude par une bonne digue, ou autres travaux qui seront spécifiés dans le devis, et y recevoir la rivière ou canal de Fresquel à droite en remontant, ainsi qu'il sera dit ci-après.

Le dimanche quatorzième dudit mois de décembre 1664, après avoir ouï la sainte messe, sortant de la ville de Trèbes, tous ensemble nous transportâmes sur le bord d'Aude, jusqu'à la susdite distance de deux cent soixante-dix-sept toises au-dessus du pont à main droite en remontant, et après avoir considéré l'endroit par lequel nous pourrions emboucher le Canal de navigation dans l'Aude, pour le traverser posâmes nos niveaux et fîmes mesurer jusqu'à la métairie appelée la Majanne, trois mille quatre-vingt-huit toises ; mais il est à remarquer, qu'entre la quatorzième et quinzième stations, il y a une élévation, sous la métairie de M. l'Evêque, d'une toise trois pieds un pouce qu'il faudra creuser plus qu'ailleurs, et jeter Fresquel dans Aude pendant cent vingt-huit toises, y faisant les ou-

vrages nécessaires, à cause du refus du terrain.

Au pied de la métairie passe la rivière de Fresquel, qui s'embouche dans Aude, et parce que le terrain ne pouvoit permettre que dans le penchant de la colline, nous trouvassions de quoi construire le Canal de navigation,

Le lundi quinzième dudit mois de décembre 1664, ès présence et assistance comme dessus, nous cherchâmes un chemin sur la montagne, et laissant le pont de Conques à gauche, montâmes à la métairie de l'Hôpital au-dessus de Ville-Moustoux, où se rencontre une élévation de sept toises cinq pieds trois pouces sur neuf cent dix-neuf toises de long, et de niveau en niveau, mesurâmes tout le jour jusqu'au pont de Saignes, deux mille trois cent quarante-sept toises de longueur, et après quoi nous retirâmes à Carcassonne.

Le mardi seizième du même mois, nous reprîmes notre travail du jour précédent au pont de Saignes, et au bas de Pamantier trouvâmes le vallon, et regagnâmes la montagne à main gauche pour soutenir notre niveau jusqu'au moulin de Pesens pendant quatre mille quatre cent quatre-vingts toises, en quarante stations, remarquâmes que depuis la tuilerie jusqu'au moulin, il y avoit deux toises quatre pieds et demi d'élévation ; et à cause de l'heure tarde, nous retirâmes audit Pesens.

Le lendemain mercredi dix-septième dudit mois de décembre, nousdits experts, ès présence et assis-

tance que dessus, recommençâmes à poser nos niveaux et mesurer audit moulin de Pesens, et pendant tout le jour, en trente-une stations, trouvâmes huit mille cent quarante-quatre toises, jusqu'au-dessous du pont de Villepinte, observant que pendant ladite journée nous nous étions élevés de neuf toises quatre pieds trois pouces ; ce fait, nous retirâmes audit Villepinte.

Le jeudi dix-huitième dudit mois de décembre 1664, nousdits experts, accompagnés et assistés comme dessus, reprîmes la dernière station du jour précédent au pont de Villepinte, et montant du long de la prairie pendant neuf mille six cent trente-cinq toises en vingt-quatre stations, jusqu'au pont de la Roysière, et durant cette journée, nous élevâmes de neuf toises un pied ; après quoi nous allâmes coucher à Castelnaudary.

Le vendredi dix-neuvième dudit mois de décembre 1664, ès présence et assistance comme dessus, nousdits experts reprîmes notre travail où il avoit fini le jour précédent, depuis le pont de la Roysière jusqu'au pont Gauzoux, et fîmes, passant par la Bastide jusqu'à la fontaine de la Grave, point de partage, quatre mille neuf cent huit toises de longueur, nous étant élevés ce jour là de quinze toises un pied six pouces.

Etant ainsi arrivés à la fontaine de la Grave, point de partage, nous supputâmes que depuis le moulin de Fériol jusqu'au pont de Fontanech sous

lequel passe la Joarre, il y a six mille cinq cent soixante-cinq toises de longueur sur six toises quatre pieds d'élévation.

Depuis ledit pont jusqu'à l'élévation qui est entre l'église de l'Hôpital et jusqu'au Cheau, du bas mesurâmes six mille huit cent cinquante toises sur douze toises cinq pieds six pouces d'élévation.

Depuis le fond de ladite élévation jusqu'au sommet d'icelle, cinq cent trente-neuf toises de longueur sur neuf toises un pied de pente.

Depuis le sommet de ladite élévation descendant vers le Cheau, du bas, mille soixante-seize toises de longueur sur huit toises cinq pieds de pente.

Depuis le Cheau, du bas jusqu'à Saint-Coüat, six cent cinquante-huit toises à niveau.

Depuis Saint-Coüat jusqu'au premier Mazage, est une hauteur de quatre cent vingt-quatre toises sur deux toises cinq pieds cinq pouces d'élévation.

Depuis ledit Mazage jusqu'à une autre station, quatre mille huit cent trente-sept toises de longueur à niveau.

Au-delà est une hauteur de cent soixante-dix-sept toises de longueur sur une toise un pied d'élévation ; puis il y a deux cent vingt toises de longueur de niveau.

Encore une hauteur de soixante-dix-huit toises de longueur sur une toise d'élévation.

De là soixante-cinq toises de niveau.

Puis une autre hauteur de trente-neuf toises de

longueur, vis-à-vis Barbeyra, sur une toise trois pieds d'élévation.

De là sont dix-huit cent quarante-cinq toises à niveau.

Puis une hauteur de soixante-sept toises de longueur sur cinq toises un pied trois pouces d'élévation.

Depuis le sommet de ladite hauteur, descendant dans la plaine de Trèbes, quatre-vingts toises de longueur sur cinq toises un pied trois pouces et demi de pente.

Puis le fond de ladite pente jusqu'à Aude, au-dessus du pont de Trèbes, quinze cent onze toises de longueur à niveau.

Depuis ladite station jusques vis-à-vis de Villedubert, dix-sept cent soixante-douze toises de longueur sur trois toises deux pieds d'élévation.

Depuis ledit lieu jusqu'à la métairie de M. l'Evêque, il y a une hauteur de cent soixante-sept toises de longueur sur trois toises d'élévation.

Depuis là jusques entre la métairie et le ruisseau de Trapel, cent trente-une toises de longueur sur une toise trois pieds un pouce d'élévation.

De là il y a cinquante de longueur à niveau.

Puis est une hauteur de deux cent quatre-vingt-sept toises de longueur sur six pieds d'élévation.

De là jusqu'à Méjane, où Fresquel passe, il y a six cent soixante-dix-sept toises de longueur à niveau.

JUSTIFICATIVES. 337

De ladite métairie, douze cent quatre-vingt-dix toises de longueur à niveau.

Vis-à-vis Ville-Monteausson, il y a une hauteur de neuf cent dix-neuf toises de longueur sur sept toises cinq pieds trois pouces d'élévation.

Depuis le sommet de ladite hauteur, quatre-vingt-quatre toises de longueur à niveau.

De là au moulin de la Seigne, cent cinquante toises de longueur sur sept toises cinq pieds trois pouces de pente.

Il y a de là deux cent quarante-deux toises de longueur à niveau.

De là jusqu'au-dessous du pont de Pennautier, dix-sept cent cinquante-six toises à niveau.

Là est une hauteur de deux cent dix-neuf toises de longueur sur deux toises quatre pieds six pouces d'élévation.

Du pont de Pennautier jusqu'à la Tuilerie, soixante-huit toises de longueur sur deux toises cinq pieds neuf pouces quatre lignes de pente.

Depuis ladite Tuilerie jusqu'à Pesens, deux mille quatre cent deux toises de longueur sur trois toises d'élévation.

De Pesens sont huit mille cent quarante-quatre toises de longueur sur dix-huit toises quatre pieds trois pouces d'élévation.

De là jusqu'à la jonction de Fresquel, avec le ruisseau de la Bastide, neuf mille six cent trente-

cinq toises de longueur sur neuf toises un pied d'élévation.

Depuis là jusqu'à la métairie de Pergominières, quatre mille huit toises de longueur sur treize toises trois pieds quatre pouces d'élévation.

De ladite métairie à la fontaine de la Grave, point de partage, huit cents toises de longueur sur deux toises trois pieds neuf pouces d'élévation.

Tellement que de ladite fontaine jusqu'au moulin de Fériol, il y a cinquante-huit mille neuf cent trente-six toises de longueur, avec les élévations et dépressions susdites, que nous avons répétées par le même, attendu que c'est le plus mal-aisé chemin pour la conduite des eaux de Fresquel à Aude, et parce que ladite fontaine ou pays de la Grave, ainsi qu'il a été ci-dessus, avoit dix pieds d'eau la première fois que lesdits seigneurs commissaires y furent, nousdits experts la fîmes encore sonder, et trouvâmes qu'il y en avoit treize pieds; d'où nous tirâmes une conséquence infaillible, que si sur le tertre où ladite fontaine est située on creuse un vaste et profond réservoir en canaux de distribution à l'Océan et à la mer Méditerranée, les eaux s'y conserveront fort bien, et que ladite fontaine y en fournira beaucoup.

Ce fait, et notre commission étant finie *suivant le dessein dudit sieur Riquet,* nous étions sur le point de retourner audit Béziers; mais ledit sieur Riquet nous représenta, qu'encore que son dessein eût été de

faire descendre le Canal de navigation par le vallon de la Bastide, à cause des eaux de Fresquel, il étoit obligé de nous dire, que lesdits seigneurs commissaires, sur le rapport de diverses personnes, avoient cru qu'on pouvoit autant et plus aisément descendre l'autre vallon que nous voyons à droite, et nous invita de le vérifier: à quoi faisant, nousdits experts aurions, ledit jour dix-neuvième décembre 1664, fait tourner et poser les niveaux devers ledit vallon, vulgairement appelé du Mas-Sainte-Espuelles, et mesurer en descendant du long du ruisseau de Tréboul, en onze stations jusqu'au fort de Soulié, trois mille trois cent sept toises de longueur sur neuf toises un pied sept pouces et demi de pente, et nous serions retirés audit Castelnaudary, à cause que l'heure étoit tarde.

Le samedi vingt-huitième décembre 1664, nousdits experts, ès présence des parties, desdits seigneurs commissaires, et assistés des géomètres, arpenteurs et niveleurs et autres ouvriers, partîmes de Castelnaudary, et reprîmes notre travail à l'ordinaire, station du jour précédent sous le fort de Soulié, descendant par la prairie, et tirâmes neuf mille sept cent cinquante-deux toises de longueur sur vingt-quatre toises quatre pieds quatre pouces de pente, jusqu'à Villepinte, où passe la rivière de Fresquel; de façon que depuis la fontaine de la Grave jusqu'audit Villepinte, il y a treize mille

cinquante-neuf toises de longueur sur trente-quatre toises de pente.

Notre commission étant ainsi achevée, et le jour finissant, nous allâmes coucher à Alzonne.

Le dimanche vingt-unième dudit mois de décembre 1664, nous allâmes dîner à Carcassonne; et parce que l'un de nous étoit incommodé, y couchâmes.

Le lundi vingt-deuxième dudit mois couchâmes à Pousols.

Le mardi vingt-troisième dudit mois de décembre 1664, arrivâmes à Béziers.

Le mercredi vingt-quatrième dudit mois, en l'assemblée desdits seigneurs commissaires tenue à Béziers, nous experts susdits, fîmes rapport de ce que nous avions fait et vu depuis Narbonne jusqu'à la fontaine de la Grave; et pour plus grand éclaircissement, ajoutâmes qu'étant montés à ladite fontaine de la Grave par le vallon de la Bastide, et descendus de là à Villepinte par celui du Mas-Sainte-Espuelles, nous estimions qu'il valoit mieux conduire le Canal par ce dernier, parce que depuis la Bastide jusqu'à la prairie, il y avoit trois gorges de collines si étroites, qu'on auroit peine à placer la terre de la fouille, et qu'il y faudroit plus d'écluses pour adoucir les pentes, ou par ledit vallon du Mas-Sainte-Espuelles, le chemin étoit plus aisé, et la pente moins rude.

Et que ledit sieur Riquet, dans son dessein, auroit

plutôt pris le vallon de la Bastide, croyant rencontrer plus d'eau de ce côté là ; mais que cette raison cessoit, vu que l'on coupoit Fresquel au-dessous de Saint-Félix, en faisant la rigole ou canal de dérivation des eaux de la montagne Noire, et qu'au contraire nous prenions Tréboul dans l'autre vallon, et pourrions y mener le ruisseau de la Bastide.

Que le Canal de navigation pouvoit être aisément conduit de Villepinte à Pesens ; que de Pesens à Pennautier le chemin étoit un peu plus rude, et de Pennautier jusqu'à l'embouchure d'Aude au-dessus du pont de Trèbes encore plus mal-aisé, puisqu'il faut passer sur des montagnes et traverser Aude ; mais que moyennant les ouvrages et travaux spécifiés dans le devis, que nous estimions le tout possible.

Que traversant Aude au-dessus du pont de Trèbes, l'on pourroit conduire les eaux jusqu'au-dessous du moulin de Fériol, partie par des montagnes et rochers, et partie par des plaines assez faciles ; mais que construisant les digues, écluses et autres ouvrages aussi portés par le devis, nous n'estimions pas la chose impossible.

Enfin, que de tout ce que nous avions dit et de tout le contenu au procès-verbal, l'on peut inférer, comme nous experts susdits le croyons véritable, qu'on tirera assez d'eau de la montagne Noire par la jonction de la rivière d'Alzau, Vernassonne,

Lampillon, Lampy, Rieutort et Sor, pour remplir et entretenir en tout temps le Canal de communication des mers, avec les eaux du Petit-Lers et des fontaines et ruisseaux qui y aboutissent jusqu'à la Garonne.

Qu'on peut en divers endroits, pendant l'hiver, ou lors des débordemens, faire des réservoirs et magasins d'eau fort considérables.

Que lesdites premières eaux, avec celles de Tréboul, Fresquel et autres ruisseaux qui s'y jettent, pourront fournir aussi ledit Canal jusqu'à Aude.

Qu'on pourra conduire, quoique par divers contours et sinuosités très-fréquens, lesdits cinq premières rivières dans celle du Sor, et le tout ensemble à la fontaine de la Grave, point de partage.

Que dudit point de partage l'on pourra construire ledit Canal de communication des mers jusqu'à la Garonne, puisque la pente y est assez raisonnable et que le terrain est bon.

Que du côté de Narbonne l'on en pourra faire autant jusqu'à Aude; mais avec plus de difficulté, à cause du terroir graveleux et des rochers jusqu'au-dessous du pont de Trèbes.

Que dans le cours dudit Canal, l'on construira des digues et écluses, suivant la nécessité, pour adoucir les pentes, descendre et remonter les barques, encore que lesdites écluses soient d'une prodigieuse grandeur, et que les portes doivent soutenir dix-huit à vingt pieds d'eau.

Que Garonne se peut rendre navigable avec un fond très-raisonnable, ou qu'on peut se servir, au temps de ses débordemens, pour les grandes barques.

Qu'il seroit mal-aisé de rendre Aude de bonne navigation; mais qu'on peut construire à côté un Canal par lequel on sera maître de ses eaux, quoique le chemin soit rude et fort difficile depuis Trèbes jusqu'au-dessous de l'élévation de Moux.

Que ledit Canal des eaux d'Aude pourra être porté dans ladite rivière sous le moulin Fériol, et de-là dans la Robine de Narbonne, et qu'ainsi lesdites mers se communiqueront par ledit Canal et les rivières, qui est ce qu'on a si fort souhaité.

Partant, nous experts susdits, estimons que suivant le présent procès-verbal et le devis des ouvrages qu'il conviendra faire, estimation d'iceux, et le plan géométrique de l'état des lieux, des rigoles ou canal de navigation de la montagne Noire au point de partage, et du Canal de communication des mers que nous avons certifié, ledit grand Canal est possible moyennant lesdits ouvrages et travaux, et sera d'autant de durée qu'on aura soin de l'entretenir, sans qu'il puisse recevoir beaucoup de dommages par le débordement desdites rivières ni autrement, en prenant les précautions nécessaires en la construction desdits ouvrages, qui sont autant au-dessous de la puissance de Sa Majesté qu'au-

dessous de la créance du peuple. En foi de quoi, nous nous sommes soussignés.

Signé, H. BOUTHEROUE DE BOURGNEUF, et DE VAUROZE.

Devis des Commissaires.

Nous soussignés commissaires députés par le Roi et par les Etats-généraux de la province de Languedoc, en exécution de l'arrêt du Conseil du dix-huitième janvier seize cent soixante-trois, pour examiner la possibilité du Canal proposé pour la jonction des mers Océane et Méditerranée; disons, qu'après nous être transportés sur les lieux, et avoir examiné avec soin la situation du terrain et tous les avantages et difficultés qui se rencontrent sur la possibilité de cet ouvrage, et avoir fait travailler les experts en notre présence, ainsi qu'il est contenu dans notre procès-verbal, consulté les plus expérimentés et les plus anciens des lieux, où nous avons passé et vu le devis que lesdits experts nous ont remis, ensemble le plan géométrique qui en a été dressé avec exactitude; nous croyons que dans le devis que Sa Majesté nous ordonne de lui donner sur ce sujet, il y a deux choses principales à remarquer, l'utilité de ce Canal et la possibilité.

Quant au premier point, il n'est pas besoin de beaucoup de discours pour en faire connoître l'importance; Sa Majesté en est mieux informée que

personne, et dans l'application qu'elle prend si utilement pour le rétablissement du commerce, elle sait la crainte que les nations étrangères, qui profitoient de notre négligence, conçoivent de cette entreprise, et qu'elle a paru toujours si glorieuse aux yeux de toute l'Europe, quoiqu'elle n'ait été jusqu'à présent entreprise par personne. Néanmoins le roi François premier a voulu que son nom fût recommandable dans l'histoire pour en avoir conçu le dessein, et qu'on attribuât aux malheurs de la guerre s'il ne l'avoit pas exécuté. L'on connoît assez les périls de la navigation dans le passage du Détroit, l'appréhension qu'il y a des corsaires de Barbarie, la difficulté de passer le golfe de Lion, et enfin cet avantage que la France devienne, par cette jonction des mers, l'abri et le refuge de tout le négoce. A quoi l'on peut ajouter, que si en faisant la jonction de la mer Méditerranée avec l'Océane par Narbonne et Bordeaux, on y peut joindre celle du Rhône par les étangs; il sera vrai de dire qu'une grande partie de l'Allemagne et tous les Suisses recevront avec facilité, par la voie de Lyon, tout ce qui arrivera à Bordeaux des Indes orientales et occidentales, et ainsi que nos marchands auront l'avantage de leur débiter leurs marchandises de la première main.

Quant à la possibilité de l'ouvrage, c'est plutôt l'affaire des experts que la nôtre, nous marchons sur la sûreté de leur relation ; mais nous pouvons

dire néanmoins, avec vérité, que nous leur avons fait toutes les objections que nous avons cru raisonnables sur le sujet de cette entreprise, et que nous en avons été éclaircis par notre propre connoissance, autant comme la nature de cet ouvrage le peut permettre ; et pour en donner quelqu'éclaircissement, nous croyons que de Bordeaux à Toulouse la navigation est aisée ; c'est un commerce assez ordinaire, et si dans certain temps la rivière de Garonne se trouve basse depuis Toulouse jusqu'à la pointe de Moissac, il est vrai néanmoins que les crues d'eau y sont si fréquentes, que souvent les plus grands bâtimens y passent commodément, et que ce n'est pas une chose difficile de rendre cette rivière navigable pour les grandes barques, l'étant toujours pour les petites.

A l'égard du Canal qui doit servir à la jonction, nous commencerons par le point de partage, qui est un lieu distant de six lieues et demie de Toulouse, et de sept lieues de Carcassonne, qui est élevé presqu'également de l'une et l'autre de ces deux villes, et où il semble que la nature nous enseigne ce qu'il y a à faire, puisque les eaux pluviales qui tombent en cet endroit coulent partie du côté de la mer Océane et partie de la Méditerranée, dont nous avons été témoins par notre propre expérience, et que pourvu que l'on puisse amener assez d'eaux au point de partage, et que le terrain soit capable de les contenir, l'on pourra avec sûreté faire un

Canal qui aille à Toulouse et l'autre à Carcassonne.

Quant au terrain, les experts l'ont reconnu très-propre non-seulement pour y faire le Canal, mais même pour y construire de grands réservoirs et magasins d'eaux, capables d'y en conserver une quantité suffisante pour remplir les canaux pendant les plus grandes sécheresses, et ainsi il reste d'amener des eaux en quantité suffisante à ce point de partage, étant constant que lorsqu'elles y seront, elles s'y pourront conserver et se distribuer également à Toulouse et à Carcassonne.

Pour trouver ces eaux, nous avons vu la rivière du Sor qui arrose la plaine de Revel : nous ne parlons point de sa grosseur, parce que cela est contenu dans le devis des experts ; et quant au Canal de dérivation qu'il faut faire pour la conduite à ce point de partage, les experts et les géomètres y ont reconnu une pente suffisante et assurée de la possibilité de l'ouvrage, soit encore par la qualité du terrain ou par les hauteurs : mais comme cette rivière du Sor ne seroit pas suffisante pour un ouvrage de cette qualité, et qu'il se perd toujours beaucoup d'eau dans les longues conduites, et que la terre et le soleil en consomment une partie, nous avons vérifié la possibilité de la jonction de toutes les autres rivières contenues au devis des experts ; et suivant leur relation, nous croyons la chose faisable, y ayant bien de la différence entre ce Canal de conduite ou de dérivation, et celui de la jonction

des mers, puisque celui de la jonction des mers n'a besoin que de la pente suffisante pour l'écoulement des eaux, et que pour la facilité du commerce, il doit être aussi aisé à remonter qu'à descendre ; mais à l'égard de celui de dérivation, il suffit qu'il porte les eaux, ne servant point d'ailleurs à la navigation, et ainsi bien que cet assemblage d'eaux se fasse souvent par des chutes de montagnes, cela n'apporte aucun obstacle à l'entreprise.

Toutes les eaux jointes sont, selon le dire des experts, beaucoup plus que suffisantes pour remplir un canal de douze pieds d'eau de profondeur, et dix toises d'ouverture par le haut capable de porter les plus grandes barques et même des galères des armées.

Ce Canal, qui se tirera du point de partage jusqu'à Carcassonne, sembleroit être aisé à conduire jusqu'à Narbonne par la rivière d'Aude ; mais après avoir bien examiné le lit de cette rivière, et reconnu qu'elle est entre-coupée de rochers en beaucoup d'endroits, que le fond n'y est pas bon, qu'elle coule avec une si grande impétuosité, qu'elle ne peut point être remontée que très-difficilement, et que prenant sa source vers le pays de Sault et dans les montagnes de Foix, elle est sujette à des inondations fréquentes qui la rendent absolument inutile pour la navigation, nous croyons qu'il est plus sûr et plus aisé de faire un Canal commençant à une lieue de Carcassonne jusqu'à Narbonne, se ser-

vant des eaux de la rivière d'Aude, qu'il ne seroit de la rendre navigable : ainsi ce Canal pourra être remonté comme descendu, et tous les débordemens qui arriveront seront contenus dans l'ancien lit de la rivière d'Aude, et ce Canal en sera exempt.

Mais comme il seroit inutile de faire une jonction des deux mers, si l'on ne trouvoit des ports assurés pour recevoir le vaisseaux et les barques qui apportent les marchandises, il faut voir si en sortant de Narbonne il s'en rencontre un pour entrer dans la mer Méditerranée. Les experts ont remarqué ce qu'il étoit nécessaire de faire au Canal de Narbonne pour le rendre navigable; mais comme ce Canal entre dans la mer, en un endroit qu'on appelle le *Grau de la Nouvelle*, qui n'est point propre à servir à une entreprise de cette qualité, nous avons reconnu qu'il étoit fort aisé de tirer un canal depuis l'étang de Bages jusqu'au port de la Franqui, où tous les bâtimens pourroient se tenir commodément, et où même il se trouve une fontaine excellente d'eau douce, ce qui ne se peut assez estimer pour la commodité des vaisseaux.

Il reste à savoir si l'on peut joindre la rivière du Rhône avec ce Canal de la jonction des mers. Pour cela, il est constant que toutes les marchandises venant de Lyon sont conduites jusqu'à Meze et Marceillan par le rhône, la Robine d'Aiguemortes et les étangs de Perault, Tau et Marceillan. Il est constant aussi, qu'il y a un autre étang proche

Béziers, qu'on appelle Vendres, dans lequel se décharge l'une des branches de la rivière d'Aude, et lequel se peut joindre fort aisément au Canal de Narbonne, puisque l'expérience nous fait voir souvent, que lorsque cette rivière est grosse, elle regorge jusques dans le Canal de Narbonne, et que pour faire la jonction des étangs de Marceillan avec celui de Vendres, nous avons les rivières de Héraut et d'Orb, qui, au jugement des experts, sont très-suffisantes et l'ouvrage possible, et cela donnant l'avantage de la jonction des rivières de Saône et du Rhône avec la Garonne, en produit encore un beaucoup plus considérable, qui est que dans l'étang de Tau, il se trouve un lieu que l'on appelle cap de Set; que M. le chevalier de Clerville ayant reconnu et sondé l'année dernière par ordre de Sa Majesté, il l'a cru le plus avantageux qui fût le long de la côte, pour y faire un port capable d'y contenir des vaisseaux marchands, et même quelqu'escadre de galères; de sorte que si cet ouvrage étoit fait, il se trouveroit à la tête de l'embouchure du Canal qui iroit à la mer Méditerranée, deux ports suffisans pour le commerce; mais comme il ne seroit pas juste d'entreprendre un dessein de cette importance, soit pour la gloire du Roi ou pour la dépense qu'il y a à faire, sans être convaincus par une démonstration plus certaine que celle du raisonnement, qui est l'expérience, nous croyons que l'on pourroit tirer un canal de deux pieds pour

faire couler un filet de la rivière du Sor jusqu'à ce point de partage à Toulouse et à Carcassonne, afin qu'étant persuadés par cet essai, dont la dépense seroit médiocre, on pût entreprendre plus hardiment *le plus avantageux ouvrage qui ait jamais été proposé.*

Fait à Béziers le dix-neuvième jour de janvier mil six cent soixante-cinq.

Signés,
BAZIN DE BEZONS.
L'abbé DE CHAMBONAS.
BOURDON, trésorier de France à Montpellier, commissaire du Roi.
D'ANGLURE, archevêque de Toulouse.
PIERRE DE BERTIER, évêque de Montauban.
DE MONTPERAT, évêque de Saint-Papoul.
CASTRIES.
GRAMMONT.
GANGES.
LE MOLARD DAGRAIN, vicaire-général du Puy.
BRESSOL.
RIGAULT, député de Narbonne.
BEZARD, député de Carcassonne.
HUSSON, député de Carcassonne.
ROCHEPIERE, député du Vivarais.
DE LA BORRYE, consul du Puy.
CODERE, député de Castres.
FRAISSINET, syndic du diocèse de Toulouse.

Salanze, député du diocèse d'Uzès.
Rival, syndic du diocèse de Saint-Papoul.
Deloyer, syndic-général de Languedoc.

Par MM. les Commissaires députés par le Roi et par l'assemblée des Etats de Languedoc. Signés, Dusol et Regnier, avec paraphe.

N° II.

Suit le devis et état des travaux à faire en cent soixante-sept articles, dressé et signé par Vauroze et Boutheroue de Bourgneuf.

N° III.

On trouve ensuite dans le même Recueil un Mémoire de M. de Clerville, fait sur le devis des experts. Il commence par ces mots :

« Après que le procès-verbal fait sur la vérifica-
» tion de la possibilité qui se peut trouver à la jonc-
» tion des mers, aussi bien que le devis du sieur de
» Bourgneuf, intervenu sur l'exécution de ce des-
» sein, avec l'avis de MM. les commissaires députés
» de la province de Languedoc, intervenu sur ce
» sujet, m'ont été communiqués, et que M. de
» Bezons m'a fait l'honneur de me solliciter d'en
» dire mon opinion ensuite de l'ordre que j'en avois
» reçu de Sa Majesté, etc. etc. ».

A ce Mémoire est joint un «*Abrégé de la*

» dépense à laquelle pourra monter le Canal pro-
» posé pour la jonction des mers et celui de la
» dérivation des eaux qui doivent y être portées,
» sur la réduction qui s'en peut faire après avoir
» changé les principes fondamentaux sur lesquels
» ont été calculés les frais spécifiés au devis qui
» a été envoyé, et qu'il aura été convenu de n'y
» faire passer que des bateaux proportionnés à
» ceux que la rivière de Garonne peut porter entre
» Toulouse et Bordeaux.

» Si l'on a prouvé que le Canal proposé entre
» Toulouse et Narbonne se taille en plein drap,
» depuis la Garonne jusqu'à cet endroit de la rivière
» d'Aude, appelé le moulin de Fériol, distant dudit
» Narbonne de dix mille cinq cent vingt-huit toises,
» afin de l'exempter entièrement des débordemens
» qui surviennent ordinairement dans les plaines, par
» lesquelles il doit être conduit ; et afin de remédier
» aux grandes sinuosités du Lers, aussi bien que de
» modérer la rapidité de la rivière d'Aude, et d'évi-
» ter l'incommodité des rochers qui en traversent
» le cours en plusieurs endroits, il faut compter pour
» ledit Canal taillé en plein drap depuis Toulouse
» jusqu'au moulin susdit, quatre-vingt-six mille cent
» nonante-cinq toises courantes, suivant le mémoire
» qui en a été fait, et si l'on se contente de don-
» ner, etc. »

C'est cet état de réduction que l'historien du Canal du Midi prétend être un devis volé par M. de

Clerville à M. François Andréossy, et dans lequel, dit-il, le commissaire-général a, *suivant l'usage, changé quelques mots*. Or ce changement de mots auroit ici quelque chose de singulier. M. de Clerville s'exprime ainsi dans sa dernière phrase : « Il » n'est point ici compté quel ménage pourra se faire » par le soin qu'on prendra de se servir de quelques » endroits des canaux des rivières, etc., parce qu'il » faut avant cela convenir ou disconvenir des rai-» sons qui doivent avoir été alléguées, ou du moins » qui le seront sur la nécessité de tailler en plein drap » un Canal, plutôt que de se servir des rivières ». Voici cette même phrase dans l'édition de M. Andréossy : « Nous ne comptons pas ici les épargnes » qui pourront se faire par le soin que l'on prendra » de se servir, en quelques endroits, des canaux des » rivières, etc., parce qu'il faut avant cela discuter » les raisons qui doivent avoir été alléguées, ou du » moins qui le seront, sur la nécessité de tracer un » Canal dans les terres, plutôt que de se servir des » rivières ». En comparant ces deux phrases, il est naturel de penser que la seconde est une copie corrigée de l'autre. Tandis que M. de Clerville *taille un Canal en plein drap*, l'éditeur le *trace dans les terres*. A ne juger que par le style, le devis de M. de Clerville est l'original. Ce qu'il faut sur-tout remarquer, c'est que M. de Clerville n'a eu aucun intérêt à se l'approprier ; car ce n'est qu'une simple

réduction d'un devis qu'il reconnoît être celui des commissaires.

N° IV.

Édit du Roi, pour la construction d'un Canal de communication des deux mers, Océane et Méditerranée, pour le bien du commerce, et autres avantages y contenus; donné à Saint-Germain-en-Laye au mois d'octobre 1666; avec l'Arrêt et Lettres-Patentes sur icelui, en interprétation dudit Édit du 7 octobre 1666; Le tout enregistré au parlement de Toulouse le 16 mars 1667, au bureau des finances le 27 desdits mois et an, et en la chambre des comptes de Montpellier les 5 mars et 18 mai 1667.

LOUIS, par la grace de Dieu, roi de France et de Navarre : à tous présens et à venir, salut. Bien que la proposition qui nous a été faite pour joindre la mer Océane à la Méditerranée par un canal de transnavigation, et d'ouvrir un nouveau port en la Méditerranée sur les côtes de notre province de Languedoc, ait paru si extraordinaire aux siècles passés, que les princes les plus courageux, et les nations qui ont laissé les plus belles marques à la postérité d'un infatigable travail, aient été étonnés de la grandeur de l'entreprise, et n'en aient pu

concevoir la possibilité ; néanmoins, comme les desseins élevés sont les plus dignes des courages magnanimes, et qu'étant considérés avec prudence, ils sont ordinairement exécutés avec succès, aussi la réputation de l'entreprise, et les avantages infinis que l'on nous a représentés pouvoir réussir au commerce de la jonction des deux mers, nous a persuadé que c'étoit un grand ouvrage de paix, bien digne de notre application et de nos soins, capable de perpétuer aux siècles à venir la mémoire de son auteur, et d'y bien marquer la grandeur, l'abondance et la félicité de notre règne. En effet, nous avons connu que la communication des deux mers donneroit aux nations de toutes les parties du monde, ainsi qu'à nos propres sujets, la facilité de faire en peu de jours d'une navigation assurée par le trajet d'un Canal, au travers des terres de notre obéissance, et à peu de frais, ce que l'on ne peut entreprendre aujourd'hui qu'en passant au détroit de Gibraltar, avec de très-grandes dépenses, en beaucoup de temps, et au hasard de la piraterie et des naufrages : ainsi, dans le dessein de rendre le commerce florissant dans notre royaume par de si considérables avantages, et néanmoins ne rien entreprendre que dans la vue d'un succès certain, nous avons, après une discussion fort exacte des propositions qui nous ont été faites pour raison de construction du Canal qui doit faire la jonction des deux mers, député des commissaires tirés du corps des

gens des trois Etats de ladite province de Languedoc pour, conjointement avec les commissaires, présidans pour nous esdits Etats, se transporter sur les lieux avec les personnes intelligentes et nécessaires pour la construction dudit Canal, et nous donner leur avis sur la possibilité de l'entreprise. Ce qui ayant été exécuté par lesdits commissaires avec beaucoup de circonspection et de connoissance, ils nous auroient donné leur avis sur la possibilité de l'exécution des susdites propositions, et sur la forme et manière en laquelle la construction dudit Canal pourroit être faite. Mais pour agir avec plus de sûreté dans un ouvrage si important, nous aurions résolu d'en faire l'épreuve, et à cet effet de faire tirer par forme d'essai un petit Canal tranché et conduit par les mêmes lieux où la construction du grand Canal est projetée. Ce qui auroit été si adroitement conduit, et si heureusement exécuté par l'application du sieur de Riquet, que nous avons tout sujet de nous en promettre, avec certitude, un fort heureux succès. Mais comme un ouvrage de cette importance ne peut être fait sans une dépense fort considérable, nous avons fait examiner en notre Conseil les diverses propositions qui nous ont été faites pour trouver des fonds, sans charger nos sujets de nos provinces de Languedoc et de Guyenne de nouvelles impositions, quoiqu'ils fussent plus obligés d'y contribuer, puisqu'ils en recevront les premiers et plus considérables avantages, et nous nous sommes arrê-

tés à celles qui nous ont paru les plus supportables et les plus innocentes, à l'exécution desquelles étant nécessaire de pourvoir. A ces causes, et autres considérations à ce nous mouvant, de l'avis de notre Conseil, et de notre certaine science, pleine puissance et autorité Royale, nous avons dit et ordonné, et par ces présentes signées de notre main, disons et ordonnons, voulons et nous plaît, qu'il soit incessamment procédé à la construction du Canal de navigation et communication des deux mers, Océane et Méditerranée, suivant et conformément au devis fait par le chevalier de Clerville, et par nous arrêté, ci-attaché sous le contre-scel de notre chancellerie; et qu'à cet effet l'entrepreneur puisse prendre toutes les terres et héritages nécessaires pour la construction dudit Canal, ensemble pour les rigoles de dérivation, magasins de réserve, bords, chaussées, écluses; lesquelles terres et héritages seront par nous payées aux particuliers propriétaires, suivant l'estimation qui en sera faite par experts, qui seront nommés par les commissaires qui seront par nous députés. Seront pareillement les seigneurs particuliers des fiefs et justices, dans le ressort desquelles lesdites terres et héritages seront situés, par nous indemnisés des droits de justice et mouvance, et autres droits seigneuriaux qui leur appartiendront sur lesdites terres et héritages, comme aussi de toutes autres redevances, suivant pareille estimation, qui sera faite par experts et gens à ce connoissans; quoi

faisant, lesdites terres et héritages seront à perpétuité distraits de leurs fiefs et jurisdictions, pour en composer un fief. Et à cet effet, nous avons créé et érigé, et par cesdites présentes créons et érigeons en plein fief, avec toute justice, haute, moyenne, basse et mixte, ledit Canal de communication des mers, ses rigoles, magasins de réserve, leurs bords de largeur de six toises de chaque côté, chaussées, écluses et digues d'iceux, depuis la rivière de Garonne jusqu'à son dégorgement dans la mer Méditerranée; en ce compris le Canal de dérivation, depuis la montagne Noire jusques aux Pierres de Naurouse, sans en rien réserver ni excepter; relevant ledit fief et ses dépendances immédiatement de notre couronne, sous la foi et hommage d'un louis d'or, qui sera payé en chaque mutation ès mains du trésorier de notre domaine en la sénéchaussée de Carcassonne, avec pouvoir au seigneur possesseur dudit fief de faire bâtir et construire sur lesdits canaux un château et autres bâtimens nécessaires pour son logement, avec tours et créneaux, et nombre suffisant de moulins à moudre bled; comme aussi de faire construire sur les bords dudit Canal des maisons et magasins pour servir de logement à ceux qui seront employés à la navigation, et pour l'entrepôt et sûreté des marchandises et denrées, à l'exclusion de tous autres, et aux lieux qui seront jugés propres, sans incommoder la navigation, ni porter préjudice auxdits ouvrages; desquels châteaux, mai-

sons magasins et moulins, ledit propriétaire, ses héritiers, successeurs, ou ayans cause, jouiront à perpétuité incommutablement et noblement; ensemble lesdits canaux, magasins de réserve et leurs bords, quittes et francs de toutes tailles et impositions ordinaires, extraordinaires, municipales, et de logement de gens de guerre. Et aura ledit propriétaire, droit de chasse et de pêche dans ledit fief, à l'exclusion de tous autres; faisant défenses à tous nos sujets, de quelque qualité ou condition qu'ils soient, de faire construire aucuns bâtimens et magasins près les bords desdits canaux, de chasser ni aller à la pêche dans ledit fief, à peine de 500 livres d'amende pour chacune contravention. Pourra pareillement ledit propriétaire, à l'exclusion de tous autres, établir sur ledit Canal, aux lieux qu'il sera jugé nécessaire, des bateaux pour le transport, voiture et conduite des personnes, marchandises et denrées; révocant à ces fins tous dons, concessions et permissions que nous pouvons ci-devant avoir accordées à aucun de nos sujets, leur faisant défenses de s'en servir, à peine de 1000 livres d'amende et de confiscation desdits bateaux, sans que néanmoins les propriétaires puissent mettre le prix aux voitures, mais sera réglé par les commissaires par nous députés. Et pourra faire construire dans ledit fief des fourches patibulaires aux lieux qu'il jugera à propos. Aura ledit propriétaire la faculté de nommer et établir des officiers pour administrer la justice civile,

criminelle et mixte dans l'étendue dudit fief, et pour la liberté de la navigation, commerce et conservation desdits ouvrages; et à ces fins, d'établir en la ville de Castelnaudari, ou tel autre lieu qui sera trouvé plus commode, un siége de justice, qui sera composé d'un capitaine châtelain, d'un lieutenant, d'un procureur de seigneurie, et autres officiers, pour connoître et juger en première instance de tous différends qui pourroient naître, tant en matière civile, criminelle, que mixte, soit pour les dégradations et délits qui pourroient être commis en tous lesdits ouvrages, que de tous différends à raison de la navigation et perception des droits; lesquels châtelain et lieutenant pourront juger par provision des matières de leur compétence, nonobstant et à la charge de l'appel, jusques à la somme de 200 livres : les appellations duquel siége seront relevées directement en notre cour de parlement de Toulouse, et traitées en la grand'chambre, ou en notre cour des comptes, aides et finances de Montpellier, suivant la qualité des affaires. Et pour la conservation des ouvrages, et faire en sorte que la justice soit administrée aux justiciables avec plus de commodité, nous avons permis et permettons audit propriétaire dudit fief, d'établir deux lieutenans dudit juge châtelain, et deux procureurs de seigneurie dans les villes de Villefranche de Lauragois et de Trèbes, ou en tels autres lieux qui seront jugés nécessaires ; lesquels lieutenans y feront leur

résidence, administreront la justice, et tiendront la main à la conservation desdits ouvrages. Lui avons aussi permis et permettons d'établir et entretenir à ses frais douze gardes pour veiller à la conservation desdits ouvrages, et aux réparations qu'il y conviendra faire journellement ; lesquels gardes porteront nos livrées, et pourront mettre à exécution tous mandemens et actes de justice, qui concerneront ledit Canal, dans toute l'étendue de notre royaume. Ordonnons en outre, que par les commissaires qui seront par nous députés, il soit procédé à la manière accoutumée à la vente dudit fief et choses ci-dessus spécifiées pour en jouir, par l'Adjudicataire, aux droits ci-dessus déclarés, sans en pouvoir être dépossédé qu'en le remboursant de la finance qu'il aura payée (1), bâtimens, impenses, méliorations, frais et loyaux coûts, en un seul et même payement, sans aucun retranchement ni diminution, suivant les contrats d'adjudication et quittances, pour être les deniers qui proviendront desdites ventes, employés à la construction desdits ouvrages. Et d'autant que pour entretenir ledit Canal de communication des mers, rigoles de dérivation, magasins, écluses et chaussées, en état de navigation, il est nécessaire de faire un fonds perpétuel et certain, non sujet à divertissement, nous avons dit

---

(1) Voyez l'arrêt du conseil interprétatif de cet article, ci-dessous, page 371.

et ordonné, et par ces mêmes présentes disons et ordonnons, voulons et nous plaît, qu'il soit pris et perçu à perpétuité un péage sur toutes les marchandises, denrées et autres choses qui seront voiturées sur ledit Canal de communication ; à savoir, six deniers pour chaque cent pesant des marchandises de valeur de cent sols le cent, et au-dessous; douze deniers pour chaque cent pesant de celles qui seront appréciées depuis lesdits cent sols jusqu'à trente livres; vingt-quatre deniers pour chaque cent pesant de celles qui seront au-dessus dudit prix ; pour chaque minot de sel, six deniers; et pour chaque charge de bled, douze deniers; pour chaque charge d'avoine, millet, orge et autres grains, six deniers; et pour l'ouverture de chaque écluse, cinq sols; le tout ainsi qu'il sera réglé et porté par le tarif et évaluation qui sera arrêtée en notre Conseil : pour sûreté duquel péage, voulons et ordonnons que tous ceux qui négocieront sur ledit Canal, et conduiront les voitures des marchandises et denrées, payent ledit péage aux lieux où les bureaux de recette seront établis, à peine de confiscation desdites marchandises et bateaux, de 500 livres d'amende, et autres peines portées par les réglemens contre ceux qui fraudent les droits de nos cinq grosses fermes ; lequel péage sera levé à perpétuité en la forme qui sera prescrite par ledit tarif, sans pouvoir être augmenté ni diminué, ni autre droit établi sur ledit Canal, pour quelque cause et occasion que ce puisse être.

Ordonnons que par nosdits commissaires il soit procédé en la manière accoutumée à la vente dudit péage; l'acquéreur duquel sera chargé de faire à perpétuité toutes les réparations qu'il conviendra faire pour tenir ledit Canal en état de navigation à ses frais, et de payer le salaire de ceux qui seront employés pour ouvrir les écluses; duquel péage et droits l'adjudicataire jouira, sa veuve, héritiers, enfans, et ayans cause, à perpétuité, aux conditions susdites, sans en pouvoir être dépossédés, pour quelque cause et occasion que ce puisse être, qu'en les remboursant en un seul et actuel payement de leur finance, frais et loyaux coûts, pour être les deniers procédans de l'adjudication, employés à la construction desdits ouvrages, sans aucun divertissement. Et sera en outre, par nosdits commissaires, procédé à la revente des offices de regratiers et revendeurs de sel à petites mesures, créés et établis dans l'étendue de notre ferme des gabelles de Languedoc par édits des mois de novembre 1576, mars 1598, juillet 1604, et autres; comme aussi à semblable revente de pareils offices qui ont été créés et établis dans l'étendue de notre ferme des gabelles de Roussillon, Conflans et Sardaigne, par notre édit du mois de décembre 1661; desquels offices les acquéreurs jouiront héréditairement, et des droits y attribués, tels et semblables dont ils jouissent présentement, à eux attribués et réglés par les officiers des lieux; sans qu'iceux puissent être diminués, pour

quelque cause et occasion que ce puisse être. Et jouiront les pourvus desdits offices, ensemble ceux qui les prendront à ferme, ou les exerceront par commission, des mêmes priviléges, exemptions, franchises et libertés accordés et attribués aux pourvus desdits offices de regratiers et revendeurs de sel, par les édits de création; lesquels, en tant que besoin seroit, nous les leur avons attribués et attribuons par ces présentes; lesquels acquéreurs seront chargés par nosdits commissaires de payer en un seul payement, outre le prix de leur adjudication, à Me Nicolas Langlois, fermier desdites gabelles de Languedoc la somme de deux cens quatre mille huit cens quatre-vingt-dix-huit livres, à laquelle a été liquidée la finance et loyaux coûts desdits offices de regratiers dans l'étendue de ladite ferme des gabelles de Languedoc, par l'arrêt de notre Conseil du 29 juillet 1665, dont ledit Langlois a fait le remboursement, en exécution de l'article LXXVIII de son bail, qui lui accorde la jouissance desdits offices, et la faculté de rembourser ladite finance, et qu'en outre ils payeront à Me Alexandre Belleguise, fermier de nos gabelles de Roussillon, Conflans et Sardaigne, la somme de treize mille livres pour le remboursement de la finance desdits offices de regratiers établis en l'étendue de ladite ferme, à la charge par lesdits Langlois et Belleguise, ou leurs cautions, de remettre auxdits acquéreurs les lettres de provision et quittances de finance desdits offices, jusques à la

concurrence des susdites sommes; quoi faisant, lesdits offices de regratiers et revendeurs de sel à petites mesures soient et demeurent distraits et séparés de nosdites fermes des gabelles de Languedoc, Roussillon, Conflans et Sardaigne à perpétuité, sans qu'ils y puissent être remis, pour quelque cause et occasion que ce puisse être, dérogeant pour ce regard aux articles des baux desdits Langlois et Belleguise; desquels offices et de leurs droits les acquéreurs jouiront, ensemble de la faculté de rembourser la finance de pareils offices qui restent à rembourser dans l'étendue de notredite ferme des gabelles de Languedoc, que nous leur avons accordé et accordons, pour en jouir héréditairement eux, leurs enfans, héritiers et ayans cause, en vertu du contrat d'adjudication qui leur en sera faite par nosdits commissaires, et quittances des finances, sans qu'ils en puissent être dépossédés qu'en les remboursant en un seul payement (1), tant de la finance qu'ils auront remboursée auxdits Langlois et Belleguise, et autres particuliers, que de celle du prix de leur adjudication, frais et loyaux coûts, et sans que lesdites finances puissent être augmentées, pour quelque cause et occasion que ce soit, pour commencer par les acquéreurs desdits offices, leur jouissance, au premier d'octobre 1666; et en atten-

---

(1) Voyez l'arrêt du conseil interprétatif, ci-dessous, page 371.

dant ladite vente, voulons que le porteur des quittances de finance en jouisse, avec pouvoir de commettre à l'exercice d'iceux, sans être tenu ni obligé de continuer les baux des fermes qui ont été ci-devant faits par les propriétaires desdits offices, si bon ne lui semble; et au payement du prix desdits baux, les débiteurs seront contraints par les voies qu'ils y sont obligés. Voulons aussi que par nosdits commissaires il soit procédé, en la manière accoutumée, à la revente du droit de septain des sels qui se saunent en nos salins de Peccais, et à nous appartenant, ci-devant aliéné par nos commissaires au château du Louvre; la finance de laquelle aliénation nous nous chargeons de rembourser à l'engagiste dudit droit, suivant la liquidation qui en sera faite en notre Conseil; et à ces fins, ordonnons qu'il représentera incessamment les titres de son adjudication; duquel droit de septain nosdits commissaires feront l'adjudication à faculté de rachat perpétuel, pour en jouir par les adjudicataires héréditairement, en vertu de leur contrat d'adjudication et quittance de finance, sans qu'ils en puissent être dépossédés que par un seul et actuel payement de leurdite finance, frais et loyaux coûts; duquel droit de septain les acquéreurs jouiront, à commencer dudit jour premier octobre 1666; et en attendant la vente d'icelui, voulons que le porteur de la quittance de finance en jouisse, faisant défenses à nos gardes et contre-gardes de nos salins de Peccais,

de charger et expédier leur police de voiture des sels pour ledit septain, qu'au préalable le prix n'en ait été payé à l'acquéreur ou au porteur de la quittance de finance. Et nous étant fait représenter l'édit du mois de mars 1627, portant attribution de quatre sols à divers officiers de nos greniers et chambres dépendantes de notre ferme des gabelles de Languedoc, à prendre et percevoir sur chaque minot de sel qui s'y débite, outre et par-dessus le prix à nous appartenant; savoir, trois sols à nos receveurs et contrôleurs desdits greniers; six deniers à nos avocats et procureurs, et six deniers à nos pallieurs de Peccais; avec autre édit du mois de mai 1634, par lequel lesdites attributions auroient été réunies à ladite ferme des gabelles de Languedoc, et ordonné que les particuliers acquéreurs seront remboursés de leur finance en rentes au denier dix-huit; comme aussi l'édit du mois de mars 1640, portant création des offices de tire-sacs dans les greniers et chambres de notre ferme des gabelles de Languedoc, avec attribution de douze deniers sur chaque minot de sel, outre et par-dessus le prix à nous appartenant; plus l'édit du mois de juin 1657, par lequel nous aurions ordonné l'exécution de celui dudit mois de février 1634, et à ces fins ordonné que les particuliers acquéreurs desdites attributions de quatre sols, ensemble les douze deniers des tire-sacs, seroient remboursés en rentes, et lesdits droits et attributions vendus à notre profit; et

les arrêts de notre conseil des 17 mars et 31 juin 1661, portant qu'il seroit procédé en icelui à la vérification et liquidation de leur finance; ce qui n'ayant encore été exécuté, nous voulons, conformément auxdits édits et arrêts de notre Conseil, que les particuliers possesseurs des susdites attributions soient remboursés actuellement de leurs finances et loyaux coûts, après la liquidation d'icelle qui sera faite en notre Conseil; sur laquelle déduction sera faite auxdits engagistes de la jouissance des deux quartiers par eux perçus depuis le retranchement qui en a été par nous ordonné, et qu'à ces fins ils représenteront incessamment leurs quittances de finance: ce faisant, que par nosdits commissaires il soit procédé, en la manière accoutumée, à la revente des susdites attributions, revenant ensemble à cinq sols, qui se perçoivent sur chaque minot de sel qui se débite dans les greniers et chambres de notre ferme des gabelles de Languedoc et salins de Peccais, outre et par-dessus le prix à nous appartenant, sous le nom de nos receveurs, contrôleurs, avocats et procureurs, tire-sacs des greniers de Peccais; desquelles attributions les acquéreurs jouiront, en vertu de leur contrat d'adjudication et quittance de finance, à commencer au premier octobre 1666, sans en pouvoir être dépossédés, qu'en les remboursant en un seul payement de la finance qu'ils auront payée, avec leurs frais et loyaux coûts; faisant défenses au fermier de nos gabelles de Languedoc, ses directeurs

et commis, de payer lesdites attributions à autres personnes qu'aux acquéreurs d'icelles, ou aux porteurs des quittances de finance, leurs procureurs ou ayans cause, à peine de payer deux fois, pour être les deniers provenans des susdites ventes, employés à la construction des ouvrages dudit canal, sans aucun divertissement. Si donnons en mandement à nos amés et féaux conseillers les gens tenant notre cour de parlement de Toulouse, et cour des comptes, aides et finances de Montpellier, que ces présentes ils fassent lire, publier et registrer, pour être icelles exécutées selon leur forme et teneur, cessant et faisant cesser tous troubles et empêchemens qui pourroient être donnés; nonobstant tous édits, déclarations, arrêts, réglemens et autres choses à ce contraires, à quoi nous avons dérogé et dérogeons par ces présentes. Mandons en outre aux présidens et trésoriers généraux de France, aux bureaux des finances de Toulouse et Montpellier, et à tous nos autres juges, chacun à leur égard, de tenir la main à l'exécution des présentes : car tel est notre plaisir. Et afin que ce soit chose ferme et stable à toujours, nous avons fait mettre notre scel à cesdites présentes. Donné à Saint-Germain-en-Laye, au mois d'octobre l'an de grace mil six cent soixante-six, et de notre règne le vingt-quatrième. *Signé*, LOUIS. *Et plus bas ;* par le Roi, PHELYPEAUX. Et scellé en cire verte, en lacs de soie rouge et verte.

Arrêt du Conseil d'Etat et Lettres-Patentes, en interprétation de l'édit de la construction du Canal de communication des mers en Languedoc. Du 7 octobre 1666. — Extrait des registres du Conseil royal des finances.

Le Roi en son Conseil royal s'étant fait représenter l'édit de ce mois d'octobre, par lequel Sa Majesté auroit ordonné qu'il seroit procédé à la construction du Canal de communication des mers Océane et Méditerranée en la province de Languedoc, et à cet effet, ledit Canal, par le même édit, ses bords, écluses, magasins et rigoles auroient été érigés en fiefs avec toute justice; comme aussi qu'il seroit levé un péage sur ledit Canal, pour le tout demeurer affecté aux réparations à faire pour entretenir à perpétuité ledit Canal en état de navigation; et quoique l'intention de Sa Majesté ait été qu'en procédant par les commissaires qui seroient à ce députés, à l'adjudication desdits fiefs et péage, que ceux qui s'en rendroient adjudicataires en seroient et demeureroient propriétaires incommutables, pour en jouir, eux et leurs ayans cause, pleinement et paisiblement, comme de leur chose propre et non domaniale, vrai et loyal acquêt non rachetable, sans qu'ils en puissent être dépossédés à l'avenir par revente ni autrement. Néanmoins, sous prétexte que dans l'édit il a été employé une

clause qui ordonne que les choses vendues par lesdits sieurs commissaires seront sujettes à rachat perpétuel, l'on pourroit ci-après prétendre lesdits fiefs, péage, être domaniaux, et en contester aux adjudicataires le droit de la propriété incommutable, et qu'elles seroient sujettes à rachat, ce qui en diminueroit beaucoup le prix : à quoi étant nécessaire de pourvoir pour faciliter la construction dudit Canal. Le Roi en son Conseil, en interprétant, en tant que besoin seroit, ledit édit du présent mois d'octobre, a ordonné et ordonne que les adjudicataires desdits fiefs et péage, leurs héritiers ou ayans cause, en jouiront en toute propriété pleinement et incommutablement, sans qu'ils puissent être censés ni réputés domaniaux, ni sujets à rachat, ou qu'ils en puissent être dépossédés à l'avenir par vente, revente ni autrement, dont Sa Majesté les a déchargés, en satisfaisant par eux à l'entretien dudit Canal à perpétuité, et autres charges, clauses et condition portées par ledit édit, et qu'à cet effet toutes lettres seront expédiées. Fait au Conseil royal des finances, tenu à Vincennes le septième jour d'octobre mil six cent soixante-six. *Signé,* BECHAMEIL.

LOUIS, par la grace de Dieu, roi de France et de Navarre ; A tous présens et à venir, SALUT. Nous étant fait représenter en notre Conseil royal notre édit du présent mois d'octobre, par lequel,

pour les causes et considérations y contenues, nous aurions ordonné qu'il seroit procédé à la construction du Canal des communications des mers Océane et Méditerranée en notre province de Languedoc, et par le même édit, érigé ledit Canal, ses bords, écluses, magasins et rigoles, en fiefs avec toute justice, comme aussi qu'il seroit levé un péage sur ledit Canal, pour le tout demeurer affecté aux réparations à faire pour entretenir à perpétuité ledit Canal en état de navigation; et quoique notre intention ait été qu'en procédant, par les commissaires qui seroient par nous à ce députés, à l'adjudication desdits fiefs et péage, ceux qui s'en rendroient adjudicataires en seroient et demeureroient propriétaires incommutables, pour en jouir eux et leurs ayans cause, pleinement et paisiblement, comme de leur chose propre et non domaniale, vrai et loyal acquêt non rachetable, sans qu'ils en puissent être dépossédés à l'avenir par revente ni autrement. Néanmoins, sous prétexte que dans notredit édit il a été employé une clause qui ordonne que les choses vendues par lesdits sieurs commissaires seront sujettes à rachat perpétuel, l'on pourroit ci-après prétendre ledit fief et péage être domaniaux, et en contester aux adjudicataires le droit de la propriété incommutable, et qu'elles seroient sujettes à rachat, ce qui en diminueroit beaucoup le prix; à quoi desirant pourvoir, pour faciliter la construction dudit Canal. A ces causes : savoir,

faisons, qu'ayant fait voir notredit édit en notre Conseil royal, suivant l'arrêt rendu en icelui le 7 du présent mois, ci-attaché, de l'avis de notredit Conseil, et de notre certaine science, pleine puissance et autorité royale, nous avons par ces présentes signées de notre main, dit et ordonné, disons et ordonnons, voulons et nous plaît, en interprétant, en tant que besoin est ou seroit, notre édit du présent mois d'octobre, que les adjudicataires desdits fiefs et péage, leurs héritiers ou ayans cause, en jouiront en toute propriété, pleinement et incommutablement, sans qu'ils puissent être censés ni réputés domaniaux, ni sujets à rachat, ou qu'ils en puissent être dépossédés à l'avenir par vente, revente, ni autrement, dont nous les avons déchargés et déchargeons par cesdits présentes, en satisfaisant par eux à l'entretien dudit Canal à perpétuité, et autres charges, clauses et conditions portées par notredit édit. Si donnons en mandement à nos amés et féaux les gens tenant nos cours de parlement de Toulouse, cour des comptes, aides et finances de Montpellier, présidens, trésoriers généraux de France, au bureau de nos finances auxdits lieux, de faire registrer, chacun en droit soi, ledit arrêt et cesdites présentes, purement et simplement, et faire jouir les adjudicataires desdits fiefs et péage, de l'effet et contenu en iceux, pleinement et incommutablement, cessant et faisant cesser tous troubles et empêchemens au contraire,

nonobstant la clause apposée à notredit édit, et tous autres édits, déclarations, arrêts et lettres à ce contraires, auxquels et aux dérogatoires des dérogatoires y contenues, nous avons dérogé et dérogeons par cesdites présentes, auxquelles, afin que ce soit chose ferme et stable à toujours, nous avons fait mettre notre scel, sauf en notre chose notre droit et l'autrui en tout. Voulons qu'aux copies dudit arrêt et des présentes collationnées par l'un de nos amés et féaux conseillers et secrétaires, foi soit ajoutée comme aux originaux : car tel est notre plaisir. Donné à Vincennes, au mois d'octobre l'an de grace mil six cent soixante-six, et de notre règne le vingt-quatrième. *Signé*, LOUIS. Par le Roi, PHELYPEAUX.

Les présentes avec l'arrêt du Conseil d'Etat attaché sous le contre-scel, ont été registrées ès registres de la cour du parlement de Toulouse, pour être le contenu en iceux gardé et observé suivant sa forme et teneur ; ouï le procureur général du roi, suivant l'arrêt de cejourd'hui. Donné par ladite cour, les chambres assemblées audit Toulouse, le seize mars mil six cent soixante-sept.

Registré ès registres du bureau des finances de la généralité de Toulouse, avec l'arrêt du Conseil attaché au contre-scel, pour être le contenu en iceux gardé et observé suivant et conformément à la volonté de Sa Majesté, et l'ordonnance des

registres de cejourd'hui; ouï et requérant le procureur du roi. A Toulouse, audit bureau, le vingt-sept mars mil six cent soixante-sept.

Collationné aux originaux, par nous écuyer, conseiller-secrétaire du roi, maison, couronne de France et de ses finances.

N° V.

État des Employés pendant la construction du Canal, rédigé par feu M. Mercadier, archiviste du Canal.

INSPECTEURS GÉNÉRAUX à 12, 15 et 1800 liv. par an.	CONTROLEURS GÉNÉRAUX à 1000 et 2000 liv. par an.	RECEVEURS ET PAYEURS à 1000 et 1200 liv. par an.	INSPECTEURS CONTROLEURS PARTICULIERS et CHEFS D'ATELIER. à 50, 60, 70 et 75 liv. par mois.		CAPITAINES D'ATELIER. à 30, 40 et 50 liv. par mois.		NIVELEURS à 70 et 75 liv. par mois.
MM.	MM.	MM.	MM.	MM.	MM.	MM.	MM.
Geoffroy.	Dechamps.	Alazard, cadet.	Delarroque.	Cambaceres.	Graves.	Nivelle, père et fils.	Pech.
Andréossy.	Rusquier, frères.	Crozat.	Ayrolles.	Guerin.	Tripoul.	Lamarre.	Decamps.
De Contigny.	Marion.	Beauffort.	Barral.	Jouy.	Pallau, frères.	Montagnier.	Duffort.
Albus.	Villerase, aîné.	Baffiés.	Tesseyre.	De Peyriac.	Tiers.	Calas.	Pierretou.
Gilade.	Lemercier.	Descotelles.	Salvy.	Secoureux.	Mourel.	Lamartinière.	Salvy.
Lambert.	Dumery.	Desfours.	Duserce.	Lombroil.	Vacheron.	Campagnae.	Faure.
Lascastilles.	Vayrac.		Montecalim.	Malaval.	Barthelemy.	Fresquel.	Galinier.
Caffarel.	Talon.		Tabarics.	Tournan.	Pelissier.	Olnières.	
Madron.	De Rousset.		Dulaurier.	De Bonuars.	Verdure.	Coste.	
Garrouhe.	Tulle.		Lagrave.	Maury.	Trinquelaue.	Mestre.	
Alazard, aîné, au port de Cette.	Bouchere.		Boisverriere.	Dupile.	Vincent.	Guerin.	
	Méolan.		Dalbés.	Ducros.	Veriaut.	Delabrie.	
	Segademes.		Gautier.	Sicre.	Guibal.	Moynier.	
	Pascal de Nissan.		Blançai.	Bruau.	Marzaiesse.	Alteyrac.	
			Gambier.	Roussel.	Pagery.	Bouuafous.	
			Pony.	Charpentier.	Dufour.	Cantegril.	
			Fournier.	Dupuy.	Fabre.	Prunet.	
			Cavalier.	Clausel.	Agrel.	Soubeiran.	
			Forez.	Saint-Ferriol.	Cuculet.	Veroede.	
			Marrost.	Dolles.	Riviere.	Castel.	
			Grezillon.	Rognes.	Grimail.	Anrès.	
			Delaballe.	Coingard.	Mazel.	Nougaro.	
			Forest.	Dulaur.	Pega.	Mauhal.	
			Aubert.	Berard.	Lespinet.	Dellis.	
			De Coignac.	Gaches.	Poultalier.	Callagnes.	
			Magnan.	Delestang.	Barclai.	Bourrune.	
			Conte.	Arribet.	Armengaud.	Bayravi, frères.	
			Barbé.	Montaillier.	Baffiel.	Colet.	
			Desnoyers.	Barrancys	Cariemas.	Coudere.	
			Gousscraus.	Campmas.	Canat.	Dh.	
			Taconnet.	Alicot.	Dubuisson.	Meillan.	
			Villerase, cadet.	Cloupet.	Ferris.	Delahaye.	
			Gautier.	Mercier.	Dancols.	Peytis, freres.	
					Gardel.	Lacenze.	
					Lafrance.	Siberes.	
					Male.	Muret.	
					Olivier.	Portefaix.	
					Manis.	Marseillan.	
					Philip.	Pageze.	
					Augé.	Milhau.	
					Le Roux.	Vignaux.	
					Antomine.	Mengaud.	
					Trebos.	Bellefiquet.	
					Roger.	Rigail.	
					Lacombe.	Destrampes.	
					Sagueus.	Bodoin.	
					Daudegrave.	Dardé.	
					Chambournac.	Bau.	
					Bric.	Galaup.	
					Veruel.	Carquet.	
					De Thomieres.	Tissery.	
					Touget.	Galtier.	
					Begue.	Segurico.	
					De Cartieres.	Lacaffagne.	
					Daydé.	Turbide.	
					Rauchin.	Trebois.	
					Conques.	Jeury.	
					Causse.	Mejanel.	
					Bedon.	Maffre.	
					Lagrange.	Guersin.	
					Montpellier.	De Rey.	
					Campensac.	Auterme.	
					Trisson.	Rozy.	
					Sinole.	Planier.	
					Roux.	Dumas.	
					Audibert.	Barriclie.	
					Blanc.	Picot.	
					Rougeri.	Escande.	
					Bayart.	Morrel.	
					Blaquiere.		

N° VI.

Le portrait de Pierre-Paul de Riquet de Bonrepos, gravé à la tête de cet ouvrage, a été copié sur une très-belle gravure conservée à la Bibliothèque impériale. Elle est de Pierre Lombard; et le portrait avoit été peint par Richard de Lamarre.

Le dessin qui est gravé au bas du portrait représente M. de Riquet au moment où il développe, en présence des commissaires, des experts et des artistes, le plan qu'il avoit formé pour conduire au point de partage les eaux de la montagne Noire.

N° VII.

Lorsqu'on imprimoit les dernières feuilles de cet ouvrage, il a paru une histoire du Corps impérial du Génie, rédigée par M. Allent, lieutenant-colonel de ce corps, et secrétaire du comité des fortifications. On y trouve des détails précieux sur la part que MM. de Clerville, La Feuille et Vauban ont eue à la construction du Canal de Languedoc. L'auteur en donne une histoire abrégée, mais d'autant plus intéressante, qu'elle est extraite des mémoires et des correspondances conservés dans le dépôt des fortifications. La nôtre est fondée sur les lettres de Riquet et sur les pièces officielles rassemblées aux archives du Canal. Et comme les deux narrations, quoique prises dans des sources différentes, s'accor-

dent entièrement dans les faits principaux, il en résulte une démonstration de leur vérité.

Nous nous félicitons d'avoir été justes envers M. de Clerville, et d'avoir vengé sa mémoire autant qu'il dépendoit de nous. M. Allent a, de son côté, rendu justice à M. Riquet; et quoiqu'il ait, dans quelques détails, déféré un peu trop aux opinions de M. de La Feuille, nous ne pouvons qu'être flattés du témoignage qu'il rend au mérite de l'inventeur du Canal.

Il l'appelle « un homme supérieur, plein de
» génie, et digne à jamais de la reconnoissance pu-
» blique, soit qu'il ait ou non conçu lui seul son pro-
» jet, soit qu'il n'ait fait que le proposer, en pour-
» suivre l'exécution, l'entreprendre et l'achever; et
» qu'on doive admirer seulement son ame forte, sa
» persévérance, son habileté administrative; et dans
» ses rapports nombreux et difficiles, son adresse à
» manier les esprits ». Mais ce que nous regardons comme un service inappréciable pour nous, c'est que par l'exposé le plus clair de toutes les circonstances de cette grande entreprise, il a clairement confirmé le témoignage de Vauban, qui en 1686 écrivant en Languedoc un mémoire sur le Canal, au milieu des premiers employés de Riquet, attestoit que *l'entrepreneur du Canal en avoit été l'inventeur*. Nous allons transcrire ici les notes de M. Allent.

« Des anciens projets du Canal, Riquet adopta le
» point de partage de Naurouse; mais au lieu de

» l'alimenter avec les eaux des Pyrénées, il popose
» d'y dériver celles de la montagne Noire. Au lieu
» de l'Arriège, il y conduit le Sor, amené d'abord
» à Graissens, en coupant et prenant le ruisseau de
» Laudot, et de Graissens aux Naurouses, en tra-
» versant le ruisseau de Saint-Félix. Enfin, pour
» augmenter le volume de ces eaux nourricières, il
» va chercher jusque dans la montagne Noire les
» ruisseaux d'Alzau, de Vernassonne, de Lampi et
» de Rieutort, qu'elle verse dans le Fresquel. Il
» barre les vallons de ces ruisseaux ; il les unit par
» des rigoles, ramasse leurs eaux dans le val Rieu-
» tort, et les jette toutes dans le Sor, en perçant le
» col de l'Alquier. Ainsi, des eaux qui tombaient
» auparavant dans la Méditerranée, passent à l'Al-
» quier dans le bassin de l'Océan, repassent à Grais-
» sens dans le bassin qu'elles ont quitté, et vont jus-
» qu'aux Naurouses, pour couler tour-à-tour vers
» les deux mers. Voilà le plan de Riquet, et l'idée
» qui le caractérise ».

« §. IV. *Du projet présenté par Riquet, en 1664,*
» *pour unir l'Aude à la Garonne, par le col*
» *de Naurouse, en prenant les eaux de la*
» *montagne Noire.*

» Riquet développa ce projet, au mois de no-
» vembre 1664, devant la commission nommée
» pour l'examiner, en vertu de l'arrêt du conseil du
» 18 janvier 1663.

» Dans ce premier plan, Riquet se contentait
» d'unir par un canal, le Lers et le Fresquel, en
» plaçant sur le col de Naurouse son bassin de par-
» tage. Il naviguoit ensuite dans le lit des rivières,
» et débouchoit dans la Méditerranée par le Grau
» de la Nouvelle.

» Ce n'étoit pas dans ces idées, connues depuis
» long-temps (§. I.), que résidoient le mérite et
» l'invention de ce projet.

» C'étoit, comme on l'a remarqué dans cette his-
» toire, la recherche et la dérivation des eaux de la
» montagne Noire qui donnoient au plan de Riquet
» le caractère du génie et de la nouveauté.

» Ce fut en effet une idée ingénieuse, neuve, et
» jusqu'alors sans exemple, que celle de conduire
» plusieurs ruisseaux du bassin de la Méditerranée
» dans celui de l'Océan, et de les ramener grossis
» par d'autres ruisseaux, dans le bassin de la Médi-
» terranée ; de leur faire couper, dans ce trajet, deux
» cols de la chaîne, et de les dériver enfin sur un
» troisième col, pour les y distribuer à volonté entre
» les versans opposés.

» Tel fut aussi, comme le remarque Riquet lui-
» même, le but principal de ses recherches, et la
» partie de son projet à laquelle il attachoit le plus
» d'importance : bon juge, en ce point, de sa véri-
» table gloire.

» F. Andréossy, dans une note historique rap-
» portée au chapitre premier de l'histoire du Canal

» du Midi, par le général Andréossy, s'attribue le
» projet présenté par Riquet en 1664.

» Il n'est pas de mon sujet d'approfondir cette
» question, et je me borne à justifier le parti que j'ai
» pris dans cette histoire, de présenter Riquet, et
» non pas F. Andréossy, comme l'auteur du projet
» de 1664. Voici les principales considérations qui
» m'ont déterminé.

» Je n'ai trouvé, dans les procès-verbaux, ni dans
» les registres de Colbert, ni dans aucune des pièces
» officielles, rien de relatif à la réclamation de
» F. Andréossy.

» Dans la vérification du projet de Riquet, faite
» du 8 novembre 1664 au 19 janvier 1665, F. An-
» dréossy ne figure que comme un des quatre géo-
» mètres adjoints aux experts pour les opérations
» géodésiques. Il n'y fait que lever le terrain, et
» rédiger, conjointement avec Cavalier, la Carte du
» Canal depuis Toulouse jusqu'à la Robine.

» Le général Andréossy paroît croire que Cava-
» lier étoit l'homme du roi, et F. Andréossy,
» l'homme de l'entrepreneur. Mais il n'y avoit
» point encore d'entreprise. Aucun des géomètres
» ne fut choisi par Riquet. Tous les quatre,
» MM. Andréossy, Cavalier, Pélafigue et Bres-
» sieux, furent nommés par les commissaires du
» Roi et des Etats (1).

---

(1) « Ce qui paroît avoir induit en erreur le général An-

» Dans cette commission, c'est Riquet seul qui
» expose le projet de 1664, et sert d'indicateur aux
» experts.

» Dans le cours des travaux commencés en 1667,
» Riquet paroît seul comme auteur du projet et
» comme entrepreneur.

» F. Andréossy ne se montre jamais que comme
» un des directeurs généraux des ouvrages pour le
» compte de l'entrepreneur. Son district est désigné,
» celui de Castelnaudary. Quatre autres directeurs
» généraux, MM. Albus, Gilade, de Cottigny et
» Segadènes, ont les districts de Cette, de Béziers, de
» Carcassonne et de Toulouse. Dans la navigation
» de 1684, et dans la première visite de Vauban,
» en 1686, ce fut M. Gilade qui représenta les en-
» trepreneurs.

» Les auteurs du Dictionnaire militaire de l'En-
» cyclopédie méthodique, disent que Vauban, dans

» dréossy, c'est que Cavalier étoit contrôleur des fortifications.
» Mais ce n'est point en cette qualité, c'est comme géomètre
» qu'il figure dans la commission. Aucun ingénieur, ni le
» chevalier de Clerville même, ne fut de la commission.
» — Je n'ai d'ailleurs trouvé, dans les anciennes archives des
» fortifications, aucune particularité sur Cavalier; tout ce que
» je sais, c'est qu'il existe une *Carte et description générale*
» *du Languedoc*, par Jean Cavalier, d'Agde, conseiller,
» ingénieur et géographe du roi, contrôleur-général des for-
» tifications de ladite province; publiée à Paris chez Pierre
» Mariette en 1703, trente-neuf ans après la vérification du
» projet de Riquet ».

» sa première visite du Canal, fut surpris de ne pas
» voir les statues de Riquet et d'Andréossy. F. An-
» dréossy vivoit encore à cette époque. Riquet étoit
» mort depuis six ans; et Vauban, dans l'exorde de
» son mémoire sur le Canal, dit positivement que
» *l'entrepreneur en fut aussi l'inventeur* (1).

» Il y a d'ailleurs, dans la note historique de
» F. Andréossy, des erreurs de fait, qu'avant tout
» il seroit nécessaire d'expliquer.

» Premièrement, F. Andréossy dit que ce projet,
» terminé en février 1664, fut communiqué par
» lui à Riquet, par Riquet à Colbert, et par Col-
» bert au Roi, qui nomma des commissaires vérifi-
» cateurs. Mais ces commissaires furent désignés dès
» le mois de février 1664, en vertu d'un arrêt du
» conseil du 18 janvier 1663.

» En second lieu, ce projet, tel qu'Andréossy le
» rapporte, ne comprenoit, en 1664, que le Canal
» du Lers au Fresquel ; et ce ne fut qu'en 1666,

---

(1) « Voici le commencement du Mémoire de Vauban sur
» le Canal terminé à Montpellier le 5 mars 1686 :

« Le Canal de la jonction des mers est, sans contredit, le
» plus beau et le plus noble ouvrage de cette espèce qui ait été
» entrepris de nos jours, et qui pouvoit devenir la merveille
» de son siècle, s'il avoit été poussé aussi loin qu'on l'auroit
» pu mener ». Et après un court éloge des principaux ou-
» vrages, il ajoute : « Mais par le plus grand malheur du
» monde, on n'a jamais entendu le fond de cet ouvrage, et
» *l'entrepreneur, qui en a été aussi l'inventeur,* n'a été ni
» conduit ni aidé comme il le devoit être ».

» selon sa note, qu'il proposa la dérivation des eaux
» de la Montagne-Noire. Or, il est constaté, par
» les procès-verbaux des commissaires et des experts,
» que Riquet, en novembre 1664, proposa tout-à-
» la-fois le Canal du Lers au Fresquel et la dériva-
» tion des eaux nourricières.

» Ces observations remplissent le but que je me
» propose : celui de prouver que la question n'est
» point assez éclaircie pour ôter à Riquet un titre
» que lui donnent, depuis 1664, les pièces offi-
» cielles et la commune renommée.

» §. V. *Des perfectionnemens faits au projet de*
» *1664, par les experts, MM. Boutheroue et de*
» *Vaurose ; et par M. de Bezons, intendant de*
» *Languedoc, et l'un des commissaires du Roi*
» *pour l'examen du projet.*

» Riquet, dans le projet qu'il soumit à la com-
» mission de 1664, ne proposoit de Canal que
» depuis le Lers jusqu'au Fresquel. Il naviguoit en-
» suite dans le lit des rivières, et n'assignoit aux
» bâtimens d'autre débouché dans la Méditerranée,
» que le Grau, souvent ensablé, de la Nouvelle.

» Ce furent MM. Boutheroue et de Vaurose qui
» firent rejeter la navigation des rivières, et propo-
» sèrent de creuser un Canal depuis Toulouse, ou
» même depuis Moissac, jusqu'au moulin de Saint-
» Faricles, un peu au-dessus du point où la Robine
» se joint à l'Aude.

» Au lieu du Grau de la Nouvelle, ils projetèrent
» d'ouvrir un port au cap de la Franqui, et d'y
» conduire une branche du Canal.

» M. de Bezons propose d'unir l'Aude au Rhône,
» par un Canal le long des côtes.

» MM. Boutheroue et de Vaurose conçoivent aussi-
» tôt l'idée de joindre ce nouvel embranchement au
» port de Cette, que venoit de projeter le chevalier
» de Clerville.

» Riquet n'avoit pas soumis de devis à la com-
» mission, et le premier devis du Canal fut aussi
» l'ouvrage de MM. Boutheroue et Vaurose.

» Dans ce devis, ils proposoient de donner au
» Canal et aux écluses des dimensions assez grandes
» pour que les galères pussent naviguer, à travers
» les terres, de l'Océan dans la Méditerranée.

» Riquet, comme il le dit lui-même, n'avoit sou-
» mis qu'un dessin peu régulier; et les perfectionne-
» mens proposés le rendoient inutile. Ce fut sur la
» demande de MM. Boutheroue et de Vaurose, que
» des géomètres et des niveleurs levèrent la route et
» déterminèrent les pentes du Canal; qu'Andréossy
» et Cavalier dressèrent une carte du Canal, depuis
» Toulouse jusqu'à Narbonne, et que Cavalier ré-
» digea celles des embranchemens projetés, d'un
» côté jusqu'au cap de la Franqui, de l'autre jusqu'au
» port de Cette et jusqu'au Rhône.

» Tels sont les faits constatés par les procès-ver-
» baux des experts et des commissaires du roi et

» des états, et par les pièces qui les accompagnent.

» Il est remarquable que Vauban a reproduit presque toutes ces idées, agrandies encore et perfectionnées.

» Elles donnent une idée avantageuse du mérite et des connoissances de MM. Boutheroue, de Vaurose et de Bezons. Ce dernier, comme intendant du Languedoc, a de plus contribué à l'établissement et au succès des ouvrages. M. Boutheroue avoit sur les deux autres, l'avantage d'une longue expérience acquise dans les travaux et l'administration du Canal de Briare, dont il étoit un des propriétaires.

» F. Andréossy, dans sa note historique, présente comme une idée qui lui est propre, celle de ne point naviguer dans le lit des rivières, et de faire un Canal depuis Toulouse jusqu'à Trèbes.

» Mais, suivant cette note, il n'eut cette idée qu'après le 14 octobre 1666, et il est constaté par les pièces officielles, que MM. Boutheroue et de Vaurose proposèrent ce Canal en 1664.

» §. VI. *Des modifications faites au projet de 1664, par le chevalier de Clerville, commissaire-général des fortifications.*

» Après que la commission eut clos son travail, le 15 janvier 1665, M. de Bezons le remit au chevalier de Clerville, commissaire-général des forti-

» fications, qui étoit sur les lieux, et qui avoit ordre
» du Roi de joindre son avis aux pièces.

» Le chevalier de Clerville les rendit à M. de
» Bezons, avec un mémoire d'examen et un devis
» abrégé, relatif aux modifications qu'il proposoit
» dans son mémoire.

» Ces modifications consistoient principalement
» à réduire le Canal et les écluses aux dimensions
» nécessaires pour le passage des plus gros bateaux
» qui naviguent sur la Garonne, de Toulouse à Bor-
» deaux.

» On doit regretter sans doute que le Canal et les
» écluses n'aient pas conservé les dimensions néces-
» saires pour le passage des galères et tartanes, comme
» le vouloient MM. Boutheroue et de Vaurose, et
» comme depuis, Vauban l'a proposé. Mais il est
» juste aussi de peser les motifs qui déterminèrent
» dans le temps le chevalier de Clerville et Colbert.
» Le commissaire-général représentoit que le pas-
» sage des galères seroit peu fréquent, et que de
» grandes écluses dépenseroient beaucoup d'eau
» pour le trajet des bateaux ordinaires. Les ruisseaux
» désignés par Riquet n'eussent pas suffi à la dépense.
» On peut voir, dans le mémoire de 1686, à com-
» bien d'expédiens Vauban eut recours pour aug-
» menter le volume des eaux nourricières. Mais en
» 1665, on eût voulu, s'il eût été possible, réserver
» l'eau même du Sor, pour alimenter la navigation
» de l'Agoust et du Tarn, dont Colbert s'occupoit

» depuis plusieurs années. La dépense, dans le devis
» des experts, s'élevoit à près de 8,137,000 liv.;
» tandis que le chevalier de Clerville, en diminuant
» les dimensions du Canal et des écluses, la réduisoit
» à environ 4,897,000 liv.; somme encore très-con-
» sidérable, eu égard à la valeur du marc d'argent.
» Si l'on joint à ces considérations celle des événe-
» mens qui survinrent, il est douteux qu'en adop-
» tant un projet plus dispendieux et plus difficile,
» l'entrepreneur eût surmonté les obstacles qui le
» ralentirent et le découragèrent.

» En 1666, le chevalier de Clerville rédigea le
» devis pour l'adjudication de la première partie du
» Canal, depuis Toulouse jusqu'à Trèbes. L'entre-
» prise fut adjugée à Riquet, et les travaux com-
» mencèrent avec l'année 1667.

» En 1669, le chevalier de Clerville fut chargé de
» faire deux nouveaux devis pour les adjudications
» de la seconde partie du Canal, depuis Trèbes
» jusqu'à Cette, et des travaux de ce port, que des
» entrepreneurs de Montpellier avoient commencés
» et abandonnés. Ces nouvelles entreprises furent
» adjugées à Riquet, qui devint ainsi l'unique entre-
» preneur de tout le Canal.

» Dans ces devis, il n'est plus question du port de
» la Franqui ni du Canal de Cette au Rhône, et il
» n'en fut plus question jusqu'en 1686, époque de
» la première visite de Vauban.

» Le chevalier de Clerville ne proposa d'ailleurs

» au projet de Riquet et des experts, que deux chan-
» gemens remarquables.

» Le premier consistoit à percer, au lieu du col
» de l'Alquier, la montagne de Campmases, pour
» jeter la rigole de la Montagne-Noire dans le vallon
» de Vaudreuilles, où le commissaire-général pro-
» posoit aussi de placer un des réservoirs. Le but de
» ce changement étoit de réserver le Sor pour la
» navigation du Tarn, ou du moins de n'en prendre
» les eaux que pendant l'hiver. Cette idée ne fut pas
» suivie dans l'exécution. On jeta la rigole de la Mon-
» tagne-Noire dans le Sor, comme Riquet le propo-
» soit. Mais en 1686, Vauban, perfectionnant l'idée
» du chevalier de Clerville, proposa de percer la
» montagne de Campmases, pour écouler, dans le
» réservoir de Saint-Fériol, les eaux superflues de
» cette rigole, pendant les saisons des pluies.

» Le second changement indiqué par le chevalier
» de Clerville avoit pour objet d'éviter un terrain
» inondé, et les sables de la côte, que traversoit le
» Canal de Narbonne à Cette, suivant le tracé des
» experts. Ce changement ne fut point exécuté.
» Riquet, ainsi que nous le verrons, proposa une
» direction qui fut préférée, et qui méritoit de l'être.

» On voit par ce qui précède, que le chevalier de
» Clerville rédigea successivement,

» 1°. Un devis abrégé, qui n'est autre chose qu'une
» réduction du devis des experts, et présente, dans
» une ou deux pages, la diminution de dépense qu'on

» peut obtenir en adoptant les bases présentées dans
» le mémoire que ce devis termine. Il est, comme le
» mémoire, du mois de janvier 1665.

» 2°. Le devis d'adjudication de la première partie
» du Canal. Il est daté du 5 octobre 1666.

» 3°. Les devis d'adjudication de la seconde partie
» du Canal et du port de Cette. Ils sont des 5 et 15
» juin 1669.

» F. Andréossy, dans sa note historique, réclame,
» comme son ouvrage, le premier de ces devis; dit
» qu'il servit au chevalier de Clerville à rédiger son
» devis de 1666; et semble l'accuser de s'être fait
» honneur, près du Roi, non-seulement du devis de
» 1665, mais du projet même de 1664.

» Le chevalier n'a pu ni voulu s'attribuer le projet
» de 1664.

» Il n'en a pas eu l'idée : son mémoire en est la
» preuve.

» Il ne pouvoit l'avoir. En effet, les procès-verbaux
» des commissaires du roi et des états qu'il avoit sous
» les yeux, constatoient que ce projet étoit l'ou-
» vrage de Riquet. Ces procès-verbaux devoient être
» et furent mis sous les yeux du Roi, comme le
» prouve le préambule de l'arrêt du 14 mai 1665.

» Tout le débat sur l'invention du projet de 1664,
» demeure donc entre Riquet et Andréossy, et il
» est inutile d'y mêler le chevalier de Clerville.

» L'imputation applicable au chevalier se réduit
» donc au devis abrégé de janvier 1665.

» Mais ce devis n'est plus qu'un ouvrage de calcul
» et non d'invention, qui ne mérite pas qu'on s'en
» occupe.

» §. VII. *Du changement fait par Riquet, en
» 1670, à la direction du Canal, depuis Trèbes
» jusqu'à Béziers.*

» Vers la fin de 1670, Riquet proposa de changer
» entièrement la route du Canal, depuis Trèbes jus-
» qu'à Béziers.

» Les experts, à Trèbes, faisoient passer le Canal
» sur la rive droite de l'Aude.

» A Puicheric, le chevalier de Clerville, modi-
» fiant en ce point le projet des experts, ramenoit le
» Canal sur la rive gauche de l'Aude, rentroit dans
» l'Aude à Pas-de-Loup, profitoit de l'étang de
» Vendre, et se rapprochoit de Béziers en faisant
» un détour pour éviter les sables de la côte.

» Riquet proposa de conserver le Canal sur la
» rive gauche de l'Aude, de le rapprocher des mon-
» tagnes Noires, et de le conduire droit à Béziers, sa
» patrie.

» Nous avons remarqué, dans cette Histoire, les
» avantages de cette nouvelle direction, et les motifs
» qui la firent adopter.

» F. Andréossy s'attribue encore cette idée de
» Riquet. Suivant sa note historique il l'avoit conçue
» avant le devis de 1669 : mais, de concert avec

» Riquet, il en fit mystère au chevalier de Clerville,
» de crainte qu'il ne s'en emparât.

» Puisque Riquet, en 1670, présenta cette idée
» comme la sienne, il paroît, si F. Andréossy en
» est l'auteur, qu'il eût mieux fait de se défier de
» Riquet, que du chevalier de Clerville.

» Quant à Riquet, s'il se défioit du commissaire-
» général, rien ne l'empêchoit de communiquer ses
» idées à Colbert. Il correspondoit directement avec
» ce ministre; et en 1669, un de ses fils étoit à la
» cour.

» La manière franche et loyale dont le chevalier
» de Clerville se désista de ses idées pour appuyer,
» près de Colbert, les idées de Riquet, dut prouver
» à ce dernier que sa défiance étoit injuste.

» Les éloges que le commissaire-général fait des
» travaux, et la chaleur avec laquelle il repousse les
» doutes qu'on élevoit sur leur succès, prouvent qu'il
» fut l'appui de Riquet et non pas son rival.

» Ni cette injuste défiance, si Riquet le conçut en
» effet, ni les imputations que j'ai repoussées, ne me
» paroissent atteindre le chevalier de Clerville. A ce
» qu'on ajoute pour le rabaisser, j'opposerai cette
» Histoire, et le témoignage de ses contemporains
» sur son esprit et ses talens.

» Au reste, la route proposée par Riquet en
» 1670, valoit mieux que la direction donnée en
» 1669 par le chevalier de Clerville. Celle-ci étoit
» préférable à la magistrale tracée par les experts,

» en 1665 ; et cette dernière étoit supérieure à l'es-
» quisse produite par Riquet en 1664. On ne voit,
» dans ces améliorations graduelles, que la marche
» ordinaire de l'esprit humain. Les experts ont
» corrigé Riquet; M. de Clerville, les experts; et
» Riquet, le chevalier de Clerville. Riquet sur-tout,
» vivant sur les lieux, occupé d'un seul objet, et
» venant après tous les autres, avoit, pour mieux
» faire, de grands avantages sur le chevalier de Cler-
» ville, distrait par tant d'autres soins, et qui ne pou-
» voit donner qu'un coup-d'œil au Canal de Lan-
» guedoc.

» Tout, dans ce Canal, projet, tracé, ouvrages
» d'art, fut perfectionné de la sorte, peu à peu, par
» une suite d'heureuses modifications. Il en est ainsi
» de toutes les grandes entreprises. Si la première
» pensée est le produit d'un instant et d'un seul
» homme, presque toujours, c'est du temps et de
» plusieurs, qu'elles reçoivent leur perfection ».

M. le maréchal de Vauban dans son mémoire,
s'exprime ainsi : « Il paroît qu'on pourroit faire un
» bassin au-dessous de celui de Lampy. C'est ce que
» le P. Mourgues et M. Gilade prennent la peine
» d'examiner, le niveau à la main ». Est-il vraisemblable que si M. Andréossy, qui vivoit alors, eût
été jugé digne d'une statue par le maréchal de
Vauban, il n'eût pas aussi été indiqué par lui,
comme devant vérifier la possibilité des nouveaux

ouvrages ? Concluons-en que le mérite de cet ingénieur fut aussi peu connu de Vauban que de Clerville.

Enfin M. Allent réduit la question à ces deux points : 1°. Qui est l'auteur du projet présenté en 1664 ? Le procès-verbal des commissaires prouve que c'est Riquet. 2°. Qui est l'auteur du projet présenté en 1670 ? La carte de F. Andréossy publiée à la fin de 1669 prouve que ce n'est pas lui. Donc rien n'est plus vrai ni plus décisif, que ce témoignage de Vauban, juge irrécusable en pareille matière : « M. Riquet, entrepreneur du Canal, en étoit aussi » l'inventeur ».

FIN DES PIÈCES JUSTIFICATIVES.

TABLE DES CHAPITRES.

Avant-propos.................... page v

Chapitre premier. A quelle époque a pu être formé un plan de jonction des deux mers dans le midi de la France. — Projets antérieurs à celui de Pierre-Paul Riquet. — Projet de Riquet présenté à Colbert en 1662. — Commissaires nommés par le Roi et les Etats de Languedoc pour l'examen de ce projet. — Procès-verbal des Commissaires. — Offre de Riquet de faire à ses dépens une rigole d'essai. — Succès de cet essai................ page 1

Chapitre ii. Secours demandé par le Roi à la province de Languedoc pour la construction du Canal. — Devis de M. de Clerville. — Edit pour la construction du Canal. — Erreur intervenue dans cet édit, corrigée trois jours après par des lettres-patentes. — Offres de Riquet. — Acceptation de ses offres — Ordre de ses travaux. — Sa correspondance avec Colbert. — Première pierre posée soit au magasin de Saint-Fériol, soit à l'écluse de Toulouse. — Inscriptions placées sur ces pierres. — Essai de Riquet pour étendre jusqu'à Castres la navigation du Canal de dérivation.......... 43

Chapitre iii. Reprise du projet de la seconde partie du Canal. — Visite du port de Cette pour décider

si l'on y feroit aboutir le Canal. — Adjudication en faveur de Riquet des ouvrages à faire, soit pour le port de Cette, soit pour la seconde partie du Canal. — Envoi de M. de la Feuille comme inspecteur des travaux. — Changemens faits par Riquet dans l'exécution du devis. — Sa correspondance avec M. de Clerville. — Visite du Canal par M. de Seignelai. — Défaveur générale et inimitiés particulières auxquelles est exposé Riquet. — Lettre imprimée de M. de Froidour. — Première navigation sur une partie du Canal. — Maladie de Riquet. — Visite du Canal en 1672, par M. de Bezons. — Retraite de cet intendant.................. 69

CHAPITRE IV. Changemens faits par Riquet aux plans de M. de Clerville. — Visite du Canal en 1675, par M. d'Aguesseau. — Vérification des ouvrages extraordinaires, et arrêt du Conseil qui liquide le prix. — Devis et adjudication du Canal qui joint l'étang de Thau à la mer, et des ouvrages nouveaux à construire à Cette. — Situation de Riquet, à qui les fonds et le crédit manquent. — Sa correspondance avec M. Colbert. — Mort de Riquet six mois avant que le Canal de navigation soit entièrement achevé. — Première navigation en 1681, et vérification des travaux par M. d'Aguesseau. — Seconde liquidation des dépenses extraordinaires. — Seconde navigation en 1683, et vérification des ouvrages par M. d'Aguesseau. — Troisième vérification en 1684, et réception définitive, tant de tous les ouvrages du Canal

que du port de Cette. — Visite de M. de Vauban, et construction d'un plus grand nombre d'aqueducs............................... 101

Chapitre v. Noms des principaux employés du Canal sous l'administration de Riquet. — Sommes fournies par le Roi, par les Etats de Languedoc, et par Riquet. — Dépense totale pour la construction du Canal. — Situation de la fortune de Riquet à sa mort. — A quelle époque ses héritiers ont commencé à recueillir les avantages de son projet. — — Quel en a été le résultat pour le public.... 140

Chapitre vi. Riquet a été regardé par tous ses contemporains, comme l'inventeur du Canal de Languedoc. — A quelle époque on a essayé, pour la première fois, de lui en disputer la gloire. — Examen des assertions contenues dans divers ouvrages. — Limites dans lesquelles cette discussion est renfermée.................................. 165

Chapitre vii. Examen d'un Mémoire de M. François Andréossy, publié récemment. — Cartes du Canal de Languedoc, publiées par le même Auteur. — Légende et épître dédicatoire de ces Cartes. — Examen de quelques probabilités au sujet du véritable inventeur du Canal. — Court résumé de cette discussion................. 197

Chapitre viii. Rapports du Gouvernement avec l'administration du Canal de Languedoc. — Régime intérieur de cette administration. — Tous

les directeurs établis et nommés par les propriétaires seuls. — Leurs fonctions et la distribution des travaux. — Régie des finances du Canal. — Receveurs et contrôleurs nommés par les propriétaires. — Fonds de réserve, et exemple de leur utilité. — Résultat général du plan d'administration établie par les propriétaires du Canal. — Conclusion de l'ouvrage............................ 236

PIÈCES JUSTIFICATIVES.

N° I. Extrait du manuscrit de Colbert, n° 202, à la Bibliothèque impériale. — Procès-verbal des Commissaires........................... 267
— Devis des Commissaires................... 344

N° II. Devis et état des travaux à faire, dressé et signé par Vauroze et Boutheroue de Bourgneuf... 352

N° III. Mémoire de M. de Clerville, fait sur le devis des experts............................ *ibid.*

N° IV. Edit du Roi pour la construction d'un Canal de communication des deux mers, Océane et Méditerranée, pour le bien du commerce, et autres avantages y contenus..................... 355
— Arrêt du Conseil d'Etat et Lettres-Patentes, en interprétation de l'édit de la construction du Canal de communication des mers en Languedoc... 371

N° V. État des employés pendant la construction du

Canal, rédigé par feu M. Mercadier, archiviste du Canal.................................. 376

N° VI. Note sur le portrait de Pierre-Paul de Riquet.................................. 377

N° VII. Détails précieux sur la part que MM. de Clerville, La Feuille et Vauban ont eue à la construction du Canal de Languedoc, extrait d'une *Histoire du Corps impérial du Génie*, rédigée par M. Allent, lieutenant-colonel de ce corps, et secrétaire du comité des fortifications...... *ibid*.

FIN DE LA TABLE.

Fautes à corriger.

Page 171, lig. 13, Sombreuil; *lisez* Lombrail,
  177, lig. 10, disoit-il; *lisez* disent-ils,
  190, lig. 7 de la note, explique; *lisez* expliquera
  229, lig. 1 de la note, cette dernière phrase; *lisez* cette phrase
  246, lig. 22, et à tenir; *lisez* et de tenir

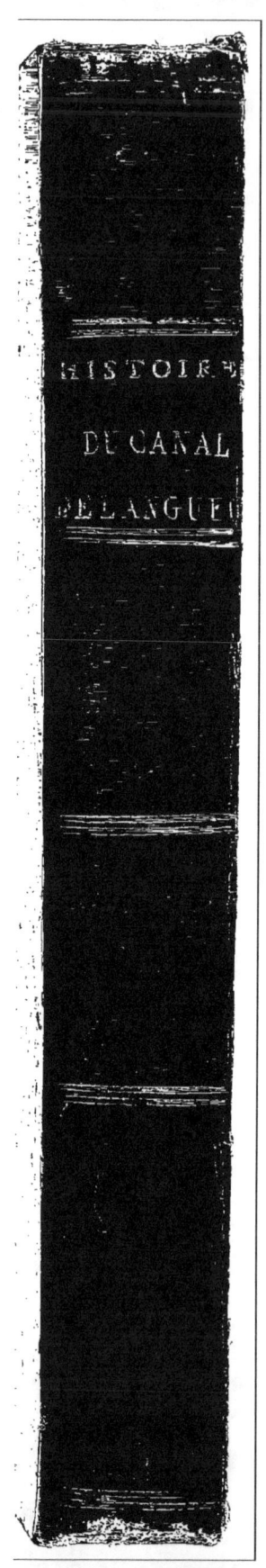

S. A. n° 9189 bis